Cajun and Creole Music Makers   *Musiciens cadiens et créoles*

Cajun and Creole Music Makers   *Musiciens cadiens et créoles*

Cajun and Creole Music Makers
Musiciens cadiens et créoles

Text by Barry Jean Ancelet
Photographs by Elemore Morgan, Jr.
Foreword by Ralph Rinzler

Textes anglais et français de Barry Jean Ancelet
Photographies de Elemore Morgan, Jr.
Avant-propos de Ralph Rinzler

University Press of Mississippi
Jackson

Library of Congress Cataloging-in-Publication
Data

Ancelet, Barry Jean.
    [Makers of Cajun music]
    Cajun and Creole music makers =
Musiciens cadiens et créoles / text by Barry
Jean Ancelet ; photographs by Elemore
Morgan, Jr. ; foreword by Ralph Rinzler.
        p.   cm.
    English and French.
    Originally published: Makers of Cajun
music. Austin : University of Texas Press,
1984. With new epilogue.
    Includes bibliographical references and
discography.
    ISBN 1-57806-170-9 (paper : alk. paper)
    1. Popular music—Louisiana—History
and criticism. 2. Cajun music—Louisiana—
History and criticism. 3. Musicians, Cajun—
Louisiana. I. Morgan, Elemore, 1931–   . II.
Rinzler, Ralph. III. Title. IV. Title: Musiciens
cadiens et créoles.
ML3477.7.L8A53   1999
781.62'410763—dc21   99-31746
                                        CIP

Frontispiece: Nathan Abshire
at home in Basile, 1977.

Contents

Table des matières

Foreword by Ralph Rinzler 7
Preface 11
   Photographer's Statement 13
Acknowledgments 15
Cajuns and Creoles:
A Note on Terminology 16
Introduction 19

1. Dennis McGee and Sady Courville 35
2. Lula Landry, Inez Catalon, and D. L. Menard 43
3. Lionel Leleux and Don Montoucet 57
4. Varise Connor 67
5. The Fontenots and the Ardoins 73
6. Clifton Chenier and His Red Hot Louisiana Band 89
7. Zachary Richard 93
8. Nathan Abshire 101
9. Octa Clark, Hector Duhon, and the Dixie Ramblers 107
10. The Balfa Brotherhood 119
11. Marc Savoy 129
12. Michael Doucet, dit Beausoleil 141
13. Et ça continue 151

EPILOGUE, 1999 153
Map of Southwest Louisiana 176
Selected Bibliography 179

Avant-propos par Ralph Rinzler 7
Prèface 11
Prèface du photographe 13
Remerciements 15
Cadiens et Créoles:
Un mot sur la terminologie 16
Introduction 19

1. Dennis McGee et Sady Courville 35
2. Lula Landry, Inez Catalon, et D. L. Menard 43
3. Lionel Leleux et Don Montoucet 57
4. Varise Connor 67
5. Les Fontenots et les Ardoins 73
6. Clifton Chenier et son Red Hot Louisiana Band 89
7. Zachary Richard 93
8. Nathan Abshire 101
9. Octa Clark, Hector Duhon, et les Dixie Ramblers 107
10. La Confrérie des Balfa 119
11. Marc Savoy 129
12. Michael Doucet, dit Beausoleil 141
13. Et ça continue 151

EPILOGUE, 1999 153
Carte du sud-ouest de la Louisiane 176
Bibliographie 179

Les légendes des photos n'ont
pas été traduites.

Foreword

Avant-Propos

As we reach the end of this century, and with it the end of this millennium, there remain fewer and fewer musicians like those described in this book. A handful can be found who were born in the age of the horse and buggy before telephones, electric appliances, air travel, and computers accelerated the speed of life around us. The archaic sounds of Dennis McGee and Sady Courville, Bois-sec Ardoin and Canray Fontenot, Lula Landry and Inez Catalon come from a time before high speed and high tech had taken over. You can hear it in their voices and in their instrumental renditions. Younger musicians from city and country learn from them; some slavishly imitate their intonation, ornamentation, idiosyncratic stylish ways, and maybe in time those younger people will capture what their role models have— a rock-solid quality of being centered, personally and esthetically. But we do not know that they will.

A mesure qu'approche la fin du siècle, et celle du millénaire, il reste de moins en moins de musiciens comme ceux que ce livre présente. On en trouve une poignée, tous nés à l'époque de la carriole et du cheval, avant que le téléphone, l'électricité, l'avion, et l'ordinateur n'accelèrent le rhthme de l'existence. Le son archaïc de la musique de Dennis McGee et Sady Courville, Bois-sec Ardoin et Canray Fontenot, Lula Landry et Inez Catalon remonte à une époque révolue, avant la vitesse et la technocracie, cette époque dont on entend l'écho dans leurs voix et leurs instruments. Les jeunes musiciens ruraux ou urbains les écoutent, certains copient leurs intonations, leur ornementation, leur style, les copient même de trop près, et peut-être arriveront-ils éventuellement à gagner ce que leurs modèles possèdent sans effort, la solidité granitique d'êtres sûrs d'eux-mêmes en tant qu'homme et en tant qu'artiste. Mais rien n'est moins sûr.

Opposite:
Alphonse "Bois-sec" Ardoin at the Festival of American Folklife, Washington, D.C., 1976.

Twilight Concert at the Washington Monument. Beausoleil, with Dewey Balfa, at the Festival of American Folklife, 1983.

The musical styles of the people who speak out on the following pages are like the old-time jugs made by an eighty-year-old potter I knew almost twenty years ago who said of his pottery:

You take it plumb outta existence, nobody to make it, and in ten years people'd be wondering how that's made. How'd them to make that? How's that piece pott'ry made? I just don't see how it's done.[1]

Artistic styles are elusive, hard to capture, harder to reproduce or accurately describe. The style is the artist, and here we have an opportunity to know the artists. There are at least two reasons why a book like this is important. First, we can listen to recordings of these musicians years after they have passed away, but the grandeur, humor, and humanity of these music makers will have escaped us. A book like this one is first and foremost for the people who are neighbors and kin of its subjects. This collection of essays will help the community to celebrate its cultural leaders as great people in addition to recognizing them as the fine musicians and tradition bearers it knows them to be.

The second reason has to do with the quality of life, a subject about which the distinguished scientist, Smithsonian Secretary Dillon Ripley, wrote:

The quality of life turns out to be not simply a romantic ideal, but a set of standards, still intangible, still highly arguable, on which to base survival . . . Conservation is not a matter of taste or aesthetics. It is a matter of biological necessity.[2]

Ripley was writing about the total environment in the essay from which this statement was taken. His concern was with endangered animals; with their habitats—the quality of our air, earth, and water; with historic monuments and sites, the structural environment; and with the living cultural environment, as well. What happens to people when their culture is derogated, their language replaced or forbidden, their belief systems undermined by newly imposed systems, their songs made to seem inferior, and their image of themselves portrayed as outmoded or unattractive? We have only to compare the rates

Les musiciens dont il est question dans les pages qui suivent ont un style qui me remet toujours en mémoire un potier de quatre-vingts ans que je connaissais il y a presque vingt ans. Il disait des poteries qu'il faisait:

On les tire de rien, personne ne les fait. Dans dix ans on demandera "Comment c'est fait? Comment ils s'y sont pris pour faire ça? Comment c'est fait ce pot? Je vois pas comment c'est fait."[1]

Le style d'un artiste est quelque chose d'élusif, difficile à copier, encore plus difficile à décrire. Le style, c'est l'artiste, et dans ce volume, pour une fois, nous pouvons faire la connaissance des artistes. Ce livre est donc important pour deux raisons. Nous pourrons toujours entendre les enregistrements de ces musiciens, mais un jour leur chaleur, leur humour, leur humanité nous échappera. Un livre comme celui-ci est écrit d'abord pour leurs parents et leurs amis qui pourront ainsi fêter leurs leaders culturels et reconnaître en eux non seulement d'excellents musiciens et des transmetteurs de traditions, mais aussi de grands hommes.

Mais ce livre a aussi beaucoup à dire sur la qualité même de la vie. Le secrétaire du Smithsonian Dillon Ripley, un savant bien connu, a dit que

La qualité de vie n'est pas un idéal romantique, mais un standard peut-être intangible, peut-être discutable, mais indispensable si l'espèce doit survivre. La préservation de l'environnement n'est pas une question d'esthétique mais une nécessité biologique.[2]

Il parle ici de l'environnement total: les espèces menacées, leur habitat, l'air, la terre, l'eau; les monuments historiques; l'environnement physique, mais aussi l'environnement culturel. Qu'advient-il des êtres dont la culture est humiliée, la langue interdite, les croyances minées au nom d'une idéologie étrangère, les chansons ridiculisées, et à qui on impose une image d'eux-mêmes qui en fait des gens désuets, démodés, passés, finis? Il n'y a qu'à comparer les taux de suicide, d'alcoolisme, de mortalité infantile, et de longévité chez les Amerindiens ou les Inuits avec celui de l'Américain moyen pour comprendre ce que veut dire Ripley, pour comprendre les conséquences effroyables qui s'ensuivent quand la qualité de la vie se dégrade. La qualité de la vie est essentielle à la survie, et elle exige le respect de l'environnement dans sa totalité.

1. Cheever Meaders, in *The Meaders Family: North Georgia Potters,* by Ralph Rinzler and Robert Sayers. Washington, D.C.: Smithsonian Institution Press, 1981.
2. S. Dillon Ripley, *The Paradox of the Human Condition: A Scientific and Philosophic Exposition of the Environmental and Ecological Problems That Face Humanity.* New Delhi: Tata-McGraw-Hill, 1975.

of suicide, infant mortality, alcoholism, and the average life-span of American Indians and Inuit peoples with those of the average white American to begin to understand the grim significance of Ripley's assertion. Quality of life is a matter of survival, and that quality involves our total environment and our respect for it.

Until the mid-1960s, the Cajun people of Louisiana had undergone a long period of cultural struggle during which their language was looked down upon, their music derided, and their life-style criticized. In the past few decades, I know of at least six fine Cajun musicians who died before their time in auto wrecks, from alcoholism, or by their own hands. The attitudes about Cajun identity are changing now within the community and beyond, but it is slow change. The cultural and linguistic revivals have had a significant impact on the people and their self-esteem.

What this book provides is yet another insight into the means by which a people can "raise their self esteem and pride in individuality . . . before they trample the last remnants of their own uniqueness to death rushing to be like everyone else."[3] This is a tribute to the keepers of traditions, a chance for others to know them, to understand them, to love and respect them. It provides an insight into the quality of life in Cajun country and an understanding of why life there is like it is nowhere else and why, in some ways, it should remain that way. And finally, it documents the importance of conservation of living cultural traditions for the health and well-being of human communities.

Ralph Rinzler
Assistant Secretary for Public Service
Smithsonian Institution

Jusqu'aux années 1960, les Cadiens de la Louisiane existaient dans une atmosphère culturelle qui dépréciait leur langue, leur musique, et leur mode de vie. Pendant les dernières décennies j'ai connu au moins six excellents musiciens cadiens morts bient avant leur heure, qui se sont tués dans des accidents de route ou en s'abandonnant à la boisson quand ils ne se sont pas suicidés, purement et simplement. L'attitude change envers l'identité cadienne, mais le changement se fait lentement, bien que l'impact de la renaissance culturelle et linguistique se soit fait sentir dans le respect de soi des Cadiens.

Ce livre permet de pénétrer les moyens par lesquels "un peuple peut regagner le respect de soi et la fierté de son individualité au lieu d'écraser les derniers restes de ses traditions en se précipitant dans l'uniformité culturelle."[3] L'hommage rendu ici aux porteurs de traditions nous permet non seulement de les connaître et les admirer, mais il nous permet aussi de pénétrer la qualité de vie de la région cadienne, et de comprendre pourquoi l'existence qu'on y mène est si différente de celle du reste des Etats-Unis et devrait le rester. Finalement ce volume documente l'importance de la conservation culturelle pour la santé et le bien-être de la communauté humaine.

Ralph Rinzler
Assistant Secretary for Public Service
Smithsonian Institution
(Traduction par Mathé Allain)

---

3. S. Dillon Ripley, *The Sacred Grove*. New York: Simon and Schuster, 1969.

Preface

Préface

With rare exceptions, Cajun and Creole musicians do not make a living from their music, nor do they read or write music. They are barbers and bus drivers, farmers and firefighters, mechanics and masons. They sell discount furniture and discount gas, insurance and insulation. They work nine-to-five and seven-and-seven, onshore and offshore. They make art out of every-day life. Unlike the music of professionals, which is sometimes caught up in the commercial pursuit of something new, theirs rests comfortably on tradition. It springs from happy homes and loves lost. It has the calluses and strength of real life. It is played hard on the weekends to ease the strain of working hard all week.

This book is not encyclopedic. In addition to the large corps of active dance hall performers, there are countless singers and musicians who are happy to perform at home for family and friends. They are no less serious about their music and often invest as much time and money as the musicians who perform in public. The performers included in this book were chosen as representative of the whole Cajun and Creole music scene. They are ballad singers and old-time fiddlers, modern dance bands and well-known individual performers. Some have been invited to bring Cajun music to the rest of America and the world. Others have stayed close to home. Together they represent the vitality and range in the Cajun music community.

This project began on March 26, 1974, with the presentation of the first Tribute to Cajun Music festival in Lafayette, Louisiana. I had met many of the musicians included in this book while doing fieldwork to identify potential performers for that festival. Elemore Morgan, Jr., sensed that something important was brewing and contacted me to ask about photographing the event up close. We were both struck by the sensitivity and wisdom of these outstanding performers and decided to follow up this first experience with field trips.

A peu d'exceptions, les musiciens cadiens et créoles ne gagnent pas leurs vies de leur musique. Ils ne savent ni lire ni écrire la notation musicale. Ils coupent des cheveux et des foins; ils font des récoltes et de la pêche, de la mécanique et de la maçonnerie. Ils vendent des meubles et des immeubles, des assurances et de l'isolation. Ils travaillent de neuf-à-cinq ou sept-et-sept, sur terre ou sur mer. Ils tirent leur art du quotidien. Au contraire de la musique des professionnels, souvent prisonnière de la recherche commerciale pour des nouveautés, la leur se repose confortablement sur la tradition. Elle est inspirée par l'amour gagné et l'amour perdu. Elle a les ampoules et la force de la vie réelle. On la joue avec ardeur le samedi soir pour lâcher la tension d'avoir travaillé avec ardeur pendant la semaine.

Ce livre ne se veut pas encyclopédique. En plus du corps important des musiciens qui jouent dans les salles de danse, il y en a de nombreux qui sont heureux de jouer chez eux pour la famille et quelques amis. Ils ne sont pas moins sérieux et investissent souvent autant de temps et d'argent que les musiciens qui se produisent en public. Les musiciens et chanteurs inclus dans ce livre ont été choisis pour leur représentativité de l'ensemble de la scène musicale cadienne et créole. Il y a des chanteurs de complaintes, et des violoneux du vieux temps. Certains jouent dans des groupes contemporains; certains sont bien connus. Quelques-uns ont été invités à apporter leur musique dans festivals aux États-Unis et dans d'autres pays. D'autres sont restés près du foyer. Ensemble, ils représentent la vitalité et le vaste champ de styles de la musique cadienne.

Le présent projet a commencé le 26 mars 1974, avec la prèsentation du premier festival "Hommage á la musique acadienne" à Lafayette, Louisiane. J'ai recontré beaucoup des musiciens inclus dans ce livre lorsque je faisais des recherches pour trouver des musiciens pour ce festival. Elemore

Zachary Richard, onstage at the New Orleans Jazz and Heritage Festival, 1983.

11

Elemore photographed musicians and singers in their own contexts, in dance halls and at local festivals, and eventually followed some of the groups to festivals outside Louisiana. In addition to performances, I recorded interviews covering their musical backgrounds and generally "the way things were back then." All but two of these interviews were conducted in the musicians' and my own native Louisiana French. One (Marc Savoy) was from a prepared statement; the other (Michael Doucet) was in English for unrelated reasons. In translating from French to English, I made no attempt to render the style of the Cajuns' English speech, but tried to represent the simplicity, clarity, and dignity of the original statements. The recorded interviews are deposited in the Archive of Folklore and Oral History at the University of Southwestern Louisiana. (Clifton Chenier was not interviewed.)

The musicians and singers tell their own story in their own way, often straying from direct oral history to illustrate the point in question with an anecdote, sometimes straying from the point in question altogether to talk about other things that matter in their lives. Somehow, it all seems to make perfectly clear sense. I learned from them not only about music and its place in Louisiana French society, but also about the prairies and practical jokes, about hard times and hell-raising, about families and farming, and about survival, all in a wonderfully off-handed way that sticks better than book learning anyway.

B.J.A.

Note: Transcriptions from French originals are word for word and thus reflect certain features of Cajun French. For example, genders, pronouns, and tenses are sometimes different from those of academic French. Words borrowed directly from English are indicated by italics.

Morgan, Jr., sentait que quelque chose d'important se préparait, et m'a contacté, dans le but de photographier l'événement et sa préparation. Nous nous trouvions tous deux frappés par la sensibilité et la sagesse de ces remarquables musiciens et nous avons decidé de poursuivre cette première expérience de découverte. Elemore a photographié musiciens et chanteurs dans leur contexte habituel: chez eux, dans des salles de danse et des festivals locaux; il a suivi même quelques groupes dans des festivals en dehors de la Louisiane. En plus de la musique, j'ai enregistré des entrevues concernant la formation musicale des artistes et généralement "comment c'était dans le vieux temps." A l'exception de deux, les entrevues étaient conduites dans le français maternel des musiciens (et de moi-même). L'une des exceptions (Marc Savoy) vient d'un texte préparé. L'autre (Michael Doucet) était en anglais pour des raisons sans rapport avec ce projet. En traduisant, je n'ai pas cherché à interpréter le style du parler cadien, ni en francais, ni en anglais; j'ai plutôt essayé de rendre la simplicité, la clarté et la dignité de l'original. Les enregistrements d'entrevues sont déposés aux Archives de Folklore et d'Histoire Orale à l' Université du Sud-ouest de la Louisiane. (Je n'ai pas fait d'entrevue avec Clifton Chenier.)

Les musiciens et chanteurs racontent eux-même leurs histoires à leur façon, souvent quittant le fil de leurs récits pour illustrer ce dont ils parlent avec une anecdote, ou perdant tout net le fil pour parler d'autres choses importantes dans leurs vies. Et pourtant, le tout de leur histoire reste parfaitement clair. De ces artistes, j'ai appris beaucoup, non seulement sur la musique et la place qu'elle tient dans la société française de Louisiane, mais aussi sur les prairies et les grands chemins, sur les coups de main et les quatre cents coups, sur la famille et la ferme, sur la survie, et tout cela dans un merveilleux style coeur ouvert qui colle à l'âme et à l'esprit tellement mieux que n'importe quel enseignement formel.

B.J.A.

Note: Les témoignages des musiciens sont transcrits exactement comme ils les ont dits. Le français louisianais présente certaines différences que j'ai respectées. Par exemple, les genres sont parfois différents; les Cadiens disent un guitare, mais une accordéon. Les mots empruntés directement à l'anglais sont presque toujours masculin, tel le radio et le television. Le pronom on remplace presque toujours nous. Le vous de politesse ne s'utilise guère qu'avec les personnes très âgées; même le vous pluriel est suivi par le verbe au singulier: vous autres veux. En français cadien, le passé composé peut être actif ou passif, suivant le sens: il a tombé décrit l'acte; il est tombé, le résultat.

Photographer's Statement

This book is an outgrowth of a collaboration that began with the first CODOFIL Tribute to Cajun Music held in Lafayette on a stormy night in March 1974. I had always enjoyed Cajun music, but until that evening in Blackham Coliseum, I was not acquainted with many of its important figures. As Barry Ancelet indicates in his introduction, this was a dramatic event, a memorable occasion. Fortunately, I had made arrangements for a press pass and took photographs at that first festival.

After that exciting evening, I spoke to Barry about doing more documentation of the musicians I had just encountered. He suggested that we make a joint expedition to Basile and Mamou to record and photograph some of them in their homes. In May 1974, we made the first of what became a series of field trips. On this day, we spent time with Nathan Abshire on the front porch of his home just behind the Bearcat Lounge in Basile. His yard was full of scrap metal salvaged from the city dump where he was employed. As we talked and drank coffee, I took photographs and discovered that the warmth and strength of Nathan's personality were just as evident close-up as they were on stage. Later that day, we drove from Basile to Mamou, hoping to find Bois-sec Ardoin. Find him we did, just as we turned off Highway 66 toward Mamou. He was wearing faded overalls and helping with the rice harvest. While Barry talked to him, I took photographs and made several drawings. What a delightful and dapper man he was! Later that evening, we visited with Nathan again before returning to Lafayette.

After that first trip, Barry and I began working together on a regular basis and soon realized that we should document as much as possible as soon as possible. Many of these musicians were remarkable people who had developed in an age that was already past. As we continued to work and to discuss what we were doing, we decided that we wanted to document Cajun musicians not only as public performers

Préface du photographe

Ce livre est né d'une collaboration amorcée lors du premier Hommage à la Musique Acadienne, patronné par le CODOFIL, par une nuit pluvieuse de mars 1974. J'avais toujours aimé cette musique, mais avant cette soirée au Blackham Coliseum de Lafayette, je n'en connaissais pas les personnalités marquantes. Comme le dit Barry Ancelet dans son introduction, ce concert était un évènement, un moment inoubliable. J'avais heureusement demandé un permis de presse grâce auquel je pus photographier ce premier festival.

Après cette soirée bouleversante, je discutai avec Barry une documentation plus poussée des musiciens que je venais de découvrir. Il suggéra une excursion à Basile et à Mamou pour en enregistrer et photographier quelques-uns chez eux. Au mois de mai ce fut donc la première d'une longue séries d'explorations. Ce jour-là se passa en partie sur la véranda de Nathan Abshire, derrière le bar Bearcat, à Basile. Autour de la maison s'étalaient les monceaux de ferrailles rapportés du dépotoir municipal où il était employé. Pendant que nous bavardions et prenions le café, je photographiais, et c'est ainsi que j'ai découvert que Nathan dégageait autant de force et de chaleur de près que sur scène. Plus tard nous partîmes vers Mamou dans l'espoir de trouver Bois-sec Ardoin. Et en effet, il était là, où la route 66 bifurque vers Mamou, récoltant le riz dans une vieille salopette fanée. Pendant qu'il causait avec Barry, je photographiais et dessinais. Quel homme aimable et quelle élégance! Et la journée se termina sur un dernier brin de causette avec Nathan avant de rentrer à Lafayette.

Après cette première visite, nous nous mîmes à travailler regulièrement, et bientôt nous savions qu'il faudrait rassembler le plus de documentation le plus vite possible. Beaucoup de ces hommes remarquables appartenaient à un âge révolu. Au fur et à mesure de nos excursions et nos discussions nous nous rendions compte qu'il fallait présenter non seulement leur personnalité publique mais leur intimité. Ces

but also as private persons in their home surroundings and native environments. We felt that these musicians exemplified some of the strongest elements in the Cajun character. In particular, I was impressed that these men and women had become artists, in the truest sense, while supporting their families with ordinary occupations and with little outside recognition in the early days. In addition, we hoped that our documentation of these musicians would indirectly reflect the culture which produced this music and was being changed as it became more "Americanized" by interstate highways, television, and convenience stores.

As a painter, I have always tended to see photography as simply another way of making an image. In working with Barry, my desire as a photographer to produce an image that suits my eye had to be tempered with the need of the folklorist to record and illustrate. As I see it, the photographs reflect not only this dialectic relationship between us but also the natural changes that occurred in our subjects over a ten-year period as people married, had children, and died.

Those field trips were not a chore. Through them, I met some of the most interesting people I have ever known and, while looking through a camera, I was privileged to be on hand during some of Cajun music's finest moments.

E.M.M., Jr.

musiciens, à notre avis, exemplifiaient des traits cadiens caractérisques. J'étais particulièrement frappé par le fait que ces hommes et ces femmes étaient devenus des artistes, dans tout le sens du mot, tout en gagnant leur vie dans des occupations des plus communes et presque sans encouragement, surtout à leurs débuts. Nous espérions aussi que ce que nous saisirions de ces musiciens reflèterait la culture qui les avait produits et qu'américanisaient petit à petit les autoroutes, la télévision, et les hypermarchés.

En tant que peintre, j'ai toujours conçu la photographie comme une autre manière de produire une image. En travaillant avec Barry, j'ai dû adapter mon désir de photographe—créer une image qui me plaise—à ses besoins d'ethnographe—illustrer et documenter. Les photographies de ce livre reflètent cette dialectique et enregistrent aussi les transformations arrivées au cours de dix années pendant lesquelles, par la force des choses, se produisirent mariages, naissances, et morts.

Loin d'être un labeur, ces explorations m'ont permis de connaître des gens extraordinaires et de vivre, à travers mon objectif, des moments parmi les plus grands de la musique cadienne.

E.M.M., Jr.

Acknowledgments   *Remerciements*

The first stage of this project was held together for ten years, from 1974 to 1984, with masking tape and mutual respect. When we decided to revisit the subject fifteen years later, we found that what had worked for us before continued to do so now.

Special thanks are due to the musicians and their families for their inspiring patience and to our own families for their indulgent support. Mathé Allain assisted us greatly in preparing the first edition; she continues to provide invaluable guidance. Denise Jones helped refine the French version of the epilogue to the new edition. Nick Spitzer helped us to spruce up the original manuscript. Philip Gould, James Edmunds, Jim Zeitz, and André Gladu gave us insightful criticism of the photographs. The folks at the University of Texas Press, especially Suzanne Comer, made the first edition possible. JoAnne Prichard has guided the publication of this revised and updated edition for the University Press of Mississippi.

Research for the original project was funded, in part, by the Rockefeller Foundation (through the USL Center for Acadian and Creole Folklore) and the National Endowment for the Humanities (through the USL North American Francophone Studies Program). The University of Southwestern Louisiana continues to encourage and support ongoing research on Cajun and Creole culture through its expanded Francophone Studies Program.

De 1974 à 1984, pendant la première phase de ce projet, il a tenu en place grâce au papier collant et à l'estime que nous éprouvions les uns pour les autres. Quand nous avons décidé de le reprendre quinze ans plus tard nous avons découvert que ce qui avait marché par le passé marchait encore aujourd'hui.

Nous devons des remerciements très chaleureux aux musiciens et à leurs familles pour leur patience et à nos propres familles qui nous ont toujours encouragé et soutenu. Mathé Allain qui nous avait aidé lors de la première édition continue à offrir aide et conseils. Denise Jones a passé son œil de rédactrice sur le texte français de l'épilogue. Nick Spitzer nous a aidé à rendre le manuscript original plus vivant. Philip Gould, James Edmunds, Jim Zeitz et André Gladu ont critiqué les photographies de la première édition avec intelligence et une fine compréhension. L'équipe des Presses Universitaires du Texas, surtout Suzanne Comer, avait rendu la première édition possible, JoAnne Prichard a guidé cette réédition et remise à jour pour les Presses Universitaires du Mississippi.

Les recherches pour le premier projet ont été subventionnées, en partie, par la Fondation Rockefeller (par l'entremise du Centre de Folklore Créole et Acadien de USL) et par le National Endowment for the Humanities (par l'entremise du North American Francophone Studies Program). L'Université du Sud-Ouest de la Louisiane continue à encourager et soutenir la recherche sur les cultures cadienne et créole, surtout à travers son programme d'études francophones.

CAJUNS AND CREOLES:
A NOTE ON TERMINOLOGY

In eighteenth-century Louisiana, the word Creole simply meant "indigenous," and was used to distinguish those born in the New World from immigrants, whether from Europe (France, Germany, Spain) or Africa. By extension, the word later was applied to native products, such as Creole tomatoes, horses, and houses. In dialectology, Creole refers to the linguistic blending that occurred in slave colonies such as the French West Indies and Louisiana.

The Acadians were French colonials from Acadia (today Nova Scotia). They were deported by the English in 1755, and many eventually resettled in Louisiana, primarily in the southern part, where they intermingled with other ethnic groups. The resulting cultural blend came to be known as "Cajun," a word derived from Acadian.

In South Louisiana today, French-speaking whites generally call themselves Cajuns, though some maintain the traditional distinction by calling themselves French Creoles. French-speaking blacks ordinarily call themselves Creoles. These distinctions are frequently overlooked by outsiders, who lump all groups together as "Cajuns."

CADIENS ET CRÉOLES:
UN MOT SUR LA TERMINOLOGIE

Dans la Louisiane du dix-huitième siècle, le mot "créole" voulait dire simplement "indigène" et servait à distinguer les gens nés au Nouveau Monde des immigrants européens (qu'ils viennent de France, d'Allemagne, ou d'Espagne) et africains. Par extension, le mot s'est appliqué ensuit aux produits indigènes. On parlait donc de tomates créoles, de chevaux créoles, et de maisons créoles. Pour les linguistes, "créole" est le dialecte formé du mélange de français et de langues africaines, parlé d'abord parmi les esclaves des Antilles et de Louisiane.

Les Acadiens étaient des colons français établis en Acadie (aujourd'hui la Nouvelle Ecosse). Déportés par les Anglais en 1755, beaucoup sont venus s'installer en Louisiane, surtout dans le sud. Là, ils se sont mêlés à d'autres ethnies pour produire le mélange culturel qu'on appelle aujourd'hui "cadien."

Dans le sud de la Louisiane aujourd'hui, les francophones blancs se considèrent généralement Cadiens, bien que certains descendants des premiers colons maintiennent la distinction traditionnelle et préfèrent être appelés Créoles. Les francophones noirs se considèrent aussi Créoles. Souvent, ces distinctions confondent les étrangers qui les rassemblent tous sous la rubrique de Cadien. Le terme "musique cadienne" est souvent employé de façon générique pour désigner la musique louisianaise d'expression française, mais les musiciens noirs précisent qu'ils sont des musiciens créoles.

The Makers of Cajun Music   *Musiciens cadiens et créoles*

A young Cajun went off to school, and when he returned home, he told his mother and father that he no longer spoke French. His parents were a little surprised at this sudden loss of his native language, but they had heard that such things happened at college. To make sure that his parents understood and believed him, the young man asked repeatedly what things were in French.

"What's that?" he would ask.

"Une chaise," his father would answer.

"And what's that?"

"Une table."

"And that?"

"Une porte."

His parents quickly tired of this game, but the young man continued to demonstrate his newfound inability to speak French. They all survived the first evening somehow and finally went to bed.

His parents were up early and were already at work in the garden by the time the young man awoke. His father commented under his breath about this additional bad habit that had been learned at school. The young man quickly resumed his efforts to show his ignorance of French.

Just as he was asking once again, "What's that?" pointing to a rake leaning on the fence, he accidentally stepped on its teeth, causing the rake to hit him smartly on the forehead. "Mon maudit, sacré, tonnerre de rateau!" he blurted out in pain and anger.

"Ah," said his father with a smile, "Je vois que ça commence à te revenir." ("I see it's coming back to you.")

Sometimes that's what it takes.

Un jeune Cadien est allé au collège et quand il est revenu chez lui, il a dit à son père et sa mère qu'il ne pouvait plus parler français. Ses parents étaient un peu surpris qu'il avait perdu si vite sa langue maternelle, mais ils avaient entendu dire que ce genre de chose se passait au collège. Pour assurer que ses parents le comprennent et le croient, le jeune homme s'est mis à demander ce que tout était en français.

"What's that?" il demandait.

"Une chaise," son père répondait.

"And what's that?"

"Une table."

"And that?"

"Une porte."

Ses parents se sont vite tannés de ce jeu, mais le jeune homme a continué à se montrer incapable de parler français. Ils ont passé cette première soirée tant bien que mal et ils se sont couchés.

Ses parents se levaient tôt et ils étaient déjà dans le jardin quand le jeune homme s'est réveillé. Son père n'a pas manqué de remarquer cette nouvelle mauvaise habitude que son fils avait appris à l'école. Pour sa part, le jeune homme a recommencé ses efforts pour montrer sa nouvelle ignorance du français.

Il était au moment de demander encore, "What's that?" cette fois d'un rateau appuyé sur la barrière quand, par malchance, il a marché sur les dents du rateau et le manche l'a frappé d'un coup sec sur le front.

"Mon maudit, sacré, tonnerre de rateau!" il a éclaté dans sa douleur.

"Ah," son père a remarqué avec un sourire, "je vois que ça commence à te revenir."

Des fois, c'est ça que ça prend.

Introduction

French-speaking Louisiana is involved in an exciting cultural and linguistic renaissance as Cajuns and Creoles, once dangerously close to complete acculturation, begin to reclaim their heritage. Throughout the Western world, it has been difficult to avoid the homogenizing influence of American culture, yet America has failed to reduce its own diverse ethnic and cultural heritages to pabulum, largely because of the resiliency of the individual cultures. This failure, however, must also be credited, in part, to the deliberate, concerted efforts of visionaries who foresaw that the trend toward a bland, standardized society would one day break down and prepared for a time when America would recognize the value of its highly seasoned cultural stew. As early as the 1930s, Louisiana French society was encouraged to maintain itself as an example of cultural and linguistic tenacity. The ideal vehicle for this effort, expressing both language and culture, was Cajun music.

Most of Louisiana's French population descend from the Acadians, the New World colonists who began settling at Port Royal, Acadia, in 1604 (three years before Jamestown). Very quickly, they came to see themselves as different from their European forebears, and this long before the English colonists began to think of themselves as Americans. For nearly a century, the Acadians thrived in their new homeland, adapting to the area and its climate with the help of the Micmac Indians. They remained outside the mainstream of communication between France and its more important colony, New France, though their isolation was frequently disturbed by the power struggle between the English and French colonial empires. Acadia changed hands back and forth until the Treaty of Utrecht in 1713, when England gained permanent possession of the colony and renamed it Nova Scotia.

The Acadians were deported from their homeland in 1755 by the British Crown on the order of Governor Charles Lawrence,

La Louisiane francophone vit aujourd'hui une passionnante renaissance culturelle et linguistique, car Cadiens et Créoles, après avoir frôlé la perte de leur ethnicité, récupèrent leur héritage. L'influence homogénisante de l'Amérique se fait sentir à travers la civilisation occidentale toute entière, mais les Etats-Unis n'ont pas réellement absorbé leurs ethnies en partie grâce aux efforts délibérés de visionnaires qui comprirent qu'un jour la société standardisée perdrait ses charmes et l'Amérique préférerait à un insipide brouet national des ragouts régionaux plus relevés. Or, depuis les années '30 déjà, la Louisiane française réclamait son droit à l'existence et donnait un exemple de tenacité culturelle et linguistique, focalisée sur la musique.

La plupart des francophones louisianais descendent des Acadiens, ces colons français établis au Port Royal en Acadie, en 1604, trois ans avant Jamestown. Pendant près d'un siècle ils prospérèrent dans leur nouvelle patrie, s'adaptant à la région et au climat avec l'aide des Indiens Micmacs, et très vite, bien avant que les colons anglais se sentent Américains, se considérèrent différents des Européens. Ils restèrent en dehors des grands courants de communication entre la France et la Nouvelle France, mais leur isolement fut souvent perturbé par les guerres entre l'Angleterre et la France au cours desquelles l'Acadie passa de l'un à l'autre, jusqu'au traité d'Utrecht qui en 1713, livra à la Grande-Bretagne la colonie rebaptisée "Nouvelle Ecosse."

En 1755, le Gouverneur Charles Lawrence, qui voulait désagréger la société acadienne, donna l'ordre de déporter les "Français neutres," comme on les appelait. Certains furent dispersés dans les treize colonies anglaises, d'autres envoyés en Angleterre, d'autres rapatriés en France. Quelques-uns allèrent aux Antilles, d'autres se retrouvèrent dans des coins perdus, comme les Iles Malouines (les Falklands) ou la Guyane. Enfin en 1765, après dix années d'errance, quelques exilés parvinrent en Louisiane, décidés à y recréer la société

who sought to disintegrate Acadian society, relieving social and political pressures in the colony and making room for new English colonists. Some exiles were dispersed in the thirteen British colonies; some were sent to English prisons; some were repatriated to France; some eventually made their way to the French West Indies; some were even sent to remote places such as the Malouines (Falklands) and Cayenne (Guiana). Some returned to Nova Scotia and New Brunswick to rejoin the few who had escaped into the woods. In 1765, after ten years of hapless wandering, many Acadians began to arrive in Louisiana, where they were determined to recreate the cohesive society they had known in Acadia. Within a generation, these exiles had so firmly reestablished themselves as a people that they became the dominant culture in South Louisiana and absorbed the other ethnic groups around them. Most of the French Creoles (descendants of earlier French settlers), Spanish, Germans, Scots-Irish, Afro-Caribbeans, and Anglo-Americans in the region eventually adopted the traditions and language of this new society which became the South Louisiana mainstream. The Acadians, in turn, borrowed many traits of these other cultures, and this cross-cultural exchange produced a new Louisiana-based community, the Cajuns.

Within this hybrid group, subcultures developed. On the eastern side of the Atchafalaya Basin and along the southern coast, on ridges in the swamps and salt-water marshes, many Acadian exiles settled into the security of isolation. They retained much of their original language and culture, as along Bayou Lafourche where settlements developed on the banks of the waterway which provided social and working transportation. Even now, houses seldom extend more than a block back from the bayou, and boats are almost as common as cars. Traditional techniques for fishing and subsistence farming were adapted to the new environment and provided the basis for a relatively self-sufficient society which thrived in isolation.

In the bayou regions, west of the Atchafalaya Basin and along the Mississippi River, easy access by water and a strong French Creole presence favored the maintenance of close ties with Old World culture. French immigration in the eighteenth and nineteenth centuries kept the area in touch with linguistic and cultural developments in France. The giant live oaks seemed to provide the shade necessary to preserve these traits in the subtropical, exotic environment. Towns like

cohérente qu'ils avaient connue en Acadie. En l'espace d'une génération, ils s'établirent solidement dans le sud louisianais où ils formèrent un peuple qui réussit à imposer sa culture et à absorber les autres groupes ethniques. De nombreux Créoles français (descendants des premiers immigrants), Espagnols, Allemands, Ecossais-Irlandais, Antillais, et Anglo-Américains adoptèrent leurs traditions et leur langage, mais les Acadiens leur empruntèrent certains traits. De ce brassage culturel naquit un tout, typiquement louisianais, la société cadienne qui forme encore aujourd'hui l'armature du sud louisianais.

Des sous-cultures apparurent à l'intérieur de ce groupe hybride. Beaucoup d'Acadiens s'établirent à l'est du bassin de l'Atchafalaya, le long de la côte du sud, sur les terres qui émergeaient des marais et des étangs salés. D'aucuns s'installèrent le long des bayous de l'est, comme le Lafourche, qui servaient de voie de communication. Aujourd'hui encore, dans cette région, les villages sont de longs rubans déroulés de chaque côté des bayous et l'on y trouve presque autant de bateaux que d'autos. Ces groupes écartés conservèrent leurs traditions et leur langue, adaptant les vieilles techniques de pêche et d'agriculture au nouvel environnement et formant une société auto-suffisante qui s'épanouit dans l'isolement.

À l'ouest de l'Atchafalaya, et le long du Mississipi, les communications étaient facilitées par les cours d'eau et par la présence de Créoles français qui conservaient des contacts fréquents avec la Nouvelle Orléans. En plus, l'immigration française du dix-neuvième siècle maintint les liens avec l'Europe et avec les développements de la langue et de la culture métropolitaines. Ici dans la région des bayous, les grands chênes verts semblaient rafraîchir l'environnement sous-tropical pour permettre à la culture française de s'y épanouir. Des villes comme Saint Martin sur le bayou Teche ou Abbeville sur la rivière Vermillon ressemblent à des bourgs français avec places, églises, parvis peuplés de statues, maisons aux balcons dentelés de fer forgé et aux meubles produits par de véritables ébénistes. La région des grandes plantations toute proche rendait possible les échanges commerciaux, et les habitants de Saint Martin, fiers de leur héritage français, des opéras et pièces de théâtre qui se jouaient dans leur village, l'avaient baptisé "le Petit Paris."

Une génération plus tard, certains abandonnèrent le confort relatif des bayous, pour les grandes prairies de l'ouest. Ceux-là s'enfoncèrent dans ces terres grasses pour y créer des bourgades semblables à

St. Martinville along Bayou Teche and Abbeville along the Vermilion River on the western edge of this region resemble French villages with their church squares filled with statues and surrounded by lacey, two-story houses with furniture made by professional craftsmen. Proximity to the plantation country made life there relatively easy. The people of St. Martinville developed a grand self-image based on their French heritage, with stories of opera and theater, and even dubbed the town "le Petit Paris."

A generation later, another type of settler left the relative comfort and safety of the bayous to settle Louisiana's western prairies. The Cajuns' push into the grasslands paralleled the settlement of the American West in the early to mid-1800s. Railroads and highways encouraged the founding of frontier towns on the painfully flat terrain where little communities, baked and windblown, were at the mercy of all seasons. Most of these settlements resemble western cattle towns, with wide main streets dotted with bars, houses built on a simple single-floor plan, and a widespread use of white paint in a brave effort to stave off the sun. Here, one finds few public statues; the only squares are pasture lands surrounded by barbed wire fences. Life on the prairie did not allow for frivolous trappings. Even today, horses are valued for their stamina and speed and not just as nostalgia. It is on these prairies that diverse cultural influences blended with a strong western French/Acadian base to produce what is now called Cajun music.

It is doubtful that the Acadian exiles and earliest French settlers brought instruments with them to colonial Louisiana. Before 1780, there is no mention of instruments in the succession records of the five major French outposts (Attakapas, Opelousas, Iberville, Lafourche, and St. Jacques). Western French tradition included brass instruments like the cornet, stringed instruments like the violin or the *vielle à roue*, and variants of the bagpipe family such as the *cabrette* or the *biniou*. Melodies came to the New World, but instruments of any kind were rare on the early frontier. However, even with houses to be built, fields to be planted, and the monumental task of reestablishing a society, families would gather after a day's work to sing *complaintes*, the long, unaccompanied story songs of their French heritage. They adapted old songs and created new ones to reflect the Louisiana experience. They sang children's songs, drinking songs, and lullabies in the appropriate settings and developed play-party

celles de l'ouest américain. Chemins de fer et grand'routes facilitèrent la fondation de villages au milieu des grands espaces où les petites communautés, rôties par le soleil et battues par les vents, étaient à la merci des saisons. Ces villages généralement ressemblaient à ceux de l'ouest avec une grand'rue bordée de bars et de maisons basses, badigeonnées en blanc dans l'espoir de neutraliser le soleil. Ce n'est pas là qu'on aurait trouvé des statues. Les seuls squares étaient des paturages entourés de barbelés. Dans la prairie, la vie ne se prêtait guère aux frivolités et, aujourd'hui encore, un cheval s'y évalue pour sa résistance et sa vitesse, sans sentiment ni nostalgie. C'est là que des influences diverses se mêlèrent à la base franco-acadienne pour donner naissance à ce qu'on appelle aujourd'hui la musique cadienne.

Il est peu probable que les Acadiens ou les premiers colons français aient apporté des instruments de musique en Louisiane. Avant 1780, on n'en trouve aucune mention dans les inventaires de succession des cinq principaux postes coloniaux (Attakapas, Opelousas, Iberville, Lafourche, et Saint Jacques). Traditionnellement, les instruments populaires français comprenaient des cuivres comme le cornet, des cordes comme le violon et la vielle, et des parents de la cornemuse comme la cabrette et le biniou. Les chansons accompagnèrent les émigrés au Nouveau Monde, mais les instruments étaient rares sur la frontière. Cependant, en dépit des maisons à batir, des champs à défricher, et d'une société à reconstruire, les familles se réunissaient après les tâches journalières pour chanter, sans accompagnement, les longues complaintes de leur héritage français. Les vieilles chansons se transformaient et de nouvelles naissaient, tirées de leur expérience récente. Ils chantaient des chansons pour enfants, des chansons à

ditties for square and round dancing. These songs expressed the joys and sorrows of life on the frontier. They told of heady affairs and ancient wars, of wayward husbands and heartless wives; they filled the loneliest nights in the simplest cabins with wisdom and art.

Within one generation, the Acadian exiles had reestablished their society well enough to acquire musical instruments. A 1780 succession record lists a violin, and in 1785 a Spanish commandant's report mentions a fiddle and clarinet player named Préjean. Complex instruments such as the bagpipes and *vielle* were too cumbersome and delicate to survive the frontier. The violin was relatively simple and, played in open tuning with a double string bowing technique, achieved the conspicuous, self-accompanying drone which characterized much of traditional western French style. Soon enough, fiddlers were playing for *bals de maison*, traditional dances held in private homes where furniture was cleared to make room for crowds of visiting relatives and neighbors. The most popular musicians were those who were heard, so fiddlers bore down hard with their bows and singers sang in shrill, strident voices to pierce through the din of the dancers. Some fiddlers began playing together and developed a distinct twin fiddling style in which the first played the lead and the other accompanied with a percussive bass second or a harmony below the line. From their Anglo-American neighbors, they learned jigs, hoedowns, and Virginia reels to enrich their growing repertoire which already included polkas and *contredanses*, *varsoviennes* and *valses à deux temps*. Transformations in fiddle and dance styles reflected the social changes simmering in Louisiana's cultural gumbo. For example, Dennis McGee's "*La Valse du vacher*," handed down from his Irish, Indian, and Acadian forebears, describes the loneliness of an Acadian cowboy to the tune of an Old World mazurka clearly influenced by the blues:

(Miserable woman, I'm taking my rope and
    my spurs
To go and see about my cattle.
My horse is saddled, it's so sad to see me
Going away all alone, my dearest.)

In the mid- to late-1800s, the diatonic accordion, which had been invented in Vienna in 1828, entered South Louisiana by way of Texas and German settlers; it quickly transformed the music played by the Cajuns. This loud and durable instru-

boire, et des berceuses et se réunissaient pour danser en chantant des rondes et des quadrilles. Ces airs reflétaient les joies et les peines de la frontière, sa violence et ses guerres, ses maris capricieux et ses épouses sans coeur. Elles remplissaient de beauté et de sagesse les longues nuits solitaires.

Après la première génération, la société acadienne s'était créée des assises assez solides pour permettre l'achat d'instruments musicaux. Un violon apparaît dans un inventaire de 1780, et en 1785 un commandant espagnol mentionne un violoneux-clarinettiste, nommé Préjean. Les instruments plus complexes, comme les cornemuses ou les vielles à roue, étaient trop encombrants et délicats dans une vie aussi rude. Le violon, relativement plus simple, permettait de recréer le style traditionnel français en employant un coup d'archet qui touchait en même temps la corde principale et une corde à vide, faisant ainsi entendre la mélodie et un bourdon. Assez rapidement, les violoneux furent recherchés pour des "bals de maison" que les gens donnaient chez eux en repoussant les meubles contre les murs pour faire place aux danseurs. Les musiciens les plus admirés étaient ceux qui se faisaient le mieux entendre, donc les violoneux raclaient les cordes et les chanteurs projetaient une voix criante et aiguë pour surmonter le bruit des danseurs. Certains musiciens mirent au point un style où le premier violon jouait la mélodie et le second l'accompagnait d'une basse percussive ou d'une harmonie en contre-point. Leurs voisins anglo-américains leur apprirent des gigues, des *hoedowns*, et des reels virginiens, pour enrichir leur répertoire de polkas, contredanses, varsoviennes, et valses à deux temps. Ces transformations reflétaient les changements qui se produisaient pendant que mijotait en Louisiane un véritable gumbo social et culturel. Dans "La Valse du vacher," par exemple, Dennis McGee chante la solitude d'un vacher cadien sur un vieil air de mazurka teinté de *blues* autant que d'influences irlandaises, françaises, et amérindiennes.

*Malheureuse, j'attrape mon cable et mes
    éperons
Pour moi aller voir à mes bêtes.
Mon cheval est sellé, c'est malheureux de
    me voir
M'en aller moi tout seul, ma chérie.*

Au milieu du dix-neuvième siècle, l'accordéon diatonique, inventé à Vienne en 1828, arriva en Louisiane grâce aux colons allemands et aux contacts avec le Texas. L'instrument transforma la musique cadienne. Importé d'abord par des marchands

("Valse du vacher," traditional, as performed by Dennis McGee, *The Early Recordings*, Morning Star 45002)*

---

*All songs quoted in this book are used with permission. For a complete list of recordings a discography has been provided in the back of the book along with a full address of the recording companies noted.

ment, first imported by New York merchants like Buegeleisen and Jacobson, and later by the mail order catalogs, became immediately popular. Even with half of its forty metal reeds broken, it made enough noise for dancing. When fiddlers and accordionists began playing together, the accordion dominated the music by virtue of its sheer volume, an important feature in the days before electrical amplification. The fiddle was relegated to providing a supportive second accompaniment. Moreover, the accordion's brash sound expressed the frontier character of Cajun culture. Limited in its number of available notes and keys, it tended to restrict and simplify tunes. Musicians adapted old songs and created new ones to feature its sound. Black Creole musicians such as Amédé Ardoin and Adam Fontenot played an important role during the formative period at the turn of this century, contributing a highly syncopated accordion style and the blues to Cajun music. Ardoin was also a creative improvisational singer who composed many tunes which eventually entered into the standard repertoire, such as the "Eunice Two-Step" (also called "Jolie catin"), "La Valse à Abe" ("La Valse de quatre-vingt-dix-neuf ans"), "Madame Etienne" ("La Robe barrée"), and "Les Blues de la prison":

(Oh, I'm going to prison, condemned
For the rest of my days, oh, for the rest of
   my days.
My poor mother misses me so and she
   can't come to me.

Oh, right up to, oh, the prison door that
   closed me in,
They've forgotten the key. I think they
   must have thrown it away,
And they'll never find it again.)

("Blues de la prison," traditional, as performed by Amédé Ardoin, *Amédé Ardoin: Louisiana Creole Music*, Old Timey 124)

Eventually, dance bands were built around the accordion and fiddle with a triangle, washboard, or spoons added for percussion. Some groups added a Spanish box guitar for rhythm. They performed for house dances and later in public dance halls. The more complex instrumentation of these early bands led to the development of a new sound which was a structured synthesis of the looser, improvised style of individual performance. By the late 1920s, musicians had developed much of the core repertoire now associated with Cajun music. The first commercial recordings of this music made between 1928 and 1932 by OKeh, Columbia, Decca, RCA Victor, Paramount, Brunswick/Vocalion, and Bluebird recording companies captured the tail end of this creative period in such

new-yorkais comme Beugeleisen et Jacobson, puis acheté par correspondance, il se répandit rapidement car, même avec la moitié de ses quarante anches cassés, il produisait assez de bruit pour faire danser les gens. En plus, le son rugueux de l'accordéon convenait à la rude culture frontalière. Quand les accordéonistes commencèrent à jouer avec les violoneux, l'accordèon domina par son volume, important avant l'amplification électrique, et le violon passa au rang d'accompagnateur. Le nombre restreint de notes et de touches força les musiciens à simplifier les airs. Ils transformèrent de vieilles chansons et en créèrent de nouvelles adaptées à l'instrument. Les Créoles noirs, comme Amédé Ardoin et Adam Fontenot, apportèrent la syncopation à l'accordéon et les *blues* à la musique cadienne. Ardoin, qui improvisait aussi des chansons, composa des mélodies entrées au répertoire standard, comme le "Eunice Two-Step" (appelé aussi "Jolie catin"), "La Valse à Abe" ("La Valse de quatre-vingt-dix-neuf ans"), "Madame Etienne" ("La Robe barrée"), et les "Blues de la prison":

O parti à la prison pour un condamné
La balance de mes jours, O la balance de
   mes jours.
Ma pauvre maman s'ennuie autant et elle
   peut pas me rejoindre.

O jusqu'à, yaïe, O la porte de la prison
   fermée sur moi,
Ils ont oublié la clef. Je crois ils l'ont jetée,
Ils vont jamais la retrouver encore.

Bientôt les orchestres de danse s'organisèrent autour de l'accordéon et du violon auxquels on ajouta pour la percussion un petit fer (*triangle*), un frottoir, ou des cuillers. Certains ensembles ajoutèrent une guitare espagnole pour scander les rythmes. Ils jouaient dans les bals de maison et, plus tard, dans les salles publiques. Ces orchestrations plus complexes amenèrent une nouvelle sonorité, synthèse structurée d'improvisations libres. À la fin des années 1920, les musiciens avaient considérablement enrichi le répertoire. Columbia, OKeh, Decca, Paramount, Brunswick/Vocalion, RCA Victor, et Bluebird saisirent la fin de cette période si riche avec des enregistrements "classiques" comme "Allons à Lafayette" (Joseph et Cléoma Falcon), "Ma chère bébé créole"

"classics" as "Allons à Lafayette" (Joseph and Cléoma Falcon), "Ma chère bébé créole" (Dennis McGee and Sady Courville), "Mama, Where You At?" (Mayus Lafleur and Leo Soileau), "Bayou Pom Pom" (Angelas Lejeune and Dennis McGee), and the first recording of "Jolie blonde" (Amédé, Cléopha, and Ophé Breaux):

(Pretty blonde girl, look at what you've done.
You've left me to go away,
To go away with another than me,
What hope and what future can I possibly have.

Pretty blonde girl, you've left me all alone,
To go back to your family.
If you had not listened to the advice of everyone else,
You'd be here with me today.

Pretty blonde girl, you thought you were the only one,
You aren't the only one in the land for me to love.
If I can only find one other, pretty blonde girl,
Lord knows I'll have it all.)

At this point, the unselfconscious pursuit of cultural and social rebuilding was jarred off its course by a series of events. First, oil was discovered in 1901 near Jennings (on a site ironically named the Evangeline Field), bringing a flood of new money and Anglo-Americans into French Louisiana. Second, state and local school board policy began imposing compulsory English-language education in 1916 and banned French from the elementary educational system. Third, World War I brought Cajuns and Creoles into contact with the rest of the world, forcing upon them the realization that they were a minority within a larger American context. Fourth, the advent of mass media and slick programming from the national networks outclassed local efforts and forced the indigenous culture into the shadows. Finally, improved transportation and new highways opened the previously isolated area to the rest of the country. The melting pot philosophy, as articulated by Teddy Roosevelt, melded the peoples of America into a nation. In South Louisiana, French culture and language were slag to be discarded in the Cajun's rush to join the mainstream.

Class distinctions which had appeared early in Louisiana Acadian society were heightened by Americanization and the Great Depression. The upwardly mobile Cajuns, those whom Patricia Rickels called "genteel Acadians" ("The Folklore of Acadians," in *The Cajuns*, ed. Glenn R.

(Dennis McGee et Sady Courville), "Hé Mam, ayoù toi, t'es?" (Mayus Lafleur et Leo Soileau), "Bayou Pom Pom" (Angelas Lejeune et Dennis McGee), et le premier disque de "Jolie blonde" (Amédé, Cléopha et Ophé Breaux):

Jolie blonde, regardez donc quoi t'as fait.
Tu m'as quitté pour t'en aller,
Pour t'en aller avec un autre, oui, que moi,
Quel espoir et quel avenir, mais moi, je vas avoir.

Jolie blonde, tu m'as laissé moi tout seul,
Pour t'en aller chez ta famille.
Si t'aurais pas écouté tous les conseils de les autres,
Tu serais ici-t-avec moi aujourd'hui.

Jolie blonde, tu croyais il y avait juste toi,
Il y a pas juste toi dans le pays pour moi aimer.
Si je peux trouver juste une autre, jolie blonde,
Bon Dieu sait moi, j'ai un tas.

A ce moment-là, une série d'évènements freina la reconstruction culturelle et sociale amorcée à la fin du dix-huitième siècle. D'abord en 1901, il y eut la découverte du pétrole près de Jennings (à un endroit appelé, avec une ironie inconsciente, le champ d'Evangéline), amenant à flot l'argent et les Anglo-américains. Ensuite les commissions scolaires imposèrent l'enseignement obligatoire dispensé en anglais et bannirent le français du système éducatif. Puis la première guerre mondiale projeta Créoles et Cadiens dans le monde extérieur, les obligeant à reconnaître qu'ils ne formaient qu'une faible minorité dans l'énorme contexte américain. D'autre part, les mass-média et leurs programmes tentateurs surclassèrent les efforts locaux et repoussèrent la culture traditionnelle à l'arrière-plan. Finalement, transports et routes améliorés relièrent des contrées jusque-là isolées au reste de la nation. La philosophie du *melting pot*, résumée dans la formule lapidaire de Teddy Roosevelt qui exigeait une nation unifiée avec une seule langue, se fit sentir chez les Acadiens parmi lesquels langue et culture françaises semblaient en voie de disparition, entraînées par les grands courants nationaux.

De bonne heure, il était apparu des distinctions de classe parmi les Cadiens; elles augmentèrent avec l'américanisation et la Grande Dépression. Ceux qui s'étaient élevés dans la société, ces Acadiens de bon ton dont les ancêtres avaient pénétré dans

("Ma Blonde est partie" ["Jolie blonde"], traditional, as performed by Amédé Breaux and the Breaux Brothers, *Louisiana Cajun Music, vol. 5: The Early Years*, Old Timey 114)

Conrad), whose ancestors had espoused Louisiana Creole plantation society, offered little or no resistance to what seemed a move in the right direction. Money and education were hailed as the way up and out of the mire. Many involved in local and state government enthusiastically fostered the Americanization process, especially in the schools. Being "French" became a stigma placed upon the less socially and economically ambitious Cajuns who had maintained their language and culture in self-sufficient isolation. The very word "Cajun" and its harsh new counterpart "coonass" became ethnic slurs synonymous with poverty and ignorance and amounted to an accusation of cultural senility. The pristine prairies described in eighteenth- and nineteenth-century travelogues as a paradise lost became a dumpsite for the melting pot's hazardous waste.

The Cajun music scene in the mid-1930s reflected these social changes. Musicians abandoned the traditional turn-of-the-century style in favor of new sounds heavily influenced by hillbilly music and western swing. The once dominant accordion disappeared abruptly, ostensibly because the instruments were no longer available from wartime Germany. In fact, however, the accordion fell victim to the newly Americanized Louisiana French population's growing distaste for the old ways. With the shortage of money during the Depression, recording companies abandoned regional and ethnic music. When conditions improved in the late thirties, they recorded music with a broad, national appeal.

As songs from Texas and Tennessee swept the country, string bands which imitated the music of Bob Wills and the Texas Playboys and copied Bill Monroe's high lonesome sound sprouted across South Louisiana. Among the early leaders in this new trend were the Hackberry Ramblers (with Luderin Darbonne on fiddle) who recorded new, lilting versions of what had begun to emerge as the classic Cajun repertoire, such as "Jolie blonde." They also performed new compositions such as "Une Piastre ici, une piastre là-bas," a song which described life in a money-based economy caught in the throes of the Depression:

(When I turned twenty-one years old,
My father told me that I was in the race.
"You've got to stop spending
A dollar here and a dollar there.")

("Une Piastre ici, une piastre là-bas,"
by Luderin Darbonne, *Louisiana Cajun Music, vol. 3: The String Bands of the 1930s*, Old Timey 110)

Freed from the limitations imposed by the accordion, string bands readily absorbed various outside influences. Dar-

la classe des planteurs créoles, offrirent peu de résistance à un mouvement qui semblait aller dans le bon sens. Ils saluèrent l'argent et l'éducation qui les tireraient définitivement de leur bourbier d'infériorité économique et sociale. Beaucoup de ceux qui participaient au gouvernement encouragèrent le processus d'américanisation, spécialement dans les écoles. Parler français devint un stigmate caractéristique de gens sans ambitions sociales ou économiques qui conservaient leur culture et leur langue dans un isolement auto-suffisant. Le mot *cadien* même et sa contrepartie moderne l'ignoble *coonass* devinrent les synonymes désobligeants de pauvreté, d'ignorance, apparentés à la sénescence culturelle. Les prairies vierges où les voyageurs du dix-neuvième siècle voyaient le paradis retrouvé, devinrent des dépotoirs de déchets chimiques et culturels.

La musique des années '30 n'échappa pas à ces transformations sociales. Les musiciens abandonnèrent le style 1900 pour des sonorités nouvelles fortement teintées de *country* et de *swing*. L'accordéon disparut tout d'un coup, soi-disant parce que l'Allemagne en guerre n'en fournissait plus. En fait, il fut victime du dégoût croissant d'une population nouvellement américanisée pour tout ce qui rappelait le vieux temps. Pendant la Dépression, les compagnies de disques à court d'argent abandonnèrent les enregistrements de musique régionale et ethnique. A la fin de la décennie, la situation s'améliora et les enregistrements reprirent, mais centré sur les chansons de large diffusion nationale.

Pendant que les airs du Texas et du Tennessee inondaient le pays, des orchestres à cordes imitant la musique de Bob Wills et des Texas Playboys et copiant le son solitaire de Bill Monroe jaillirent à travers le sud louisianais. Dans cette nouvelle vague se trouvaient les Hackberry Ramblers (avec Luderin Darbonne au violon) qui enregistrèrent des versions rythmées de ce qui commençait à devenir le répertoire classique cadien, comme "Jolie blonde." Ils exécutaient aussi de nouvelles compositions comme "Une Piastre ici, une piastre là-bas" qui décrivait la vie dans une économie basée sur l'argent prise dans les pinces de la Dépression.

Quand j'ai eu vingt et un ans,
Mon père m'a dit que j'étais dedans.
"C'est l'heure que t'arrêtes de dépenser
Une piastre ici, une piastre là-bas."

Libérés des limitations imposées par l'accordéon, les orchestres absorbèrent facilement différentes influences venues

bonne's Ramblers were among the first to use an electrical amplification system. Dancers across South Louisiana were shocked in the mid-1930s to hear music which came not only from the bandstand, but also from the opposite end of the dance hall through speakers powered by a Model T idling behind the building. The electric steel guitar and trap drums were added to the standard instrumentation as Cajuns continued to experiment with new sounds borrowed from Anglo-American musicians. Amplification made it unnecessary for fiddlers to bear down with the bow in order to be heard, and they developed a lighter, lilting touch, moving away from the soulful intensity of earlier styles.

Undoubtedly the most popular Cajun musician of his day, Harry Choates was born near Rayne, in Acadia Parish, but like so many of his contemporaries, he moved to East Texas with his family to work in the shipbuilding and oil boom of the 1940s. In songs like the "Austin Special" and the "Port Arthur Blues," he exploited the *"tu m'as quitté pour t'en aller au grand Texas"* ("you left me to go away to Texas") theme which was to become ubiquitous in modern Cajun music. Choates also sprinkled his songs like "Louisiana Boogie" with English lyrics and recorded western swing standards like "Rubber Dolly" to reach a larger audience. His popularity carried him as far west as Austin, deep in the heart of Texas, on regular weekend dance jobs, and his simplified interpretation of "Jolie blonde," which became the standard version performed by bands throughout South Louisiana, crossed cultural boundaries to become a regional hit.

Eventually, bands began recording bilingual songs, reflecting a gradual gravitation toward the English language. In 1947, for example, a group called the Oklahoma Tornadoes released "Dans la prison":

Well, I left from Louisiana about a year
    ago,
Going to Texas, traveling with a show.
I landed in old Houston doing mighty fine,
Until I met that woman, and now I'm
    doing time.

(In prison, to hell with it.
I know it'll be a long time.
In prison, to hell with it.
I'm coming back in twenty-four years.)

("Dans la prison," by Virgil Bozman and the Oklahoma Tornadoes, *Louisiana Cajun Music, vol. 4: From the 30s to the 50s*, Old Timey 111)

Darbonne's group, which had recorded French swing tunes as the Hackberry Ramblers, recorded English country tunes as the Riverside Ramblers, featuring the

de l'extérieur. Les Ramblers de Darbonne furent parmi les premiers à employer un système d'amplification électrique. En 1935, les danseurs du sud de la Louisiane reçurent un véritable choc quand ils entendirent une musique qui venait non seulement de l'orchestre, mais aussi de l'autre bout de la salle, grâce à un amplificateur actionné par la Ford modèle T qui marchait au ralenti derrière la salle de danse. La guitare électrique et la batterie complétèrent l'instrumentation, et les Cadiens experimentèrent avec de nouvelles harmonies empruntées aux musiciens américains. L'amplification permit aux violoneux de ne plus racler leurs archets pour se faire entendre et d'acquérir un ton plus léger et délicat au lieu des sonorités intenses de l'ancien style.

Indiscutablement le musicien le plus populaire de cette époque fut Harry Choates. Né près de Rayne, dans la paroisse Acadie, il partit au Texas avec sa famille chercher du travail dans les chantiers navals et dans les activités petrolières pendant le grand essor des années 1940. Ses chansons comme "Austin Special" et "Port Arthur Blues" exploitent le "tu m'as quitté pour t'en aller au grand Texas," ce thème omniprésent dans la musique cadienne moderne. Pour atteindre un plus vaste auditoire, il saupoudra ses chansons de refrains anglais ("Louisiana Boogie") et de sons du *western swing* ("Rubber Dolly"). Il était connu jusqu'à Austin, au coeur du Texas anglophone, où il allait régulièrement se produire en fin de semaine. Son interprétation de "Jolie blonde," fort simplifiée, devint la version standard et franchit les frontières culturelles pour devenir un succès régional.

Peu à peu les orchestres commencèrent à enregistrer des chansons bilingues, reflétant la gravitation générale vers l'anglais. En 1947, par exemple, un groupe cadien qui avait choisi le nom "Oklahoma Tornadoes" enregistra "Dans la prison":

(J'ai quitté la Louisiane il y a à peu près un an pour aller jouer au Texas. Je suis arrivé à Houston et tout allait bien, jusqu'à ce que j'ai rencontré cette femme, et aujourd'hui je suis dans la prison.)

Dans la prison, la hell *avec ça.*
Moi, je connais ça sera longtemps.
Dans la prison, la hell *avec ça.*
Moi, je m'en reviens dans vingt-quatre
ans.

Le groupe de Darbonne, qui avait enregistré des *swings* français sous le nom des Hackberry Ramblers, se mit à enregistrer des chansons régionales anglaises sous le

singing of Joe Werner on regional hits such as "Wondering" (which predated Webb Pierce's national hit by a few years). Recorded Cajun music showed increasing discomfort with the French language and traditional sounds. Even Joe Falcon's wife Cléoma joined the move away from the roots, recording "Hand Me Down My Walking Cane" (1947), in a style imitating southeastern mountain music.

By the late 1940s, commercially recorded Cajun music was unmistakably sliding toward Americanization. Then, in 1948, Iry Lejeune recorded "La Valse du Pont d'Amour." Greatly influenced by the recordings of Amédé Ardoin and by his own relatives and neighbors in Pointe Noire, Lejeune went against the grain to perform in the old, traditional style long forced underground. Some said the young singer from rural Acadia Parish who carried his accordion in a flour sack didn't know better, but crowds rushed to hear his highly emotional music. His unexpected popular success focused attention on cultural values that Cajuns and Creoles had begun to fear losing.

Iry Lejeune became a pivotal figure in the revitalization of Cajun music; his untimely death in 1955 only added to his legendary stature. Following his lead, musicians like Joe Falcon, Lawrence Walker, Austin Pitre, and Nathan Abshire dusted off long-abandoned accordions to perform and record traditional-style Cajun music. Interest and demand were especially strong after World War II among returning GIs, tired of foreign wars and foreign affairs, who wanted only to sink into the comfort and security of their own culture. Local music store owners such as George Khoury, J. D. Miller, Eddie Shuler, and later Floyd Soileau and Carol Rachou pioneered a local recording industry that took up the slack left by the national record companies which had abandoned regional tradition in favor of a broader base of appeal.

The effects of revitalization were immediate, but varied. Cajun music was stubbornly making a comeback, but not without changes brought on by outside influences superimposed during the previous decade. Nathan Abshire borrowed tunes like Roy Acuff's "A Precious Jewel"; Marie Falcon and Shuk Richard recorded a translation of William Warren and Arlie Carter's "The Wild Side of Life" entitled "Le Côté farouche de la vie":

nom de Riverside Ramblers, mettant en vedette la voix de Joe Werner. Il réalisa aussi des succès régionaux comme "Wondering" (qui précéda de quelques années le succès national de la version par Webb Pierce). Pendant cette période, les enregistrements cadiens révèlent un éloignement croissant envers le français et les airs traditionnels. La femme de Joe Falcon elle-même, Cléoma, entra dans le mouvement et enregistra "Hand Me Down My Walking Cane" (1947) dans un style bien éloigné de ses racines, car il imitait la musique des montagnes du sud-est américain.

A la fin des années 1940, les enregistrements des musiciens cadiens glissaient vers l'américanisation. Or, c'est en 1948 qu' Iry Lejeune produisit "La Valse du Pont d'Amour." Influencé par les disques d'Amédé Ardoin et par ses parents et voisins de la Pointe Noire, Lejeune allait à contre-courant et reprenait le style traditionnel qui avait survécu dans la clandestinité. Certains s'imaginèrent que ce jeune campagnard qui trimballait son accordéon dans un sac à farine n'était pas capable d'autre chose, mais la foule se rua pour écouter une musique tellement émotive. Ce succès inattendu attira l'attention sur des valeurs que Cadiens et Créoles commençaient à croire disparues.

Autour d'Iry Lejeune pivota la renaissance de la musique cadienne. Sa mort prématurée in 1955 ajouta encore à sa légende. Joe Falcon, Lawrence Walker, Austin Pitre, Nathan Abshire suivirent son exemple, époussetèrent leurs accordèons et reprirent la musique traditionnelle. L'intérêt et la demande augmentèrent après la Seconde Guerre Mondiale quand les vétérans, las de guerres lointaines et d'affaires internationales, cherchèrent confort et sécurité dans la culture qui leur était propre. Les propriétaires de magasins de musique, George Khoury, J. D. Miller, Eddie Shuler, et plus tard Floyd Soileau et Carol Rachou, créèrent de petites compagnies pour pallier à la carence des compagnies nationales qui négligeaient les musiques régionales et préféraient produire des disques pour le grand public américain.

Les effets de la renaissance furent immédiats et variés. La musique cadienne réapparaissait, mais non sans tenir compte des surimpressions de la décennie précédente. La "Valse de Bélisaire," de Nathan Abshire, empruntait l'air de Roy Acuff, "A Precious Jewel," et "Le Côté farouche de la vie," chanté par Marie Falcon, traduisait "The Wild Side of Life," le grand succès de William Warren et Arlie Carter.

(You wouldn't read my letter if I wrote
  you.
You asked me not to call you on the phone.
But there's something I wanted to tell you,
So I wrote it in the words of this song.

I didn't know God made honky-tonk
  angels.
I should have known you'd never make a
  wife.
You gave up the only one who ever loved
  you,
And went back to the wild side of life.)

Tu lirais pas ma lettre si je t'écrivais.
Tu m'as demandé de pas t'appeler dessus
  le phone.
Il y a une chose que je veux te dire, oui, à
  toi, chère,
Et je l'ai écrit dans les mots de cette
  chanson.

Je savais pas le Bon Dieu faisait des anges
  de honky tonk.
J'aurais dû connaître t'aurais jamais fait
  une femme.
T'as quitté le seul qui t'aimais, chère,
Pour t'en aller sur le bord de la vie
  farouche.

Traditional dance bands, performing as often as seven and eight times a week, developed a tightly structured, well-orchestrated style as represented by Aldus Roger's Lafayette Playboys and Belton Richard's Musical Aces. They added electric guitars and an electric bass to push a driving, up-town sound.

In the 1950s, many Cajun musicians were also tempted by the success of popular Louisiana singers like Jerry Lee Lewis and Antoine "Fats" Domino, who were breaking onto the national scene, and borrowed from the sounds of early rock and roll. Lawrence Walker recorded songs like "Lena Mae" and "Let's Rock and Roll Tonight" in English along with his Cajun French classics like "Chère Alice" and "La Valse de Reno," and Cleveland Crochet hit the national pop charts (number 80 on Billboard's Hot 100, January 1961) with "Sugar Bee." In seeking the wide audience necessary for a professional career, area musicians such as Doug Kershaw and Jimmy C. Newman capitalized on their (exotic) Cajun origins but strayed from traditional sources and veered toward popular or country music styles en route to the West Coast and Nashville. To remain a legitimate expression of Louisiana French society, Cajun music would need to return to its roots.

The necessary impulse came from the national folk revival movement. One of its leaders, Alan Lomax, had stopped in South Louisiana with his father, John, when collecting American folksongs for the Library of Congress in the 1930s. In addition to producing a record of the underground, "unofficial" music scene, this visit set off a chain reaction which directly affected the revitalization of Cajun music. Lomax sought to encourage the maintenance of America's rich and diverse folk cultures. In Louisiana, he had found a vital society with its own folk music sung in French. Like Appalachia, South Louisiana became a proving ground to show that homoge-

Les orchestres de danse traditionnels, qui donnaient jusqu'à sept et huit séances chaque semaine, adoptèrent un style strictement structuré et soigneusement orchestré, représenté par les "Lafayette Playboys" d'Aldus Roger et les "Musical Aces" de Belton Richard. A leur orchestration s'ajoutèrent des guitares et basses électriques pour donner plus de sophistication au son.

Dans les années '50, de nombreux musiciens se laissèrent tenter par le succès populaire de Jerry Lee Lewis et Antoine "Fats" Domino, qui faisaient une entrée fracassante sur la scène nationale. Ils empruntèrent donc des airs de *rock and roll*. Lawrence Walker enregistra "Lena Mae" et "Let's Rock and Roll Tonight" en anglais en même temps qu'il enregistrait ses classiques cadiens comme "Chère Alice" et "La Valse de Reno." Cleveland Crochet se classa quatre-vingtième au Billboard Hot 100 en janvier 1961 avec "Sugar Bee." A la recherche d'un auditoire toujours plus étendu, nécessaire à une carrière professionnelle, des musiciens comme Doug Kershaw et Jimmy C. Newman capitalisèrent leur origine exotique, mais s'éloignèrent des sources, adaptant des styles populaires ou *country* qui leur fraieraient un chemin vers Nashville et la côte ouest. Pour que la musique cadienne reste authentique, il fallait qu'elle retrouve ses racines.

L'impulsion nécessaire vint du mouvement national qui depuis longtemps déjà prêchait le retour aux sources. Pendant les années 1930, l'un des chefs du mouvement, Alan Lomax, avait fait un séjour dans le sud louisianais alors qu'il collectait avec son père des chansons pour la Bibliothèque du Congrès. Ce séjour produisit un inventaire de la scène musicale officieuse et déchaîna une réaction en série. Lomax voulait encourager le maintien du riche patrimoine américain. En Louisiane, il avait trouvé une société pleine de vie et de chansons en français. Comme les Ap-

nization and acculturation could be resisted. The fierce nationalism resulting from World War I which fueled the melting pot philosophy called for a monolithic American culture that threatened to replace ethnic and regional cultures with an amorphous, mass-produced imitation. Lomax challenged that this "cultural greyout" must be checked or there would soon be "no place worth visiting and no place worth staying" ("Appeal for Cultural Equity," *The World of Music* 14, no. 2, 1972). The Louisiana Cajuns represented one alternative.

As early as the 1930s, individuals working in the academic community had laid the groundwork for cultural self-preservation. Louise Olivier developed a local version of the Works Progress Administration, through the Louisiana State University Agricultural Extension Service, which encouraged the maintenance of traditional culture by attempting to create a market for the folk arts. In 1939, one of the Lomaxes' first contacts in Louisiana, Irene Whitfield, published her LSU master's thesis, *Louisiana French Folksongs*, still a definitive collection of Cajun and Creole folk music. In the 1940s, Elizabeth Brandon included numerous ballads in her Université Laval (Quebec) dissertation on Vermilion Parish, and William Owens recorded folksongs under the guidance of Miss Whitfield. Students in state college graduate French programs collected songs and folktales while gathering material for linguistic studies of Louisiana dialects.

In 1956, ethnomusicologist Harry Oster joined the English Department faculty at LSU. A quiet man of great energy, Oster was devoted to cultural preservation as prescribed by Lomax. He revived the dormant Louisiana Folklore Society and recorded a landmark collection of Cajun music. He worked extensively in Vermilion and Evangeline parishes, with the assistance of local activists such as Paul Tate and Revon Reed. His study, which included current developments as well as Old World vestiges, revealed the depth of Cajun music.

From his position in the national folk revival movement, Alan Lomax sent what Charles Seeger had called "cultural guided missiles," fieldworkers who collected folk music and encouraged its preservation. He influenced his colleagues on the Newport Folk Festival board to send Ralph Rinzler scouting for Louisiana French musicians. In 1964, Gladius Thibodeaux, Louis "Vinesse" Lejeune (a cousin of Iry), and Dewey Balfa performed at Newport alongside Joan Baez and Peter, Paul, and Mary. Huge

palaches, la Louisiane devint pour lui une région où on pourrait mettre à l'épreuve sa théorie qu'une culture régionale pouvait résister à l'homogénisation. Le nationalisme forcené qui suivit la Premier Guerre Mondiale apportait de l'eau au moulin du *melting pot*, prônait une culture nationale monolithique, et menaçait de remplacer les ethnies régionales par une masse uniformément amorphe. Lomax attaqua cette "grisaille culturelle" qui "supprimerait les raisons de voyager tout en anéantissant l'intérêt qu'on pouvait avoir à rester chez soi" ("Appeal for Cultural Equity," *The World of Music* 14, no. 2, 1972). La Louisiane cadienne semblait offrir une alternative.

En 1930 déjà, quelques personalités de la communauté universitaire avaient établi une base de préservation culturelle. Louise Olivier avait monté une sorte de Works Progress Administration à l'échelle locale qui encouragea le maintien de l'artisanat traditionnel en lui créant un marché. En 1939, Irene Whitfield, qui avait travaillè avec les Lomax, publia sa thèse de maîtrise (Louisiana State University), *Louisiana French Folksongs*, aujourd'hui encore une collection définitive de musique cadienne et créole. Pendant les années 1940, Elizabeth Brandon recueillit de nombreuses ballades pour sa thèse de doctorat (Univeristè Laval) sur la paroisse Vermillon, et Mme Whitfield aida William Owens à collecter d'autres chansons. Des étudiants d'universités recueillirent des chansons et des contes au cours de leurs recherches sur les dialectes louisianais. En 1956, l'ethnomusicologue Harry Oster entra au département d'anglais de LSU. Tranquille et énergique, il se dédia à la préservation culturelle préconisée par Lomax, ressuscita la Société Louisianaise de Folklore, et enregistra une remarquable collection de musique cadienne, recueillie surtout dans les paroisses Vermillon et Evangéline, avec l'aide d'activistes comme Paul Tate et Revon Reed. Oster analysa ce qui se créait aussi bien que ce qui avait été hérité, soulignant ainsi la richesse et la vitalité de la musique cadienne.

Alan Lomax, maintenant fortement établi dans le mouvement national, fit envoyer ce que Charles Seeger avait appelé des "missiles culturels," des érudits et des chercheurs qui parcouraient les campagnes à la recherche de la vieille musique et oeuvraient à sa préservation. Il encouragea ses collègues du Newport Folk Festival à envoyer Ralph Rinzler parmi les musiciens français de Lousiane. C'est ainsi qu'en 1964, Gladius Thibodeaux, Louis "Vinesse" Lejeune (un cousin d'Iry) et Dewey Balfa se firent entendre à Newport aux

crowds gave them standing ovations for playing music which, back home, was often dismissed by upwardly mobile Cajuns as "nothing but chanky-chank." Two members of the group were simply impressed, but Dewey Balfa returned a cultural militant, determined to bring the echo back home.

Cajun musicians had played at the National Folk Festival as early as 1935, but their participation had had no real impact on the local scene. Newport officials, however, wanted to encourage the preservation of traditional music at the grassroots level. The Newport board sent Rinzler back to Louisiana with Mike Seeger, in 1965, to help establish programs to "water the roots" in consultation with local academics and activists. They helped form the new Louisiana Folk Foundation, which organized traditional music contests to ferret out outstanding performers with cash prizes (funded by Newport) at local harvest festivals such as the Opelousas Yambilee and the Crowley Rice Festival. The Newport fieldworkers recorded music and continued to bring groups to perform in subsequent years, including Adam and Cyprien Landreneau, Bois-sec Ardoin and Canray Fontenot, and the Balfa Brothers.

This external financial support and psychological encouragement fueled internal interest in South Louisiana, where the culture had begun to disintegrate. Interested persons, notably Paul Tate, Revon Reed, Edward and Catherine Blanchet, Milton and Patricia Rickels, Richard Wagner, Wade Martin, Roy Theriot, and, of course, Dewey Balfa, began working from within for cultural preservation. A new consciousness was forming: the culture would fade away unless systematic efforts changed the trend. War was declared to save the culture, and Cajun music became a major battleground.

Additional support from the national level came in the form of new recording companies like Folkways, Arhoolie, and Rounder which began recording ethnic music in various parts of the country for national and international distribution. This activity paralleled the revival movement of the 1960s and '70s and helped to make a veritable fad of folk music, along with the folk festivals that sprouted across the country. The prestige of recording for outsiders gave a lift to performers like the Balfa Brothers, Clifton Chenier, the Louisiana Aces, the Ardoins, Dennis McGee and Sady Courville, who were also becoming mainstays on the folk festival touring scene, and to Cajun music in general.

The musical renaissance in South Louisiana coincided with budding social and

côtés de Joan Baez et de Peter, Paul, et Mary. D'énormes foules les ovationnèrent pour avoir joué ce que chez eux, les gens de bon ton traitaient dédaigneusement de "chinquis-chinque." Thibodeaux et Lejeune s'ébahirent devant cet enthousiasme, mais Dewey Balfa revint militant, déterminé à faire entendre chez lui l'écho de ces applaudissments.

Les Cadiens avaient déjà participé au National Folk Festival en 1935, mais à l'époque personne en Louisiane n'y avait prêté attention. Les responsables du festival de Newport tenaient à préserver les musiques traditionnelles au niveau même des racines. Ils renvoyèrent donc Rinzler en compagnie de Mike Seeger en 1965 pour arroser ces racines en collaborant avec universitaires et activistes. Ils aidèrent à créer la Louisiana Folk Foundation, qui organisa des concours de musique à l'occasion de festivals agricoles comme le Yambilee des Opelousas ou le Festival du Riz de Crowley. Les meilleurs musiciens reçurent des bourses, fournies par Newport, et furent enregistrés. D'autres groupes participèrent au festival de Newport comme ceux d'Adam et Cyprien Landreneau, Bois-sec Ardoin et Canray Fontenot, et les Frères Balfa.

Cette aide financière et cet encouragement ranimèrent une culture qui commençait à se désagréger. Des gens concernés, Paul Tate, Revon Reed, Edward et Catherine Blanchet, Milton et Patricia Rickels, Richard Wagner, Wade Martin, Roy Theriot, et, naturellement, Dewey Balfa, entreprirent un grand effort de préservation culturelle. Ils encouragèrent les Louisianais à prendre conscience que la culture disparaîtrait sans efforts systématiques pour changer la tendance. Ils déclarèrent donc une guerre défensive avec la musique comme champs de bataille de prédilection.

De nouvelles compagnies de disques, Folkways, Arhoolie, et Rounder, apportèrent un soutient supplémentaire à l'échelle nationale. Elles enregistraient la musique régionale et lui assuraient une diffusion nationale. Leur activité, qui coincida avec le mouvement des années '60 et '70, joua un rôle important pour remettre la musique traditionnelle à la mode en même temps que des festivals surgissaient à travers le pays. Le prestige que donne à un artiste le fait d'être enregistré rehaussa la valeur des Frères Balfa, de Clifton Chenier, des Louisiana Aces, des Ardoins, de Dennis McGee et Sady Courville, qui devinrent des habitués des festivals nationaux.

La renaissance musicale en Louisiane coïncidait avec des changements sociaux et politiques importants. A la fin des années 1940, des notabilités avaient encouragé les francophones à réaffirmer leur ethnie et à

political changes. In the late 1940s, several key figures had urged the French-speaking population to reassess its values and reaffirm its ethnic, cultural, and linguistic identity. These early activists, such as Louise Olivier and Roy Theriot, remained low-key and directed their efforts primarily toward the preservation of Cajun culture, but their limited activity created a sense of pride and eventually affected the political scene. The time was right. The trend across the country after World War II was clearly toward home-grown culture. Cajun soldiers on the European front had found themselves in an unusual position of demand because of their native fluency in Cajun French, which, they were surprised to learn, was readily understood by the French. The same language which had been a stigma back home served to distinguish them. Many returned with a different attitude concerning the value of their native tongue. Dudley Leblanc, a flamboyant state senator who peddled his Hadacol elixir with modern medicine shows, incorporated Cajunism into his political sales pitches. He saw to it that the bicentennial of the exile in 1955 was commemorated with due fanfare.

This diffuse activity was ultimately focused in 1968 with the creation of the Council for the Development of French in Louisiana (CODOFIL). An official agency of the same state which had banished the French language from its schoolgrounds a few decades earlier, CODOFIL represented an official endorsement of what became known as the Louisiana French renaissance movement. CODOFIL's chairman, former U.S. Congressman James Domengeaux, made the organization the leader in the preservation of Louisiana's French language as he attacked the problem simultaneously on political, educational, and psychological fronts. New laws were written to establish French-language education at all levels. Teachers were brought from France, Quebec, and Belgium to implement the educational program until Louisiana could form its own native French teaching corps. The regionalization of French teaching, ethnic jokers like Justin Wilson and Bud Fletcher, and slurs like "coonass" became controversial issues discussed not only in the papers, but also in the streets.

Though CODOFIL's early efforts were directed primarily at linguistic preservation, it soon became clear that language and culture were inseparable. In 1974, under the influence of Dewey Balfa, Ralph Rinzler, and NEA Folk Arts fieldworkers Ron and Fay Stanford, CODOFIL officially wedded the linguistic struggle and the cultural bat-

réévaluer leur identité culturelle et linguistique. Les premiers activistes, comme Louise Olivier et Roy Thériot, restèrent dans l'ombre et dirigèrent surtout leurs efforts vers la préservation culturelle. Leur activité, bien que limitée, instilla chez les francophones un sens de fierté qui, par la suite, se répercuta sur la scène politique. L'époque était appropriée. Après la Seconde Guerre Mondiale, le pays tout entier était las du nationalisme. Sur le front européen, les soldats cadiens qui avaient servi d'interprètes s'étaient trouvés fort prisés grâce à leur français que, à leur grande surpise, les Français comprenaient aisément. La langue qui chez eux était traitée de stigmate faisait d'eux des personnages. L'attitude envers le français commença à évolver. Dudley LeBlanc, sénateur d'état d'une réputation flamboyante et colporteur de Hadacol, un élixir miraculeux qui guérissait tous les maux, introduisit la "cadiénitude" dans son baratin politique, et fit commémorer pompeusement en 1955 le bicentenaire de la déportation des Acadiens.

Ces activités diffuses trouvèrent un foyer central en 1968 quand le parlement louisianais créa le Conseil pour le Développement du Français en Louisiane, mieux connu par son acronyme, CODOFIL. Agence officielle d'un état qui avait banni le français des écoles quelques décennies plus tôt, le CODOFIL symbolisa la reconnaissance gouvernementale de la renaissance française en Louisiane. Son président, James Domengeaux, ancien représentant au Congrès des Etats-Unis, fit du CODOFIL la force motrice de la préservation du français. Il attaqua le problème à la fois sur les fronts politique, éducatif, et psychologique. Des lois fixèrent l'enseignement de la langue à tous les niveaux. On appela des professeurs de France, du Québec, de Belgique pour mettre en oeuvre cet enseignement et assurer la formation d'enseignants louisianais pour éventuellement prendre la relève. La langue et la culture furent revalorisées, et les plaisanteries au dépens de l'ethnie ou les termes péjoratifs appliqués aux Cadiens, comme *connass*, devinrent sujets de controverses, non seulement dans la presse, mais dans le grand public.

Le CODOFIL s'attachait avant tout à la préservation linguistique, mais il devint vite évident que langue et culture sont inséparables. En 1974, et sous l'influence de Dewey Balfa, Ralph Rinzler, et Ron et Fay Stanford, du NEA Folk Arts Program, le CODOFIL maria officiellement la lutte linguistique à la bataille culturelle en patronnant un festival, "Hommage à la musique acadienne." Le succès de cet événement

tle with its first Tribute to Cajun Music festival. The success of this event exceeded the dreams of even its most enthusiastic organizers, attracting more than 12,000 people to a rainy Tuesday-night concert, the largest mass rally of Cajun culture ever at that time. Presented in cooperation with the Smithsonian Institution's Folklife Program (under Rinzler's direction), the festival presented a historical overview of Cajun music from its medieval antecedents to modern styles. The concert setting took the music out of the dance halls and focused attention on its esthetic value.

Later that same year, at Domengeaux's invitation, Rinzler and folklorist Roger Abrahams met with University of Southwestern Louisiana President Ray Authement to discuss the importance of documenting regional culture and encouraging its preservation. USL, which has played a vital role in the Louisiana French renaissance, created the Center for Acadian and Creole Folklore, which later became the Folklore and Folklife Program of the University's Center for Louisiana Studies. Bolstered by funds from the Rockefeller Foundation and later the National Endowment for the Humanities, as part of the North American Francophone Studies project, the Folklore and Folklife Program took an activist approach, supplementing its research efforts with public presentations and outreach programs designed to recycle traditional culture into the mainstream. Today, the program works actively with elementary and secondary school teachers to bring traditional culture into the classroom. Joining forces first with CODOFIL, then with the Lafayette Jaycees, the program produces the annual Cajun Music Festival, which has grown to a two-day outdoor concert where over 50,000 people come together to celebrate Louisiana's French culture and music.

It is difficult to overstate the impact of the festival experience on Cajun music. Contact with prestigious programs such as the Newport Folk Festival, the Smithsonian's Festival of American Folklife, and the National Folk Festival caused area musicians to reassess their self-image and realize their worth. Many, such as the Balfa Brothers, became cultural leaders, proudly spreading the renaissance spirit far beyond South Louisiana. Local festivals aroused the interest of young musicians in their roots and made readily available cultural heroes of local performers, providing alternatives to superimposed superstars such as Elvis Presley and Hank Williams. It was long feared that no one would replace the older performers when they passed away. Instead, talented young musicians are

outrepassa les espoirs des organisateurs les plus enthousiastes, attirant plus de 12,000 personnes un mardi soir par une pluie battante. C'était la manifestation la plus importante de culture cadienne qui se soit produite jusque là. Présenté en coopération avec le Folklife Program de la Smithsonian Institution (sous la direction de Rinzler), le festival donnait un historique de la musique cadienne, depuis ses antécédents médiévaux jusqu'aux styles contemporains. Par son cadre, celui d'un concert où l'on écoute sans danser, la musique quittait le bal et se révélait valeur esthétique.

La même année, à la suggestion de Domengeaux, le Président de l'Université du Sud-ouest de la Louisiane, Ray Authement, reçut Ralph Rinzler et le folkloriste Roger Abrahams pour parler de la nécessité de documenter et préserver la culture régionale. L'université, qui a joué un rôle primordial dans la renaissance française, créa alors le Centre pour le Folklore Acadien et Créole, qui devint, au cours des années, le Programme de Folklore du Centre d'Etudes Louisianaises. Soutenu d'abord par la fondation Rockefeller, puis par le National Endowment for the Humanities, le Programme de Folklore a adopté une philosophie activiste. Il ne se borne pas aux recherches et aux collections, mais dirige de nombreuses activités vers la communauté, recyclant la culture traditionnelle dans la vie contemporaine. Par exemple, le Programme a créé des matériaux pour les classes primaires et secondaires qui permettent d'utiliser la tradition populaire dans les écoles. Avec le patronnage du CODOFIL d'abord, puis des Lafayette Jaycees, il organise tous les ans le Festival de Musique Acadienne, qui s'étale sur deux journées et attire plus de 50,000 spectateurs pour une célébration joyeuse de la culture et la musique de la Louisane française.

Il serait difficile d'exagérer l'impact des festivals. Le contact avec des programmes aussi prestigieux que le Newport Folk Festival, le Smithsonian Festival of American Folklife, et le National Folk Festival souleva parmi les musiciens cadiens et créoles une revalorisation de leur image. Beaucoup, comme les Frères Balfa, sont devenus des leaders qui propagent l'esprit de la renaissance bien au delà de la Louisiane. Les festivals locaux éveillent chez les jeunes une curiosité envers leurs racines et transforment en héros les vieux maîtres qui prennent place aux côtés de vedettes étrangères comme Elvis Presley ou Hank Williams. Longtemps on craignait que les vieux musiciens ne disparaissent sans être remplacés. En fait, de talentueux jeunes artistes relèvent le flambeau de la tradition

taking the venerable tradition in new directions and replacing the old guard as they retire from the weekend dance hall circuit. Even the educational system, previously considered hostile to traditional culture, has been infiltrated through Dewey Balfa's Folk-Artists-in-the-Schools program funded by the National Endowment for the Arts and the Louisiana Division of the Arts/State Arts Council.

Tradition is not a product, but a process. The rugged individualism which characterized frontier Cajun life has been translated into modern terms, yet its underlying spirit persists. The momentum of recent developments will carry traditional Cajun music to the next generation. Meanwhile, a steady stream of new songs shows the culture to be alive again with creative energy. As Dewey Balfa insists, "Things have to change. When things stop changing, they die. Culture and music have to breathe and grow, but they have to stay within certain guidelines to be true, and those guidelines are pureness and sincerity." The Louisiana experiment shows that American regional and ethnic cultures can endure, when change comes organically from within and when the past survives to serve the present, not as a restriction but as a resource.

et remplacent la vieille garde qui se retire du circuit du samedi soir. Le système éducatif lui-même, autrefois hostile aux traditions, a été infiltré par des programmes comme celui de Dewey Balfa, "Folk Artists in the Schools," patronné par le National Endowment for the Arts et la Louisiana Division of the Arts/State Arts Council.

La tradition n'est pas un produit, mais un processus. L'individualisme rugueux qui caractérisait la frontière se traduit en termes modernes, mais son esprit persiste. L'impulsion donnée par les transformations récentes transmettra la musique cadienne aux générations à venir, mais aussi le courant soutenu de productions nouvelles montre que la culture a retrouvé son énergie créatrice. Dewey Balfa répète toujours, "Tout a pour changer. Quand ça arrête de changer, ça crève. La culture et la musique ont besoin de respirer et de grandir, mais elles doivent suivre certains guides pour rester vraies, et ces guides sont la pureté et la sincerité." Comme l'expérience louisianaise le démontre, les cultures régionales et ethniques peuvent survivre pourvu qu'elles évoluent organiquement et que les survivances du passé servent non pas à restreindre le présent, mais à l'enrichir.

1.   Dennis McGee and Sady Courville

Sady and Bessie Courville, Dennis and Gladys McGee, in the Courvilles' backyard in Eunice, 1983.

It's not that I'm old; it's just that I've been here a long time.   DENNIS McGEE

Born in 1893, Dennis McGee is the dean of Cajun fiddlers. He has been playing for over seventy-five years, most of those with his brother-in-law Sady Courville. Their twin fiddling style goes back to Cajun music before the accordion, when reels and contredanses, mazurkas and cotillions were standard fare.

When I was growing up, people danced to reels. They stopped dancing reels when I was young. They continued to dance contredanses throughout my courting days. When I was just beginning to court, they had stopped dancing reels but still danced contredanses. The reel was a difficult dance and it took good legs. You had to jump around quite a bit. But the contredanse wasn't difficult. You just had to turn around, making little steps while you turned.

I would love to be twenty years old again. I would want to take over the country. I would want to play and sing so well that everyone would come to me.

DENNIS McGEE

Folks who know Dennis often say, "When they made him, they threw away the mold . . . and thank God!" His personality, his talent, and now his age allow him a great degree of eccentricity, which he relishes whether performing before a folk festival audience or fishing alone in his favorite bayou.

Dennis learned to play from his father, grandfather, uncles, and neighbors in l'Anse des Rougeaux, near Eunice. His childhood was steeped in fiddle tunes.

My father played the fiddle, my father-in-law played, and I had an uncle who played the fiddle. My father's name was John McGee and my uncle's name was Ulysse McGee. He played left-handed. Almost all of the McGees were fiddlers. Oscar McGee played the fiddle, too. He was a good musician. He was a son of

Opposite: Dennis McGee, 1983.

C'est pas que je suis vieux; c'est juste que ça fait longtemps que je suis ici.

DENNIS McGEE

Né en 1893, Dennis McGee est le doyen des violoneux cadiens. Il joue depuis plus de soixante-cinq ans, le plus souvent avec son beau-frère Sady Courville. Ils jouent à violons doubles, un style qui remonte à la période avant l'arrivée de l'accordéon quand *reels* et contredanses, mazurkas et cotillons étaient à l'honneur.

Quand moi, je suis devenu homme, ça dansait plus les reels. *Ça les dansait quand moi, j'étais jeune petit garçon. Mais les contredanses ont resté tant que moi, j'étais garçon. Quand je suis devenu jeune garçon, on dansait toujours les contredanses, mais pas les* reels. *Le monde a oublié la danse. La* reel *était une danse qui était malaisée à danser, puis là, ça prenait des bonnes jambes. Il faut que tu courcobies un tas. Mais la contredanse, c'était pas rien. Justement tu tournais en rond et tu faisais des petits pas en tournant.*

Je serais curieux d'avoir vingt ans. Je voudrais prendre tout ce qu'il y a dans le pays. Je voudrais jouer et chanter assez bien que tout le monde viendrait à moi.

DENNIS McGEE

La plupart des gens qui le connaissent disent que "quand lui, il a été fait, ils ont jeté la moule . . . et merci, bon Dieu!" Sa personnalité, son talent, et asteur son grand âge lui permettent d'être aussi excentrique qu'il en a envie, que ce soit devant la foule d'un festival ou seul à la pêche sur les bords de son bayou préféré.

Dennis a appris à jouer avec son père, son grandpère, ses oncles, et ses voisins dans l'Anse des Rougeaux, pas loin d'Eunice. Sa jeunesse toute entière a baigné dans la musique de violon.

Mon papa jouait du violon, mon beau-père jouait, et là, j'avais un oncle qui jouait du violon. Mon papa s'appelait John McGee, et mon oncle, c'était Ulysse McGee. Lui, il

Joseph McGee, who also played the fiddle.

My father died a long time ago. And even then, a long time before he died, he had quit playing the fiddle because he got shot in the arm and he couldn't turn it to hold the fiddle. I was about fourteen or fifteen years old when he got shot, but I used to hear him play tunes before, when I was a young boy. And his daddy played most of the same tunes before him.

DENNIS McGEE

By the time Cajun music was first recorded commercially, in 1928, Dennis and Sady were already firmly established musicians in their community. Their first recordings were among the earliest 78s released in South Louisiana. The chance to record was a result of talent, luck, and "who you knew," much like the situation today, but the budding recording industry had not yet defined details such as royalties and rights.

There was an old man in the community who was always promoting different things. First of all, he got us to go to Shreveport to broadcast on the radio. Old man Marks. He was a sort of leader, you know? He did a lot for the Boy Scouts and different things. So he asked Dennis and me to go to Shreveport. That was the closest broadcasting station around here outside of New Orleans. So we went over there and broadcasted and we came back over here. That was about 1927. When we came back he asked this man that I was working with if he thought we would like to make some records. You see, Joe Falcon had just come out with an accordion record. He made the first Cajun accordion number. He said, "I wonder if Dennis and Sady would go and make some records." That was the old 78s at that time. So Frugé asked me and I asked Dennis. He had said, "They would pay all your expenses," but that was it. Just our expenses, you know. And I had this old fiddle here. I had it in a flour sack. I didn't even have a case for it. So we got on a train here one morning and went to New Orleans, somewhere in the French Quarter on the second floor, and we made those records. We made about eight or ten of them. Ten tunes, five records. SADY COURVILLE

jouait de la gauche. Proche tous les McGee, c'était des joueurs de violon. Oscar McGee jouait du violon aussi. C'était un beaucoup bon joueur, C'était un garçon à Joseph McGee. Lui aussi, il jouait.

Mon père est mort, il y a longtemps. Et là, longtemps avant il est mort, il avait arrêté de jouer du violon parce qu'il s'avait fait tirer dans le bras et il pouvait plus le tourner pour tenir un violon. J'avais à peu près quatorze ou quinze ans quand il s'a fait tirer, mais je l'avais entendu jouer avant, quand j'étais jeune petit garçon. Et son père jouait proche tous les mêmes airs avant lui. DENNIS McGEE

En 1928, à l'époque des premiers enregistrements de musique cadienne, Dennis et Sady étaient déjà connus. Leurs disques furent parmi les premiers soixante-dix-huit tours gravés en Louisiane. Tout comme aujourd'hui, une combinaison de talent, chance, et relations a rendu possible ce premier disque, mais à l'époque, les compagnies n'avaient pas élaboré de petits détails comme les droits d'auteur.

Il y avait un vieux bougre dans le voisinage qui était tout le temps après promote différentes affaires. Pour commencer avec, il nous a fait aller à Shreveport pour broadcast sur le radio. Vieux Marks. C'était manière d'un leader, tu connais? Il faisait un tas pour les Boy Scouts et différentes affaires. Ça fait, il a demandé à moi et Dennis si on voulait aller à Shreveport. Ça, c'était la station de broadcast la plus près d'ici, en dehors de la Ville. Ça fait, on a été là-bas, et on a broadcast, et on a revenu ici. Ça, c'était dans à peu près 1927. Quand on a revenu ici, il a demandé à un des hommes que je travaillais avec s'il croyait qu'on serait intéressé d'aller faire des records. Tu vois, Joe Falcon venait de sortir avec un record de musique d'accordéon. C'est lui qui a fait le premier record cadien. Il dit, "Je me demande si Dennis et Sady voudraient aller pour faire des records." Ça, c'était les vieux seventy-eight, dans le temps. Ça fait, Frugé m'a demandé à moi, et moi, j'ai demandé à Dennis. Il avait dit, "Ça payerait toutes vos dépenses," mais ça, c'était tout. Juste nos dépenses, tu connais? Et moi, j'avais ce vieux violon-là. Je l'avais dans un sac à farine. J'avais pas seulement un caisse pour. Ça fait, on monte sur le gros char ici un matin, et puis on a été en Ville, quelque part dans le French Quarter sur la deuxième étage, et puis on a fait ces records. On en a fait à peu près huit ou dix. Dix chansons, je crois, cinq records.

SADY COURVILLE

Like many Cajun musicians, Sady and Dennis quit playing music for long periods of their lives while working in the fields, establishing businesses, and raising families.

When I stopped playing music, I stayed a long time without playing again. I don't know why, I was just tired of all that. I didn't enjoy playing any more. I worked in the fields. I couldn't work hard in the fields all day and play all night. Then, I decided that I was tired of that and I started playing the fiddle again. That's when I started playing with Amédé Ardoin and Angelas Lejeune and Arnest Frugé. I played with both accordion players. Angelas and Arnest and I played together as a trio. When I played with Amédé, we played just the two of us. I played right with him. Whatever he played, I played. He was the singer and while he sang, I played the melody. But I had quit playing for twenty years, when I started again with Sady and Amédé and Angelas. DENNIS McGEE

Both men eventually came to Eunice after farming in the countryside nearby. Sady worked as a salesman for a furniture store and eventually opèned his own, Courville's Furniture Store. Dennis went back and forth between barbering and farming, finally opening his own one-chair barber shop in the front room of his house in Eunice.

I became a barber two or three different times in my life. I cut hair in Chataignier for a while. Then I went to work in Welsh with Tony Hebert. Then I came here to Eunice to work with Debusson Manuel. His son still has a barber shop at the Liberty Theater. I worked for a while with him, and then I opened a shop of my own in my house. My wife said, "I'll give you a room for you to open a shop." She took out all the furniture, and I bought myself a barber chair. I bought a mirror. I bought a razor, clippers . . . I bought everything I needed. And I started making a pretty good living. I made good money, and people liked me because I cut hair well. I had learned from some good barbers. I charged a dollar twenty-five. Others charged a dollar and a half, and boy, they were mad at me because I didn't charge as much. But I followed the law. I charged according to the rules. I didn't charge any lower, but I didn't charge any higher either.
DENNIS McGEE

Comme la plupart des musiciens cadiens, Sady et Dennis sont restés longtemps sans jouer pendant qu'ils travaillaient dans leurs clos, s'établissaient dans leurs métiers, et élevaient leurs enfants.

Quand j'ai arrêté de jouer la musique, j'ai resté longtemps sans jouer la musique. Je connais pas, j'étais tanné avec ça. J'aimais plus jouer. Je faisais récolte. Je travaillais dans le clos. Je pouvais pas jouer la musique et travailler dur. Là, j'ai décidé j'aurais arrêter ça, j'aurais repris à jouer du violon. Ça fait, j'ai repris à jouer du violon et c'est là que j'ai pris à jouer avec défunt Amédé et avec Angelas Lejeune et Arnest Frugé. J'ai joué avec ces deux joueurs d'accordéon. On jouait à trois, moi et Arnest et Angelas. Moi, et le petit nègre, on jouait juste moi et lui. Ça il jouait, moi, je jouait. Et là, quand il chantait, moi, je jouais la tune. *Mais j'avais arrêté pour vingt ans quand j'ai recommencé encore avec Sady et Amédé et Angelas.* DENNIS McGEE

Tous deux se sont établis à Eunice après avoir fait récolte près de cette petite ville. Sady vendait des meubles, avant de s'établir à son compte. Dennis coupait les cheveux quand il ne coupait pas la canne à sucre, et il a fini par ouvrir un petit salon dans une pièce de sa maison.

Je suis venu en deux ou trois fois barbier. J'ai été barbier à Chataignier pour quelque temps. Là, j'ai été travailler à Welsh là-bas avec Tony Hébert. Là, je suis venu ici à Eunice travailler avec Debusson Manuel. Son garçon a toujours une shop *au Liberty Theater. J'ai travaillé quelque temps avec lui et là j'ai monté une* shop *pour moi chez moi à ma maison. La femme m'a dit, "Je vas te donner cette chambre pour toi monter une* shop." *Ça fait, elle a ôté le butin, et je m'ai acheté une chaise. Je m'ai acheté un miroir, je m'ai acheté une rasoir, des clefs . . . Je m'ai acheté tout ça j'avais de besoin. Je m'ai monté. Là, j'ai commencé à faire une bonne vie. Je faisais de l'argent en masse. Le monde m'aimait parce que je connaissais couper les cheveux. J'avais appris à couper des cheveux avec des bons barbiers. Je chargeais une piastre vingt-cinq. Les autres chargeaient une piastre et demie, et* boy, *ils étaient chauds après moi parce que je chargeais trop beau marché. Mais c'était la loi, je chargeais. J'allais pas plus haut, mais j'allais pas plus bas non plus.* DENNIS McGEE

Dennis McGee, at home in Eunice, 1978 (*top left*), and backstage at the Festival de Musique Acadienne, Lafayette, 1979 (*top right*). *Below:* Dennis and Sady at the Hommage à la Musique Acadienne, Lafayette, 1977.

Top: The Courvilles and the McGees, visiting in Courville's Furniture Store, Eunice, 1983. *Bottom*: Revon Reed and Sady Courville on the air from Fred's Lounge in Mamou, 1978.

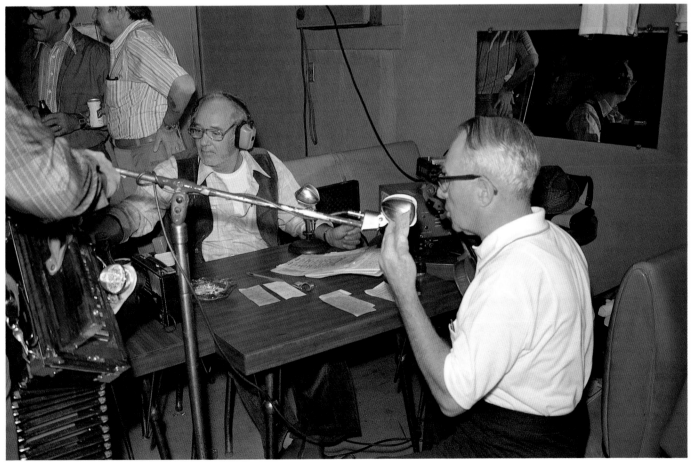

With his move to town, Dennis put the musician's life aside, but only for a while. He eventually began playing again with Sady, Angelas Lejeune, and the legendary black Creole accordion player and singer Amédé Ardoin, who profoundly influenced Dennis's music. Amédé and Dennis played regularly together for black and white dances and made several records between 1928 and 1932, despite the strict segregationist climate of the times.

Amédé and I worked together. We worked for the same people. We were both sharecroppers. He played the accordion and I played the fiddle. And the boss liked music, so at night he would have us get together to play some. I would play the fiddle and Amédé would play the accordion and we would both sing. Oscar Comeaux was the boss's name. He lived in Choupique. He really liked our music. That's when Amédé and I started playing together. We kept on playing together after that. Every once in a while, we would play for a dance in the neighborhood. Then, when Oscar went broke and quit farming, Amédé left to come live in Eunice, and I came to live here, too. That's when we really started playing seriously. We started playing all over the area. We would go as far as old Mr. Leleux's dance hall in Bayou Queue de Tortue. And for Dumas Herpin. We brought so many people to Dumas's place that they climbed up on the little fence that they had put to protect the musicians from the crowd and they broke it. They came rolling in like balls. It was really funny to see. The people wanted to come to us. We were making good music in those days. I sang well and played the fiddle well, and Amédé played and sang well, too. Joe Falcon came to dance to our music. And we'd play just us two, fiddle and accordion. Sometimes we had Petit Nègre Shexnayder to play with us.

DENNIS McGEE

For years now, Dennis and Sady have been among the last bearers of their venerable tradition, keepers of the oldest tunes and styles. They have influenced many of the fiddlers active in Cajun music directly or indirectly, including Dewey Balfa and Michael Doucet. In recognition of his contribution as a musician, teacher, and living archive, the University of Southwestern Louisiana recently named Dennis McGee Honorary Dean of Cajun Music. He has learned to appreciate his own rich tradition and sprinkles his performances, whether at home for visitors or at festivals, with the kind of full-bodied flavor that comes only with age.

Une fois installé au village, Dennis avait dû abandonner la musique, mais il s'est remis à jouer par la suite avec Sady, avec Angelas Lejeune, et avec Amédé Ardoin, le grand accordéoniste et chanteur noir qui l'a profondément influencé. Entre 1928 et 1932, Amédé et Dennis ont joué devant des auditoires blancs et noirs et ils ont gravé des disques ensemble malgré le racisme exacerbé de l'époque.

On travaillait ensemble, moi et Amédé. On travaillait pour le même monde, moi et lui. On faisait récolte les deux. Lui, il jouait l'accordéon. Moi, je jouais le violon. Et le boss, lui, il aimait beaucoup la musique. Et le soir, il nous faisait se rejoindre pour jouer de la musique. Moi, je jouais le violon et lui, il jouait l'accordéon. Oscar Comeaux, c'était le boss. Il restait à Choupique-là. Oscar aimait beaucoup notre musique. On a commencé à jouer ensemble là. On a continué à se mêler. Tous les temps en temps, on jouait pour une danse en quelque part. Là quand Oscar a cassé, Amédé a quitté et il a venu rester ici à Eunice. Et moi aussi, j'ai venu à Eunice. Là, on a commencé à jouer pour même, moi et lui. On a pris à jouer tout partout. On allait jouer là-bas chez Monsieur Leleux, l'autre bord du Bayou Queue de Tortue. Il avait une salle de danse là-bas. Et pour Dumas Herpin. On a mis assez de monde dans la place à Dumas qu'ils ont grimpé la petite barrière qui était là pour empêcher le monde de venir sur les musiciens et ils l'ont écrasée dans le milieu de la salle de danse. Ça roulait comme des pelotes. C'était triste pour voir. Le monde voulait venir. Ça voulait entendre cette musique. On faisait de la bonne musique, moi et Amédé. Je chantais bien dans le temps et je jouais bien du violon. Et lui aussi, il chantait bien et il jouait bien. Joe Falcon venait danser sur notre musique. On jouait juste à deux, violon et accordéon. On avait des fois Petit Nègre Shexnayder qui jouait avec nous autres. DENNIS McGEE

Depuis des années, Dennis et Sady sont parmi les seuls à transmettre la plus vieille tradition et à conserver les airs et les styles les plus anciens. Directement ou indirectement, ils ont influencé beaucoup de violoneux contemporains, comme Dewey Balfa et Michael Doucet. Pour rendre hommage à Dennis, l'Université du Sud-ouest de la Louisiane vient de le nommer Doyen Honoraire de la Musique Cadienne. Il possède à fond la tradition et, qu'il joue chez lui pour quelques amis ou aux festivals pour des foules énormes, il assaisonne sa musique de remarques épicées par la sagesse aiguisée au cours des années.

(Goodbye, Rosa.
Thanks tomorrow is not Sunday.
Goodbye, Rosa.
Thank God you're not my wife.
I swear, my Lord!)

There was a fellow named Doxie Manuel who lived at Pointe aux Tigres who also played old-time fiddle. He never wore shoes and his feet were really long. He stomped his foot on the floor to keep time when he played and, thunderation, you could hear him, fiddle and foot, a mile away. He was one of the best of the old musicians.

DENNIS McGEE

I play one song called "Guilbeau Pelloquin's Waltz." It comes from the Old War, that one. He played that tune on his own tomb just before being shot by a firing squad. Guilbeau Pelloquin. He asked his captain to let him play one tune on his fiddle before dying. He sat down on his coffin and played that tune. When he finished, they shot him and buried him.

Nobody knows how to play these tunes any more. My daddy used to play them and Sady's daddy and his uncle. But now, I'm the one who keeps the tunes. Sometimes I feel lonely in my music.

DENNIS McGEE

*Adieu, Rosa.
Merci demain, c'est pas dimanche.
Adieu, Rosa.
Merci Bon Dieu t'es pas ma femme.
Juré, my Lord!*

Il y avait un nommé Doxie Manuel, dans la Pointe aux Tigres, qui jouait du violon. Il mettait jamais des souliers et il avait des pieds longs comme ça. Il tapait ce pied par terre quand il jouait. Tonnerre m'écrase! Tu pouvais l'entendre un mille de loin. Et c'est aussi bon joueur comme il s'est fait dans les vieux Créoles.

DENNIS McGEE

Il y a une chanson que je joue, c'est "La Valse de Guilbeau Pelloquin." Ça vient de la vieille guerre, ça. Il a joué ça dessus son cercueil juste avant ça le tue. Ils l'ont fusillé. Guilbeau Pelloquin. Il a demandé à son capitaine de lui quitter jouer ce tune *avant ça le tue. Il s'a assis dessus son cercueil et il a joué ce* tune. *Quand il a eu fini, ils l'ont tué et ils l'ont enterré.*

Il y a personne qui peut jouer ces danses, autre que moi asteur. C'est ça qui est mauvais. Mon père les jouait, et le père à Sady et son oncle. Mais asteur, il faut je les joue moi tout seul. Il y a des fois je me sens tout seul dans ma musique.

DENNIS McGEE

("Adieu, Rosa," traditional, as performed by Dennis McGee [*La Vieille Musique acadienne,* Swallow 6030; © Flat Town Music] [BMI].)

2.

Lula Landry, Inez Catalon, and D. L. Menard

Lula Landry was born in rural Vermilion Parish, near Abbeville. Her songs are home music, reflecting a rich and tightly knit Louisiana frontier family tradition. Unlike the music performed in public dance halls, these old songs were traditionally sung on the front porch or around the fireplace, depending on the season, after supper or on Sunday when the family gathered for rest and some homemade entertainment. Lula learned her songs in these warm family surroundings.

I learned most of my songs before I was ten years old, when I went to study catechism from my aunt, my father's sister, in French. When I went, I had to stay and spend the night with her because it was too far to come and go in a day. I would go on foot late in the afternoon and I would stay the night with her, usually Friday night. Then, on Saturday, I would spend the day with her studying catechism. And we would sing. In those days, there was not much else to pass the time. After supper, we sat together and she would tell me tales and sing me songs, and I learned these from her. Her name was Mrs. Sosthène Landry and I called her Tante Olympe. I guess if I had visited her more often, I would have learned more from her.

LULA LANDRY

She is an excellent singer with a remarkable memory and an uncanny talent for learning songs.

When I was young, I went to my best friend's wedding and after the ceremony, we all went to the bride's.home for a reception. I didn't know very many people there, but I remember four men sitting around a table which was loaded with cakes and wine and all sorts of good things. And those four men sitting around that table started to sing. I was a little girl at the time. I guess I was fifteen years old. I listened to those men singing and one of the songs they sang was "Isabeau se promenait," and I learned the song right then.

Lula Landry est née à la campagne tout près d'Abbeville, dans la paroisse Vermillon. Ses chansons, qui reflètent la tradition de la frontière, n'étaient pas destinées à faire danser le grand public, mais à être écoutées au coin du foyer ou sur la galerie, selon la saison, pendant les veillées et les réunions du dimanche après-midi ou se retrouvaient parents, grandparents, frères, soeurs, cousins, et voisins. Toutes ses chansons viennent de sa famille.

J'ai appris la plupart de mes chansons avant l'âge de dix ans, quand j'allais au catéchisme et ma vieille tante, la soeur de mon père, m'a montré le catéchisme en français. Et quand j'allais, il fallait je reste veiller et coucher avec elle parce que c'était trop loin pour que je m'en retourne. J'allais à pied l'après-midi tard. Là, je restais coucher avec elle surtout le vendredi soir. Là, le samedi, je passais toute la journée avec elle. Et elle me montrait un tas de mon catéchisme et mes prières et tout quelque chose. Et on chantait. Dans ce temps-là, il y avait pas d'aucun passetemps autre que ça. Après qu'on avait soupé, on s'assisait et elle me contait des contes et elle me chantait des chansons et j'ai appris ça avec elle. Elle s'appelait Mme Sosthène Landry, et je l'appelais Tante Olympe. Je me figure si j'aurais pu aller plus souvent chez elle, j'aurais pu apprendre plus. LULA LANDRY

C'est une excellente chanteuse dont le talent musical se double d'une mémoire remarquable.

Quand j'étais jeune, j'ai été à la noce de ma meilleure amie et après le mariage, on a tous été chez la mariée. Et c'était tout du monde un peu étranger à moi. Il y avait quatre hommes autour d'une table. Sur la table, il y avait des gateaux et du vin et tout et ces quatre hommes autour de la table ont pris à chanter. Et moi, j'étais moyenne petite fille. J'avais à peu près quinze ans. J'ai pris à écouter ces hommes-là chanter. Et ils ont chanté "Isabeau se

Lula Landry at the Festival of American Folklife, Washington, D.C., 1976.

That's how easily I learned songs then. If I heard it one time, I remembered it. On my way back home later that day, I sang that song and I continued to sing it and I still know it today. And I only heard it once from those men sitting around that table. But now, I can't keep anything new.

LULA LANDRY

promenait," et je l'ai appris là. J'ai appris ça droit là. C'est comme ça que je pouvais apprendre une chanson quand j'étais petite. Si je l'entendais une fois, je m'en aurais rappelé. En m'en allant, je l'ai chantée, et j'ai continué à la chanter, et je la connais toujours, mais asteur, j'apprends plus rien. LULA LANDRY

(Isabeau was walking in her garden near the ship docked off the coast of the island when she met thirty sailors. The youngest of the thirty began to sing on the ship off the coast of the island. "The song that you are singing, I would love to learn." "Come aboard my ship and I'll sing it for you." When she was aboard the ship off the coast of the island, she began to cry. "What can be the matter, my dear, why do you weep?" "I am crying for my ring of gold which has fallen into the water." "Then cry no longer, my dear, I'll dive for it." On the first dive, he found nothing. On the second dive, the ring flew away. On the third dive, the gallant young man did drown near the ship off the coast of the island.)

Isabeau se promenait le long de son jardin,
Le long de son jardin sur le bord de l'île,
Le long de son jardin sur le bord de l'eau,
Sur le bord du vaisseau.

Elle fit la rencontre de trente matelots,
De trente matelots sur le bord de l'île,
De trente matelots sur le bord de l'eau,
Sur le bord du vaisseau.

Le plus jeune des trente, il se mit à chanter,
Il se mit à chanter sur le bord de l'île,
Il se mit à chanter sur le bord de l'eau,
Sur le bord du vaisseau.

"La chanson que tu chantes, je voudrais la savoir,
Je voudrais la savoir sur le bord de l'île,
Je voudrais la savoir sur le bord de l'eau,
Sur le bord du vaisseau."

"Embarquez dans ma barque, je vous la chanterai,
Je vous la chanterai sur le bord de l'île,
Je vous la chanterai sur le bord de l'eau,
Sur le bord du vaisseau."

Quand elle fut dans la barque, elle se mit à pleurer,
Elle se mit à pleurer sur le bord de l'île,
Elle se mit à pleurer sur le bord de l'eau,
Sur le bord du vaisseau.

"Qu'avez-vous donc, la belle, qu'avez-vous à pleurer?
Qu'avez-vous à pleurer sur le bord de l'île,
Qu'avez-vous à pleurer sur le bord de l'eau,
Sur le bord du vaisseau?"

"Je pleure mon anneau d'or, dans l'eau il est tombé,
Dans l'eau il est tombé sur le bord de l'île,
Dans l'eau il est tombé sur le bord de l'eau,
Sur le bord du vaisseau."

"Ne pleurez point, la belle, je vous le plongerai,
Je vous le plongerai sur le bord de l'île,
Je vous le plongerai sur le bord de l'eau,
Sur le bord du vaisseau."

De la première plonge, il n'a rien rapporté,
Il n'a rien rapporté sur le bord de l'île,
Il n'a rien rapporté sur le bord de l'eau,
Sur le bord du vaisseau.

De la deuxième plonge, l'anneau a voltigé,
L'anneau a voltigé sur le bord de l'île,
L'anneau a voltigé sur le bord de l'eau,
Sur le bord du vaisseau.

De la troisième plonge, le gallant s'est
    noyé,
Le gallant s'est noyé sur le bord de l'île,
Le gallant s'est noyé sur le bord de l'eau,
Sur le bord du vaisseau.

Her special gift has long been recognized and respected in her family and her community. Her late husband Elie made ingenious use of it in his own musical career.

In my day, we danced to orchestras, with trombones and trumpets and clarinets. That was the thing. I never danced to an accordion band when I was young. My husband played in an orchestra. After we were married, they would bring me along, because none of them could read music. When big bands from New Orleans or from outside came to play nearby, and they were playing the newest pieces, my husband's band would bring me along to the concerts so that I could listen. Then, on our way home, I would sing the tunes that I had just heard and the band would learn them from me. They couldn't read music so that was the only way they could learn the new tunes. And I would remember them. Sometimes they changed them a little, but they mixed it all up and it came out all right.

The first time I went to an accordion dance, I came back home and I wanted to tell my father about it. I had never seen or heard an accordion and I tried to explain to my father what I had heard and seen. To better tell him, I grabbed a pillow and I imitated the accordion player and the sounds that I had heard. And it went something like this: LULA LANDRY

Sa famille et ses amis admirent la facilité avec laquelle elle retient les chansons. Son mari Elie, qui ne savait pas lire la notation musicale, utilisait la mémoire de Lula pour apprendre de nouvelles chansons.

C'était des bands *dans mon temps à moi. Des trombones et des cornets et des clarinettes. C'était ça. J'ai jamais dansé à l'accordéon. Là, mon mari jouait dans un de ces* bands-là. *Après qu'on était marié, ça m'amenait parce que ça connaissait pas lire la musique, tu connais? Ça fait, quand les gros* bands *de la Ville ou de loin venaient, ça jouait les nouveaux morceaux. Ceux-là jouaient la musique par note. Ça fait, ça m'amenait au bal pour que j'écoute, pour que j'entends ça. Là, en s'en allant du bal, je chantais tout le long du chemin. J'apprenais ça les* bands *jouaient là. Là, en s'en allant à la maison, ils apprenaient ça à m'entendre chanter, moi. Ça connaissait pas la musique. Des fois ça manquait un bout, mais ça mêlait ça, et ça sortait.*

La première fois j'ai été à un bal d'accordéon, je m'en ai revenu à la maison et je voulais expliquer à mon père quoi c'était que j'avais vu. J'avais jamais vu ni entendu un accordéon avant ça et je voulais faire comprendre à mon père quoi c'est que c'était. Pour mieux expliquer l'affaire, j'ai attrapé un oreiller et j'ai fait comme j'avais vu le joueur d'accordéon faire et j'ai imité le son que j'avais entendu. Et ça a été un peu comme ça là:
LULA LANDRY

(Mogène Meaux's little Anna is fast disappearing. Soon, there will be nothing left. There is little left now. All that is left is the red ribbon holding her curls. Little Ozenne Meaux is going to do her in. He's turning her too fast.)

Da, da, da . . .

*C'est la petite Anna de Mogène Meaux
Qui s'en va-t-en déclinant.*

*Ça va venir, il y en restera plus.
Il y en reste proche plus,
Il y en reste proche plus.*

*Il reste plus que son rouleau,
Son rouleau et son ruban rouge.*

*Petit Ozenne Meaux, il va la tuer.
Il la tourne trop vite,
Il la tourne trop vite.*

Da, da, da . . .

("Isabeau," traditional, as performed by Lula Landry; field recording by Barry Jean Ancelet.)

("La Petite Anna," traditional, as performed by Lula Landry; field recording by Barry Jean Ancelet.)

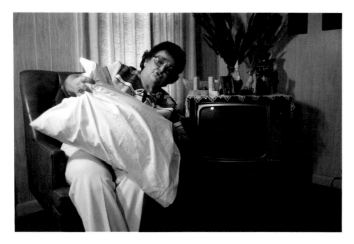

Lula Landry at home in
Abbeville, 1981.

Inez Catalon, with her brothers, 1976 (*top left*); at home in Kaplan, 1981 (*top right*); onstage at the Festival of American Folklife, Washington, D.C., 1983 *(bottom).*

Like Lula, Inez Catalon learned her songs at home, with her family in Kaplan.

My father was a singer. My mother sang, too. She learned mostly from her mother. I imagine a long time ago they had to have some kind of pleasure for the children. So my music came down that way, through the generations.

I learned to sing from my mother. She used to tell me that I couldn't sing. She sang all the time. We were just three in the house then and I was the baby. The others grew up and moved away, got married. There was just me and my sister, who is two years older than me, left with Mom. My sister was never interested in singing, but I loved to sing. I sang even though Mom told me I didn't have a good voice. I would just sing because I wanted to sing. INEZ CATALON

Her saucy character is an important part of her presence as a singer. In fact, she describes with a wink her mother's opinion of her voice, insisting on doing it her way after all.

We often sat together and Mom would watch me while I tried to sing. She would say, "O Lord, you don't know how to sing. Your tongue is too heavy." She sang in a rich, deep voice, but I can't do that. My voice comes from right on top. I tried to sing deep like Mom, but I would be forcing myself and I know I can't do it like that, so I have to do it the natural way, just like I can do it. It's better for you to just act natural than to pretend something you know you can't do, you know?

INEZ CATALON

Both Inez and Lula have been surprised by the enthusiastic receptions they have received at recent folk festivals. They both sang at the 1976 Festival of American Folklife presented by the Smithsonian Institution in Washington, D.C., and at the annual Cajun Music Festival in Lafayette. Inez has toured with the National Council for the Traditional Arts' "A la mode de chez nous" traditional music concert series. Their songs are powerful expressions of the beauty of their culture and are always appreciated at festivals and concerts, but they are still at their best in the comfortable surroundings of home and in the spirit they were passed along.

We used to sing right there next to the chimney, you know, when the fire was burning strong and there was a big log in the back of the fireplace and a little kettle of hot sassafras tea up front. It smelled so good when that tea was steaming. That's when we sang best, when we had drunk

Inez Catalon a aussi appris son répertoire dans sa famille qui habitait Kaplan, une petite ville de la paroisse Vermillon.

Mon père était un chanteur. Ma mère chantait aussi. Elle, elle a appris pour la plupart avec sa mère à elle. J'imagine long-temps passé, il fallait qu'ils aient quelque sort d'amusement pour les petits. Ça fait, ma musique a descendu comme ça, d'une génération à l'autre.

J'ai appris à chanter avec ma mère. Mais elle disait tout le temps que moi, je pou-vais pas chanter. Elle chantait tout le temps, elle. On était juste trois. Moi, j'étais le bébé. Les autres, ça profitait, puis ça s'a marié, et ça s'en a été. Il y avait juste moi et mon autre soeur qui a deux ans plus vieille que moi. Mais elle, c'est comme si elle était jamais intéressée en dedans-là. Moi, je chantais, quand même si Mam me disait je pouvais pas chanter. Je chantais quand même. Je chantais juste parce que j'aimais chanter. INEZ CATALON

Sa personnalité est aussi importante que son talent quand elle chante. D'un clin d'oeil, elle mime le mépris de sa mère et souligne son propre entêtement.

C'est souvent des fois, on s'assisait, et moi, j'essayais de chanter. Elle me disait, "Pouie-aie, tu connais pas chanter. Ta langue est trop lourde." Mam chantait gras. Mais moi, je peux pas. Ma voix vient de droit là en haut. J'ai essayé de chanter gras comme Mam, mais il faut je me force. Je connais que je peux pas faire ça, ça fait, il faut je fais ça comme c'est naturel pour moi. C'est mieux pour toi d'être naturel plutôt que de faire accroire que tu peux faire quelque chose que tu connais que tu peux pas faire, tu connais! INEZ CATALON

Lula et Inez continuent à être fort sur-prises de la réception enthousiaste qu'elles recoivent dans des fêtes comme le Festival of American Folklife de Washington et le Festival de Musique Acadienne de Lafa-yette. Inez a accompagné aussi une tournée patronée par le National Council for the Traditional Arts, "A la mode de chez nous." Leurs chansons qui reflètent l'éner-gie de leur culture sont toujours appréciées des auditoires de festivals, mais elles sont encore plus belles dans le contexte cha-leureux d'une réunion de famille.

On chantait au foyer-là, à la cheminée. Tu connais quand le feu était bien après brûler, il y avait une grosse bûche en ar-rière, une belle petite chaudière avec un petit peu du thé de sassafras. Ça sentait à bon quand ça bouillait. C'était là qu'on chantait. Quand on avait bu ce bon thé chaud. Ça lavait la gorge. Ça faisait une

some of that good, hot tea. It washed your throat and made your voice clear. In the summertime, I would get out on the front steps to sing. I would sing whatever came into my head. The neighbors, I guess, felt like having me arrested sometimes, but they never said a word because they knew that was just my way. INEZ CATALON

I've always loved music. When we went to the dance, I just couldn't get there fast enough, you know? It seemed like my heart was beating along with the music.

INEZ CATALON

D. L. Menard was born and raised just outside of Erath, in the cane country near the salt-water marshes of Vermilion Parish. Unlike the songs of Lula Landry and Inez Catalon, his did not come from his family. His father was a popular harmonica player in the area, but his parents didn't sing much at home. Young D. L. didn't even hear a live Cajun band until he was sixteen years old. The first songs he learned were from the American country music that he heard on the family radio. He didn't play an instrument then, so he sang them unaccompanied for his own pleasure.

I first learned to sing by listening to an old battery-powered wooden radio that we had. Every night, I turned it on to listen to Del Rio, Texas, and I learned those songs that I heard on the radio. The battery would die every year about a month or two before we sold the cotton. I couldn't listen to the radio then because we had to wait to sell the first bale of cotton to have money to buy a new battery. That was the hardest time, without the radio. I didn't play the guitar yet, but that's where I learned all my first songs. And all those songs were in English. I couldn't hear any French songs on the radio. That's why all the songs I knew were in English.

D. L. MENARD

D. L. and his family moved to Erath when he was in his teens. It was there that he had his first encounter with live Cajun music and learned to play the guitar.

When my family stopped farming to move to town, they lived three houses down from where my uncle lived, and one night I went to one of their practice sessions. Good Lord! I fell immediately in love with the guitar. After the session, I asked the guitar player, "If I buy myself a guitar, will you teach me to play it?" He said, "Sure, I'll teach you. It's nothing, really."

I ordered a guitar from the Montgomery Ward catalog. It cost me $11, postage paid and everything. That fellow came and

belle voix. Ou l'été, je me mettais dehors sur les escaliers et je chantais n'importe quoi qui me venait en idée. Et les voisins, je sais pas . . . D'après moi, plusieurs fois, ça a cru que ça aurait dû me fourrer en prison, mais ça m'a jamais dit à rien parce que ça savait que ça, c'était mon habitude. INEZ CATALON

J'ai toujours aimé la musique. Quand on allait au bal, je pouvais pas arriver assez vite, tu connais? On dirait mon coeur s'en allait avec la musique. INEZ CATALON

D. L. Ménard, lui, est né près d'Erath, parmi les champs de cannes et pas bien loin des mèches de la paroisse Vermillon. Il diffère de Lula Landry et d'Inez Catalon parce que ce n'est pas dans la famille qu'il a appris son répertoire. Son père était un joueur d'harmonica réputé, mais ne chantait guère chez lui. Le jeune D. L., qui n'avait jamais entendu de musiciens cadiens avant l'âge de seize ans, a appris ses premières chansons en écoutant la radio. Dans ce temps, il ne jouait d'aucun instrument, mais il aimait déjà chanter.

J'ai premièrement appris à chanter à écouter le radio. *On avait un* radio *en bois à batterie. Tous les soirs, je mettais mon* radio, *j'entendais Del Rio, Texas. Et j'apprenais ces chansons que j'entendais sur le* radio. *Avant on vend le coton, la batterie était crévée. On manquait de l'argent à peu près un mois ou deux avant le ramassage de coton. Là, je vivais pas. On pouvait pas acheter une batterie avant la première balle de coton, tu comprends? C'était là que c'était dur, sans de* radio. *Je jouais pas du guitare encore, mais c'est là que j'ai appris mes premières chansons. Et ça, c'était toutes des chansons en anglais, tu vois? J'entendais pas de chansons en français sur le* radio. *C'est pour ça que j'ai appris des chansons en anglais.*

D. L. MENARD

Sa famille s'est installée à Érath quand il avait une quinzaine d'années et là il a finalement découvert la musique cadienne et appris à jouer de la guitare.

Quand on a arrêté de faire récolte, on s'a déménagé au village, à trois maisons de chez mon oncle. Un soir, ils ont eu une petite pratique et j'ai été. Cher bon Dieu Seigneur! J'ai tombé en amour avec le guitare. Après la pratique, j'ai demandé au petit bougre, "Si je m'achète un guitare, tu vas me montrer à jouer?" "Mais," il dit, "sûr, je vas te montrer à jouer. C'est pas rien du tout."

Je m'ai ordonné un guitare sur le Montgomery Ward catalog. *Ça m'a coûté onze piastres arrivé ici. Il a venu, et la première*

showed me how to play and, by the end of that first week, I knew most of the chords already. I learned fast. After two months, I was past that first guitar, so I ordered a Silvertone from the Sears Roebuck catalog. I ordered one that cost $24.95 with a case. When the package arrived, I opened the case and found the $45.95 model instead, the highest-priced one. And that's the guitar I played on my first dance job, in Abbeville with Elias Badeaux and the Louisiana Aces. D. L. MENARD

D. L. soon began singing with the group, and he sang what he knew best, country music, giving the Aces the additional stylistic latitude expected of South Louisiana bands during the early 1950s. Eventually, however, as Cajun music regained ground after World War II, D. L. learned to sing the songs he heard on the bandstand and on records.

The first song I sang in public was "If You've Got the Money, I've Got the Time." In those days, I sang mostly Hank Williams songs. Every time Hank Williams made a record, the band got me to sing it because they felt like I had the voice for it. I sang other singers' songs, too, Lefty Frizzell, Ernest Tubb, Carl Smith, Leon Payne. I didn't start singing French songs until three years later. In fact, my own mother and father were even surprised when they first heard me sing in French. Although I spoke French, they didn't think I could sing in French. It was like singing was yet another language. We were at a party and Louella asked me to sing "Grand Texas." You can't imagine how surprised my parents were. I was playing in a Cajun band and I learned the words to the songs I heard, but I didn't sing the French songs at first because the other singers in the band sang them. I sang the English songs and that was enough for me. I really surprised my parents when I sang "Grand Texas" at that party. And that's when I started to sing a few songs in French.
D. L. MENARD

On the way to a dance job one afternoon, D. L. put some words to one of the band's instrumental waltzes. In 1960, the Aces recorded his "Valse de Jolly Roger" on Swallow Records in Ville Platte. Like his country music hero, Hank Williams, D. L. found that he had a knack for putting his thoughts and feelings to music. The next year, he composed "La Porte d'en arrière," and his career as a Cajun songwriter was off to the races. Within a week, the song was the hottest thing on the local juke boxes. Cajun disk jockeys featured it on their French radio shows. The band found

semaine, je connaissais les clefs il m'avait montrées. Ça m'a pas pris longtemps. Deux mois après, ce petit guitare était plus bon pour moi. J'était trop avancé pour ça. C'est là je m'ai ordonné un Silvertone de Sears Roebuck. J'ai ordonné celui-là qui était $24.95 et la caisse. Quand le paquet a arrivé, j'ai débouché la boîte, une boîte en carton, j'attrape la caisse. Quand j'ai ouvert la caisse-là, il y avait un guitare de $49.95. Le plus cher. Et c'est ça le premier guitare j'ai joué mon premier bal à Abbeville avec Badeaux et les Louisiana Aces. D. L. MENARD

Avant longtemps, D. L. chantait avec le groupe et naturellement chantait ce qu'il connaissait, la musique *country*. Les chansons enrichissaient leur répertoire, ce qui était indispensable à l'époque dans le sud de la Louisiane. Après la renaissance de la musique cadienne, D. L. a ajouté les chansons qu'il entendait dans les salles de danse et sur les disques.

La première chanson j'ai chantée au public, c'était "If You've Got the Money, I've Got the Time." J'ai chanté plus ou moins des Hank Williams songs *parce qu'à chaque fois Hank Williams sortait avec une chanson, le* band *voulait moi, je la chante parce que ça trouvait j'avais la voix pour. Je chantais différentes qualités, Lefty Frizzell, Ernest Tubb, Carl Smith, Leon Payne. Quand j'ai commencé à jouer la musique dans les* nightclubs, *j'ai pas commencé à chanter des chansons cadiennes avant trois ans après. C'est à dire, Mam et Pap ont été surpris, tu peux imaginer, quand ils m'ont entendu chanter la première chanson cadienne. Dans eux, quand même si je parlais français, chanter français, c'était un différent langage. Là, un soir, ça s'adonnait qu'on avait une petite soirée et Louella m'a demandé pour que je chante "Grand Texas." Tu peux pas imaginer comment Mam et Pap ont été surpris. Mais je jouais dans un* band *cadien, et j'entendais les paroles. Je connaissais les paroles. C'est juste j'avais jamais chanté par rapport je trouvais je voulais pas prendre les chansons des autres. Moi, je chantais en anglais, moi. Pour moi, c'était assez. Mais je les ai réellement surpris quand j'ai chanté "Grand Texas" pour ce* party. *Et c'est là que j'ai commencé à chanter quelques chansons en français.* D. L. MENARD

Un après-midi en route vers une salle de danse, D. L. a composé un texte pour une valse que les Aces jouaient sans paroles. Cette "Valse de Jolly Roger," enregistrée en 1960 par Swallow Records, lui a révélé qu'il avait, comme son héros Hank Wil-

themselves playing their new hit over and over at every dance job to satisfy the flood of requests from the crowds. "La Porte d'en arrière" was a dramatic example of the folk process by which new songs are created within the tradition. Soon every Cajun dance band added D. L.'s song to its standard repertoire.

I never imagined that I was able to compose a song, put words to a song. In those days, we were playing Fridays and Sundays in Franklin. On Sunday afternoons, we got Big John Suire to drive. Badeaux and I sat in the back of the station wagon and played on the way over there. We had this pretty waltz that didn't have words to it, and I was tired of just humming along with it, so I made up some words that I could sing to it. My uncle Edwin, who played fiddle with us, had decided that we should make a record and suggested we use that song. I hadn't intended for my words to be put on record, but we recorded it. Uncle Edwin paid for the session himself. We called it "La Valse de Jolly Roger." We didn't have a name for it at first, but we were playing then at the Jolly Roger Club between St. Martinville and New Iberia and the owner of the place said, "Why don't you name the song after the dance hall?" That was it. We made it the Jolly Roger's waltz. It sold pretty well, too. That was in 1960. The other side was the "Louisiana Aces Special," a song that Badeaux had composed.

The next year, we made "La Porte d'en arrière." The words just came to me. I based the tune on Hank Williams' "Honky Tonk Blues." I changed the tune some and made up words in French. You know, nothing makes a better song than something ordinary that you see or do every day but never notice. It's like people who live around a beautiful mountain. They see it every day and almost forget it's there until somebody takes a picture of it. That's just like "La Porte d'en arrière." It's about having to come in through the back door. Lots of people could identify with that. The story came to me all at once, but I was working in a service station at the time. I had to fix flats and pump gas and serve the people, so I was only able to get to the song between jobs. I knew exactly what I wanted to say, but I didn't have time to sit down and write it all out at once. Every little chance I had, I would get my note pad and write down what I could. I wrote the words in English, because I don't know how to write in French, but the song was in French. I wrote it in English as close as I could to what I wanted to say in French. All together, I guess it took me

liams, le don de traduire ses sentiments en paroles. L'année suivante, "La Porte d'en arrière" a établi sa réputation de compositeur. En moins d'une semaine, on l'entendait sur tous les *juke boxes* et dans toutes les émissions. Les Aces devaient la jouer plusieurs fois par soirée pour satisfaire leurs auditoires, et les autres groupes se sont dépêchés d'ajouter à leurs répertoires cette chanson qui exemplifiait si bien la vitalité et la créativité de la tradition.

Dans moi, je pouvais pas écrire une danse, mettre des paroles à une chanson. On jouait à Franklin vendredi et dimanche. Et le dimanche après-midi, on faisait Gros John Suire drive *pour aller et moi et Badeaux, on s'assisait en arrière du* station wagon, *puis on jouait de la musique en allant. Et on avait cette valse, et j'étais largué de juste la* hum. *Ça fait, je m'ai mis des paroles pour avoir quelque chose pour chanter, et notre joueur de violon, 'n oncle Edwin, il s'avait décidé qu'on aurait fait un* record. *Je trouvais pas que c'était des paroles pour mettre sur un* record, *mais on l'a coupé, et c'est lui qui l'a payé. C'était "La Valse de Jolly Roger." On avait pas de nom, mais on jouait au Jolly Roger Club entre St. Martinville et Ibérie. Ça fait, le* boss *de la place dit, "Well, pourquoi vous autres la nommes pas d'après la place?"* That was it. *On l'a faite la valse du Jolly Roger Club. Et ça a joliment bien vendu. Ça, c'était en 1960. L'autre bord c'était le "Louisiana Aces Special." C'était une danse que Badeaux avait composée.*

L'année d'après, on a fait "La Porte d'en arrière." Ça m'a venu en idée. Le tune *vient de "Honky Tonk Blues," de Hank Williams. J'ai changé le* tune *un petit brin, et j'ai mis des paroles en français, et il y a pas rien qui fait une meilleure chanson que quelque chose naturel que tu vois tous les jours et tu t'aperçois jamais c'est là. C'est comme on dit en cadien, tu peux te buter tous les jours sur une montagne sans jamais t'apercevoir que la montagne est là. Tu l'apprécies pas avant quelqu'un d'autre la prend en portrait. Comme la porte d'en arrière. Un tas de monde passe par la porte d'en arrière. Ça connaît quoi c'est. L'histoire m'a venu en idée et j'ai écrit une chanson, mais je travaillais dans un* service station. *Il fallait j'arrange des* flat tires, *il fallait je pompe du gaz, et entre les ouvrages à servir le monde, j'avais mon petit* pad. *Je savais exactement quoi c'est je voulais écrire, mais j'avais pas le temps de l'écrire tout en même temps. Ça fait, chaque petite chance j'avais, j'attrapais mon* pad *et j'écrivais ça je pouvais. Je l'ai écrit en an-*

Top: D. L. and Louella Menard at the family factory near Erath, 1983. *Bottom*: D. L. at the Festival de Musique Acadienne, Lafayette, 1979.

only a few minutes to write it down, but those few minutes were stretched out over a long afternoon because I was so busy at the service station.   D. L. MENARD

glais et il fallait que je translate *l'affaire en allant. J'écrivais ça en anglais pareil comme je disais ça en français. Je savais ça je voulais dire, mais j'étais assez occupé, j'aurais oublié les paroles. Ça fait, je l'ai écrit à chaque petite chance j'avais. Le temps j'ai mis sur "La Porte d'en arrière" à l'écrire, ça me surprend si ça m'a pris plus que quelques minutes, mais ces quelques minutes ont duré tout l'après-midi parce que j'étais tellement occupé dans le* service station.   D. L. MENARD

(I went to the dance with my girlfriend and we hit all the honky tonks. Came back the next morning, the sun was just coming up. I passed through the back door. That afternoon, I went to town and got so drunk that I couldn't walk. They brought me home to a houseful of visitors that I didn't even know. I passed through the back door. One night, when I came home, my old father tried to change my way of thinking, but I didn't listen. I was too hard-headed. "One of these days, son, you're going to regret your ways. You came in through the back door." I had lots of friends as long as I had money. Now, I have no more money and they don't even want to see me. I went to town and got in trouble. The police picked me up and I'm off to jail. I guess they'll pass me through the back door.)

*Moi et la belle, on avait été-z-au bal.
On a passé dans tous les honky tonks,
S'en a revenu le lendemain matin,
Le jour était après se casser.
J'ai passé dans la porte d'en arrière.*

*L'après-midi, moi, j'ai été-z-au village
Et je m'ai soûlé que je pouvais plus
    marcher.
Ils m'ont ramené back à la maison,
Il y avait de la compagnie, c'était du
    monde étranger.
J'ai passé dans la porte d'en arrière.*

*Mon vieux père, un soir quand j'ai arrivé,
Il a essayé de changer mon idée.
Je l'ai pas écouté. Moi, j'avais trop la tête
    dure.
"Un jour à venir mon nègre, tu vas avoir
    du regret.
T'as passé dans la porte d'en arrière."*

*J'ai eu un tas d'amis tant que j'avais de
    l'argent.
Asteur j'ai plus d'argent, mais ils voulont
    plus me voir.
J'ai été dans le village. Moi, je m'ai mis
    dans le tracas.
La loi m'a ramassé. Moi, je suis parti dans
    la prison.
On va passer dedans la porte d'en arrière.*

You know, the band didn't want to record "La Porte d'en arrière" at first. They said the music didn't fit. I liked it and my children liked it. They followed me into the bathroom every morning and made me sing it while I shaved. So I wanted to record it as a souvenir for my kids. I said I was going to pay for the session. My uncle Edwin, who played with us, said, "D. L., it sounds all right, just you and the guitar, but when the whole band plays, it doesn't sound right."

We went to the studio anyway. We were supposed to record "La Porte d'en arrière" and "Je peux pas t'oublier," a waltz which I had also composed. On the way to Ville Platte, Badeaux said, "Boy, I'm afraid I'm going to regret this. I'm sure of the waltz, but the two-step . . . even the title sounds wrong."

Tu connais, le band *voulait pas* record *"La Porte d'en arrière" en premier. Ça trouvait que la musique fittait pas. Moi, je l'aimais. Les enfants l'aimaient. Ça me suivaient dans la chambre à bain tous les matins et ça me faisaient chanter cette chanson-là. Ça fait, moi, je voulais la* record *principalement pour mes enfants aient un souvenir. J'ai dit que j'aurais payé pour la* record. *Mon oncle Edwin, qui jouait avec nous autres, il dit, "D. L., juste toi et ton guitare, ça fait bien, mais quand la musique est là, on dirait il y a quelque chose qui sonne pas bien."*

Ça fait, on a été dans le studio *quand même. On avait décidé qu'on aurait* record *"La Porte d'en arrière" et "Je peux pas t'oublier," une autre valse que j'avais faite. Tout le long pour aller à la Ville Platte, Badeaux disait, "Boy, je connais pas pour*

53

"Well," I said, "you all can call it what you like, or not record it at all, but whoever decides to do either will pay for the session. If I pay for it, then I decide."

We cut the waltz first. We played it three times and they were all about the same. Floyd Soileau asked us which we liked best. We couldn't tell the difference, so we let him choose. Then, we cut "La Porte d'en arrière." We played it once, and Floyd said, "That's it. That was great. You boys won't top that cut, and I made sure to get it right because that's going to be the hit." The rest of the band didn't say anything, they were so surprised. It went so fast that Big John Suire, who had taken a flask of whiskey with him, didn't even have time to loosen up. It didn't hit him until on the way home.

In those days, a session cost $175, which included 300 records, you understand, and you could sell them. "La Porte d'en arrière" came out on a Wednesday and by Saturday I had my $175 back already and some extra money to split among the guys in the band. I got my money back that fast. It came out on a Wednesday and that Saturday night we were playing at the Jolly Roger Club. When we got there, "La Porte d'en arrière" was playing on the jukebox and the owner, Simon Thibodeaux, said, "My friends, when I opened this morning, the first people who came in played that record and it hasn't stopped playing since then." That night, we had to play it seven times on the bandstand. I came to where I couldn't bear to even hear the name of that song. I got so tired of it. When I saw people get up from their tables in a dance hall and walk over to the bandstand, I knew exactly what they were coming for and I could have kicked them because I knew that I was going to have to sing it again. But I came to like it again. It was Louella who made me understand that I should be proud to sing that song for the people as long as they like it. She said that if I go on stage and I don't sing "La Porte d'en arrière," it's just like I didn't go on at all for some people.

D. L. MENARD

D. L. continued to compose new songs, like "Un Homme marié," "La Vie d'un vieux garçon," and "En bas du chêne vert," which also entered into the stock repertoire of Cajun dance bands. When National Folk Festival fieldworker Dick Spotswood came to South Louisiana looking for Cajun musicians in 1973, he bought a copy of "La Porte d'en arrière" and got D. L.'s name and number from Marc Savoy to make arrangements for the Louisiana Aces to perform that year at Wolftrap Farm. The

ce record-ça-là. Ça me chagrine d'aller le faire. Tant qu'à la valse, j'en ai pas peur, mais le two-step . . . jusqu'à le nom est plat.

"Well," je dis, "je vas vous dire quoi, Vous pouvez l'appeler ça vous autres veux, ou pas la faire du tout, mais celui-là qui décide, c'est lui qui va payer le record. Si moi, je paie, moi, je décide."

On a record la valse premier. On l'a jouée trois fois et les trois fois étaient pareilles. Floyd Soileau nous a demandé quelle on aimait mieux. Mais il y avait pas de différence entre une et l'autre, ça fait, on lui a dit de choisir. Là, on a recordé "La Porte d'en arrière." On l'a jouée une fois, et Floyd dit, "Okay, venez l'entendre. Je crois vous autres peux pack up. Vous autres peux pas faire mieux que ça. Et j'ai été sûr de la faire bien, parce que ça sera ça le hit." Ils se sont tous regardés ensemble. Ils étaient surpris. Ça a été assez vite fait, Gros John Suire s'avait amené un flask de whiskey et il avait bu un peu de whiskey pour loosen up, mais il a pas eu le temps de loosen up là-bas. Ça l'a pas frappé avant le chemin pour s'en revenir à Erath.

Dans ces temps, ça coûtait 175 piastres. Là, ça te donnait 300 records avec ça, tu comprends? Là, on pouvait se les vendre. Et "La Porte d'en arrière" a sorti le mercredi, et le samedi, j'ai eu mes 175 piastres back et on avait de l'argent pour partager avec le band. C'est vite comme ça j'ai eu mon argent back. Ça a sorti le mercredi, et le samedi, on a joué au Jolly Roger Club. Quand on a arrivé là, c'est tout t'entendais sur le juke box. Et Simon Thibodeaux, c'est lui qui avait le club dans ces temps, il nous a dit, "Mes amis, quand j'ai ouvert le club à ce matin, ce record a commencé à jouer et il a pas arrêté de jouer encore." Ce soir-là, il a fallu je la chante sept fois. Ça a venu que je pouvais plus entendre le nom de "La Porte d'en arrière" mentionné du tout. Quand je voyais du monde s'en venir au bandstand, je savais exactement quoi ils m'auraient demandé. J'aurais pu les cogner à coups de pieds des fois parce que je savais sûr, sûr, sûr c'était ça. Et asteur, c'est pareil. A chaque fois je monte sur le stage, il faut je la chante, mais je m'ai refait. C'est Louella qui m'a fait comprendre que si je monte sur un stage et je chante pas "La Porte d'en arrière," c'est pareil comme si j'ai pas chanté du tout, pour du monde. D. L. MENARD

D'autres de ses chansons, "Un Homme marié," "La Vie d'un vieux garçon," "En bas du chêne vert," font maintenant partie du répertoire classique louisianais. En 1973, quand Dick Spotswood cherchait des

reception was typically enthusiastic and impressed D. L. with the beauty of his culture and music. He became a fixture on the folk festival circuit and continued to travel with other Cajun musicians after the Aces disbanded.

D. L. quit working as a service station attendant to find a way of earning a living that would conflict less with his music. He travelled to Magnolia, Arkansas, to learn chair making and eventually opened his own shop next to his home near Erath. When he is invited to a festival now, it is usually as a chair maker and musician. His wife, Louella, learned to weave chair bottoms and accompanies him on most trips within the country. D. L. has been to Europe several times and played on two State Department tours which brought Cajun music to even more exotic places. The first, with Marc Savoy and Lionel Leleux, took him to South America, and the second, with Ally Young and Doc Guidry, to the Far East and around the world. Yet, with all the attention, D. L. has learned pride, not vanity.

After we played our last song at the National Folk Festival, the people gave us a standing ovation. If you had given me a million dollars cash, I would not have felt better. It seemed like my stomach wanted to jump out. I had never seen anything like that. We had played lots around here, but we had no idea what it was like to go outside and play for that kind of crowd. I never really understood the value of our music until then.

I went to South America with Marc Savoy and Lionel Leleux. We went to Guatemala, Nicaragua, Costa Rica, Panama, Chile, Peru, Brazil, Colombia, and Bolivia and, everywhere we played, the people seemed to like our music. We could almost always get them moving to the beat even though they had never heard anything like it. Then, when I went around the world, we started in the Great American Hall in San Francisco. We went to Japan, Thailand, Burma, Sri Lanka, India, Pakistan, Oman, and Egypt, and the people always seemed to love the music. It always made us feel so proud of our culture to see people from all over applauding the music we brought them from South Louisiana. D. L. MENARD

musiciens pour le National Folk Festival, il a trouvé un exemplaire de "La Porte d'en arrière." Marc Savoy lui a donné le nom et le numéro de D. L., et les Aces sont allés à Washington où ils ont reçu une réception enthousiaste. Comme d'autres musiciens traditionnels, D. L. a saisi la valeur de sa musique en voyant la réaction d'un public étranger. Il joue toujours dans les festivals de musique traditionnelle, mais avec d'autres groupes maintenant que les Louisiana Aces ne sont plus ensemble.

D. L. voulait trouver un métier qui lui laisse plus de temps pour la musique. Il a donc appris à faire des berceuses à Magnolia, dans l'Arkansas, et a construit une petite fabrique à côté de chez lui près d'Erath. Aujourd'hui, il est aussi souvent invité aux festivals comme artisan que comme musicien. Sa femme, Louella, qui tresse les sièges, l'accompagne souvent dans ses voyages à travers l'Amérique du nord. Il est allé plusieurs fois en Europe et a participé à deux tournées du State Department qui l'ont conduit un peu partout dans des pays exotiques. Ainsi, avec Marc Savoy et Lionel Leleux, il a visité l'Amérique du sud, et avec Ally Young et Doc Guidry, il a fait le tour du monde et joué en Extrême-Orient. Il est très fier de l'attention que sa musique attire sur la culture traditionnelle de Louisiane.

Quand on a joué la dernière danse au National Folk Festival, on a eu un standing ovation. Tu m'aurais donné un million de piastres, tu m'aurais pas fait me sentir comme je me sentais dessus ce bandstand. Tout mon estomac-là, c'est comme si ça voulait s'arracher dedans moi. C'est comme ça je me sentais. J'avais jamais vu ça. On avait joué alentour d'ici, mais j'avais jamais manière dans l'idée quoi c'était d'aller ailleur et puis jouer notre musique. Moi, je croyais pas on avait grand'chose ici jusqu'à ça.

J'ai été dans South America avec Marc Savoy et Lionel Leleux. On a été dans Guatemala, Nicaragua, Costa Rica, Panama, Chile, Peru, Brazil, Colombia, et Bolivia. Et tout partout ayoù on jouait, un quart jusqu'à un troisième du monde, ça grouillait quand même ça avait jamais entendu rien comme ça avant. Là, quand j'ai fait le tour du monde, on a commencé au Great American Hall à San Francisco. Là, on a été à Japan, Thailand, Burma, Sri Lanka, India, Pakistan, Oman, and Egypt, et tout partout ayoù on jouait, c'est comme si le monde aimait notre musique. On était si fier de notre culture de voir le monde de tout partout comme ça applaudir la musique que nous autres, on les amenait de la Louisiane. D. L. MENARD

3. Lionel Leleux and Don Montoucet

Lionel Leleux, 1977.

Opposite: Lionel Leleux, Don Montoucet, Terry Montoucet, and Barry Ancelet at the Festival de Clare, Nova Scotia, 1978.

Lionel Leleux was born in 1910, in Vermilion Parish. He expressed an interest in fiddles as an infant, and that interest has only intensified with the years.

No, man, I couldn't tell you when I wasn't interested in fiddles. But I've been interested in fiddles since I was a child, a baby. My mother used to tell me that when I was little, when my teeth were about to come out, my gums itched. She says that I would look only for my father's fiddle to chew on. She had to come and take it away from me so that I wouldn't cut it with my new teeth. So, as far as I know, I was never aware of not being interested in fiddles.

The little bit of music that I first learned, I had to learn it through the fog. There was a dance hall right across the road from our house, and a lot of good musicians came there to play in those days, like Bascom Mouton, but my father wouldn't let me go. I was young, you know. So I would get on the front porch and I would listen as best I could to hear the music coming across the pasture and through the fog, and I learned what I could like that. I guess that's why my music sounds a little foggy sometimes.

LIONEL LELEUX

Young Lionel eventually earned a fiddle by watering his grandfather's horses. Fiddling came easier than schoolwork and he quickly learned enough to begin playing with other musicians from the neighborhood, such as Nathan Abshire, at house dances and dance halls. By the time he met his wife, Beulah, he was already established enough as a musician for her father to withhold his consent on those grounds. Leleux eventually wore the old man down and won his bride, accepting the challenge to prove himself to be a capable and honorable husband and father. His sense of honor was so strong, in fact, that he abandoned his musical career to become a full-time barber with the birth of his first child, explaining that it was much better to go to the bank to borrow money as a barber than

Lionel Leleux est né en 1910, dans la paroisse Vermillon. Peu de temps après sa naissance, il a commencé à s'intéresser au violon, et son intérêt a grandi au fil des années.

Non, man, je pourrais pas te dire quand j'étais pas intéressé dans les violons. Mais je suis intéressé dans les violons depuis je suis un enfant, un bébé. Ma mère me contait que quand j'étais petit, mes dents étaient en train de sortir, mes gencives démangeaient. Elle dit je cherchais juste à mordre après le violon de mon père. Il fallait qu'elle vienne me l'ôter pour pas je le coupe avec mes dents. Ça fait pour moi, j'ai jamais connu que j'étais pas intéressé dans les violons.

Le petit brin de musique que j'ai premièrement appris, j'ai eu pour l'apprendre à travers le brouillard. Il y avait une salle de danse droit en traversant du chemin de chez nous autres, et puis il y avait un tas de bons musiciens dans ce temps qui venaient là pour jouer, comme Bascom Mouton, mais mon père voulait pas me laisser aller. J'étais jeune, tu connais? Ça fait, je me mettais sur la galerie d'en avant et j'écoutais le mieux que je pouvais pour essayer d'entendre cette musique qui s'en venait à travers la savanne dans le brouillard, et j'ai appris ça que j'ai pu comme ça. Je pense c'est pour ça que, des fois, ma musique est manière embrouillée.

LIONEL LELEUX

Lionel a gagné l'argent pour acheter son premier violon en s'occupant des chevaux de son grandpère. Il négligeait ses devoirs scolaires pour le violon, et bientôt il était assez habile pour jouer avec d'autres musiciens des alentours, comme Nathan Abshire, dans les bals de maison et les salles de danse. Quand il a connu sa femme, Beulah, il était assez célèbre pour que Monsieur Bonvillain lui refuse la main de sa fille. Leleux a fini par le convaincre de lui donner sa fille, promettant de se montrer honorable et compétent comme mari et père. À la naissance de son premier enfant,

as a musician. It was not until eighteen years later, when his children were grown and educated, that he once again took up his beloved fiddle to perform.

There were people who used to think that a musician was someone who didn't have many good qualities, not responsible, but I don't consider myself in that category. I refuse to accept that. I figure I'm worth as much as the man who works behind a shovel, or the mechanic, or any other job one might have. I do my work at home and in dancehalls, and my music entertains lots of people. And it is always satisfying for a musician to play for people who appreciate his music. So I think that being a musician doesn't make a man bad. I can't accept that.

A musician has a responsibility to the bandstand. It seems to me that anyone worthy to be called a musician has to feel that. When he is on the bandstand, he must do all he can to honor his talent. That's what I try to do. LIONEL LELEUX

Before I ever had a fiddle, so that I could play, I used to dream that I made fiddles. And in my mind, they were golden colored with all sorts of carvings on them. That's just to give you an idea of what I thought about all day long. So now, I am doing what I used to dream about. That was not long after my first teeth came out.

LIONEL LELEUX

When Leleux refers with regret to his exclusive interest in fiddles during grammar school, it is mostly because he missed the opportunity to learn concepts that would later be necessary to him in his true vocation. Much more than a barber, and even more than a musician, Leleux is a fiddlemaker, a craft he learned and developed to the level of folk art by sheer willpower. Leleux's interest in fiddlemaking grew out of successful early attempts at repair work. Once he found that he had a natural talent for the fine woodworking necessary, he set out to master the creation of the instrument. It was then that he discovered severe shortcomings in such areas as geometry and chemistry. With unusual tenacity, he eventually mastered advanced math and science with only a grammar school education, doggedly pursuing his interest sometimes at the rate of only one page a day. Leleux finally dared to create his first fiddle; expectedly, it was a masterpiece.

il a abandonné complètement la musique pour la coupe des cheveux, car les banques faisaient plus volontiers confiance à un barbier qu'à un musicien. Ce n'est que dix-huit ans plus tard, une fois ses enfants élevés, qu'il a repris son violon bien-aimé.

On avait du monde ici qui jonglait qu'un musicien, c'était quelqu'un qu'avait pas trop des bonnes qualités, pas trop responsable, mais moi, je me considère pas comme ça. Moi, je refuse d'accepter ça. Je calcule, je suis autant que l'homme qu'est après travailler à la shove, ou le mécanicien, ou n'importe quel autre métier, parce que je fais mon devoir chez moi, et la musique amuse tout le monde. Et ça fait un plaisir au musicien d'être après jouer pour du monde qui apprécie la musique. Ça fait, moi, je crois qu'être musicien, ça veut pas dire que ça fait un mauvais homme. Je peux pas accepter ça, moi.

Le musicien a un devoir sur le band-stand. Et ça me semble, moi, que n'importe qui qui mérite le nom de musicien, c'est ça il faut qu'il faise. Quand il est sur le bandstand, c'est de faire tout ça il peut pour pas manquer à son devoir. Moi, j'essaie toujours. Je sais pas si je réussis, mais j'essaie. LIONEL LELEUX

Avant j'aie un violon, que je peuve jouer du violon, je rêvais que je faisais des violons. Et dans moi, ils étiont couleur d'or et toute sorte de carvings après. Ça, c'était juste pour te donner une idée de ça à quoi je jonglais toute la journée. Ça fait, aujourd'hui, je fais ça que je rêvais je voulais faire. Ça, c'était pas longtemps après les gencives me démangeaient, ça.

LIONEL LELEUX

Si Leleux regrette d'avoir négligé l'école pour le violon, c'est principalement à cause de ce qu'il n'a pas appris qui pourrait faire de lui un meilleur artisan. Car, bien avant d'être barbier, bien avant même d'être musicien, Leleux est luthier. Il a appris tout seul et, malgré de grandes difficultés, est devenu un véritable artiste. Son intérêt s'est développé à partir de quelques essais de réparation. Il s'est vite découvert un don pour le travail du bois et il s'est essayé à fabriquer un instrument. C'est alors qu'il a regretté ses lacunes en géometrie et en chimie. Mais il s'est attelé à la tâche avec une détermination extraordinaire, et a finalement maîtrisé les mathématiques et les sciences. Possédé par le besoin d'apprendre ces sujets arides, il continuait inflexiblement, même s'il ne pouvait couvrir qu'une page par jour. Finalement, il a osé faire son premier violon; c'était un chef d'oeuvre.

If you find the geometrical formula that you need, you can develop a design for your fiddles. The Strad design. Then you can also develop a bow design. The dimension, the curvature, the camber, all by following a mathematical formula, and trigonometry, and that was something that I had never been able to do. I hadn't gone to school enough. I had lots of trouble with that.

I hardly went to school at all. When I would go to school, being interested in fiddles, I noticed after a few years that I had not yet seen even a picture of a fiddle in my textbooks. So, when the school year would begin, the first thing I would do was to put my books on the desk. I would open the cover and catch the pages and I would fan them and look through a book. If I didn't see a picture of a fiddle, or a fiddle bow, I would turn the book over and I would fan it again in the other direction, and if I still didn't see a picture of a fiddle or a bow, that was the end of the subject for me. And naturally, there were certainly no such pictures in my textbooks and I knew already what I wanted to do. I figured that school had nothing to offer me so I stopped going.

Later, I found a book which described how to make fiddles. Then, I was very interested. So I started reading that book, and when I came to the part about varnish, I found a word that I didn't know. Being interested in what I was reading, I made it my business to get up and get my father's dictionary to look up the word. In the explanation, in the definition, I found another word that I didn't know. So I had to look it up in another part of the dictionary. And there were quite a few big words like that. I guess to save paper, they used many big words. It looked like it had been written by lawyers. So it took me five or six days to read one page and understand what was written there. Then, I realized what I had missed by quitting school. I finally understood, all right, but it would have been so much easier if I had stayed in school and had been able to read that page one time straight through to understand. It would have saved so much time. I wouldn't have had to suffer so much to learn what I know. I didn't give up, but it was hard.

Si tu trouves le geometrical formula qu'il faut, tu peux développer le design d'un violon. Le "strad" design. Là, tu peux développer un archet. La dimension, le curvature de l'archet, la cambrure, à suivre un mathematical formula de trigonometry, et c'était quelque chose j'étais pas capable de faire. J'avais pas été à l'école assez. J'ai eu du tracas avec ça.

J'ai presque pas été à l'école. Quand j'allais à l'école, en étant intéressé après les violons, il y avait quelques années d'école et j'avais encore pas vu un portrait de violon seulement dans mes textbooks. Ça fait, quand la saison d'école commençait, la première chose je faisais, je mettais mon livre sur le desk. J'ouvrais le couvert et j'attrapais les feuilles et je les aurais fan et regardé dans le livre. Si je voyais pas un portrait de violon ou d'archet de violon dedans là, je le capotais sur l'autre bord et je fannais les feuilles sur l'autre direction et si j'avais encore pas vu un portrait de violon ou d'archet dans le livre, ça, c'était un sujet j'avais fini avec. J'étais pas intéressé dedans du tout. Et naturellement, il y avait surement pas ça dans mes livres d'école, ça fait, moi qui savais déjà quoi je voulais faire, j'ai calculé que l'école aurait pas été utile à moi. J'ai arrêté d'aller à l'école.

Plus tard, j'ai trouvé un livre pour expliquer comment faire des violons. J'étais beaucoup intéressé, là. Ça fait, j'ai commencé pour lire ce livre et j'ai arrivé pour lire comment, dessus le verni, j'ai trouvé un mot-là que je savais pas quoi il voulait dire. Et en étant intéressé de savoir quoi c'était, j'ai fait mon affaire d'aller après le dictionnaire de mon père et puis look up le mot. Dedans l'explication du définition, j'ai trouvé un autre mot que je connaissais pas quoi c'était. Il fallait je look up dans une autre partie du dictionnaire. Et il y avait plusieurs grands mots. Pour sauver du papier un peu, ils avaient usé des grands mots. C'était écrit pour des avocats. Ça fait, ça m'a pris cinq ou six jours pour lire un feuille de cinq par huit pouces et comprendre quoi ce qu'était écrit là-dessus. Là, j'ai réalisé quoi j'avais manqué par arrêter d'aller à l'école. J'ai compris, mais ça aurait été un tas plus aisé si j'avais été à l'école et puis quand j'aurais lu-là, juste une fois puis avoir eu compris tout de suite. Ça aurait sauvé un tas du temps. J'aurais pas miséré pour apprendre ça je voulais. J'ai pas give up, mais ça fait ça rough sur quelqu'un.

Top left: Lionel and Beulah Leleux, with
Lucia Morgan, at home in Leleux, 1975. *Top
right*: Lionel with finished fiddles, 1978.
Middle: In the *basse-cour*, 1977. *Bottom*:
The Leleux living room, 1977.

Top left: Adolis and Don Montoucet at Don's Garage in Scott, 1976. *Top right:* Virgil Montoucet at the New Orleans Jazz and Heritage Festival, 1978. *Bottom:* Don Montoucet, mechanic, 1976.

It's hard to believe, I guess, because I don't know if anyone could ever be hard-headed enough to continue with a start like I had. I started on bows in 1925. I started repairing fiddles in July 1927. I had no tools. So, in order to work on pieces of wood, I would break bottles and old window panes to make scrapers to scratch at the wood. I had no tools, no money to buy nuts. I would cut old bones. That was from 1927 up to 1932. That's what I used to work on fiddles in the days of the Depression. From then, I started buying a few tools, buying some good wood. And today, I'm still going along, fixing fiddles, and making a few. LIONEL LELEUX

You know, my wife would often tell me that, if she had to do it all over again, she wouldn't have married anyone who could even whistle a tune. And I'd just tell her that wasn't true, because every time I'd catch my fiddle case, she'd catch her purse. She loved music as much as I do. And besides, the very first time she laid eyes on me, I had a fiddle under my chin. I met her while playing a dance. So she knew exactly what she was getting into from the beginning. LIONEL LELEUX

Don Montoucet was born in 1925 just outside of Scott. He is a master mechanic, carpenter, electrician, welder, plumber, mason, and schoolbus driver. He started learning most of what he knows from his father, Jacques, who was only one year old when his own father, Pierre, died from wounds he had received in a duel near Cankton. Pierre had come to Louisiana from France, where he had apparently learned the craft of smithing. The ability to make things and fix them was passed along in the Montoucet family.

My grandfather was a blacksmith. When the people who built the church in Grand Coteau needed some special ironwork done, my grandfather was the only one able to do it. People talked for a long time about how he was good with iron. He made the crosses for the cemeteries and all sorts of things. He came from France, but he died long before I could know him.
My father knew how to work plow blades and some things like that. My grandfather died when my father was only one year old. He was just a little baby, so he wasn't able to learn anything from my grandfather. He was a farmer and a musician. He worked hard and played dances just about all of his life. He lived near Ossun.

C'est pas croyable, je pense, parce que je connais pas s'il y a personne qui serait aussi entêté de continuer comme moi, j'ai commencé. Dans le temps de la Dépression, dans '27, j'ai commencé après les violons. J'avais commencé après les archets dans '25. J'ai commencé à arranger les violons dans '27, juillet de 1927. J'avais pas d'outils. Ça fait, pour travailler après les morceaux de bois, je cassais des bouteilles et des vieilles vitres de chassis pour me faire des scrapers, *pour gratter après le bois. Il y avait pas d'outils, pas d'argent pour en acheter. Et j'ai continué avec ça. Pour les* fingerboard nuts, *des* saddlenuts, *je coupais des vieux os pour faire ça. Ça, c'était de 1927 à venir à 1932. C'est ça j'ai usé pour les violons. Là, de là en allant, j'ai commencé à m'acheter quelques outils. Acheter du bois. Jusqu'à aujourd'hui, je suis toujours après travailler après ça et faire des violons.* LIONEL LELEUX

Tu vois, ma femme me disait souvent que, si elle avait pour le refaire, elle aurait pas marié quelqu'un qui pouvait seulement siffler un air. Et moi, je lui disais que c'était pas vrai, parce qu'à chaque fois j'attrapais ma caisse de violon, elle, elle attrapait son purse. *Elle aimait la musique autant que moi. Et quand même, la première fois qu'elle a mis les yeux dessus moi, j'avais un violon en bas de mon menton. Je l'ai rencontrée un soir quand j'étais après jouer un bal. Ça fait, elle connaissait exactement quoi c'est qu'elle était après entreprendre.* LIONEL LELEUX

Don Montoucet, mécanicien, charpentier, électricien, soudeur, plombier, maçon, et conducteur d'autobus scolaire, est né en 1925, près de Scott. Son père, Jacques, n'avait qu'un an quand son père à lui, Pierre, était mort des blessures reçues dans un duel près de la Coulée Croche. Pierre, un forgeron venu de France, a transmis son talent à ses fils et petit-fils. Fabriquer, rafistoler ont toujours été partie intégrale de l'héritage Montoucet, et c'est avec son père que Don a appris presque tout ce qu'il sait faire aujourd'hui.

Mon grand-père faisait de la forgerie. Ils avaient quelques morceaux de fer qui avaient pour d'être fait à l'église à Grand Coteau, et puis il y avait juste lui qui avait pu faire ça avec le fer. Ça, ça a été reparler beaucoup souvent comment il était beaucoup un bon forgeron avec du fer. Il faisait des croix pour les cimetières et toutes qualités d'affaires. Il venait de la France, lui, mais il est mort longtemps avant moi, j'ai pu connaître quelque chose pour lui.

I learned a lot of what I know from my father. Carpentry, mechanics, and all that. The way he started in mechanics, when Highway 90 was coming through, there was a detour, and an oilfield truck flipped over into a ditch and the fellow lost his box of mechanic's tools. The rain had flooded the ditch. When it dried later, they found the box of tools. That's how my father started working at mechanics, on Model Ts, so you know that was a long time ago. My father was also a good carpenter. He could do almost anything you needed. He shod horses, covered buggies. There was almost nothing he couldn't do. I got some of that from him. Now my sons are learning from me like I learned from him. And it goes on. DON MONTOUCET

Don is also an excellent accordion player. He is, as he often says, "a purebred musician"; both his father and his mother played the accordion. His father, in fact, was quite well known in the area for his music. Don frequently points with great pride to a framed, notarized document certifying the results of an accordion contest which Jacques Montoucet won, defeating such immortals as Amédé Breaux and Joe Falcon. Don grew up with the sound of an accordion in his ears. Even after the death of his father, Don's mother continued to provide for his informal education as a musician. For years, he played only for his own enjoyment and for his family and friends at home, until being pressed into service with the Wandering Aces.

When the legendary Cajun musician Lawrence Walker died unexpectedly of a heart attack in 1973, the fiddle player in his band was Lionel Leleux. Despite a deep sense of loss, the group decided to play out its commitments before disbanding. Leleux asked his long-time friend Don to replace the late master for the last performances. Although Don protested that he had never performed in public, the group insisted on him as a replacement. He finally accepted their invitation with the firm understanding that they were only to complete remaining commitments. Just before the first performance, Don was understandably ill at ease. He expressed his feelings of doubt and inadequacy to Leleux, who dismissed his friend's concern, answering simply, "Oh, don't worry about a thing. Just do it like old Lawrence used to and everything will be just fine." The advice must have had some effect, as the group went on to perform together regularly for another year and a half. Although failing health pushed Don into semi-retirement from the weekly dance hall circuit, music continues to be an important part of his life.

Mon père pouvait pas faire ça, mais il pouvait battre des lames de charrue et un tas d'autres affaires. Tu vois, mon grand-père est mort quand mon père avait juste un an. Il était tout petit bébé. Ça fait, il a pas pu apprendre grand'chose avec mon grand-père. Lui, il faisait la récolte et il jouait de la musique. Il a joué des bals presque tout le temps de sa vie. Il restait pas loin d'Ossun.

Moi, j'ai appris tout ça je connais à travers de mon papa. La charpente et la mécanique, et tout ça. Et comment il a commencé mécanicien, quand Highway 90 était après passer, il y avait un detour. *Et puis, c'était un* truck *d'*oilfield *qui avait capoté et il a perdu sa caisse d'outils de mécanicien et puis il y avait mouillé une avalasse. Et quand le canal a séché, ils ont trouvé la grosse boîte d'outils et c'est là il a commencé à faire mécanicien. Dans les Model T, ça fait, c'était beaucoup longtemps passé. Et mon défunt père était beaucoup un bon mécanicien, un charpentier, presque tout ça tu pouvais demander. Il ferrait des chevaux, couvrait des* tops *de boggué. Il y avait presque pas rien il faisait pas. Là, moi, j'ai appris ça un peu. Là, mes garçons sont après apprendre après moi, pareil comme moi, j'ai appris un peu après mon défunt père. Et ça continue.*

DON MONTOUCET

Don est aussi un excellent accordéoniste, comme il dit souvent, "musicien pur sang," puisque son père et sa mère jouaient aussi de l'accordéon. Jacques Montoucet avait une réputation enviable, et Don montre souvent avec beaucoup de fierté le certificat du concours gagné par son père sur des concurrents comme Amédé Breaux et Joe Falcon. Don a grandi au son de l'accordéon. Après la mort de son père, sa mère a continué à jouer, et Don aussi jouait pour son plaisir et celui de sa famille et ses amis jusqu'au moment ou les Wandering Aces l'ont engagé d'office.

Quand Lawrence Walker est mort d'une crise cardiaque en 1973, Lionel Leleux était le violoneux des Wandering Aces. Malgré son deuil, le groupe a décidé de remplir ses contrats avant de se disperser, et Leleux a demandé à son ami Don Montoucet de remplacer Walker pour ces quelques soirées. Malgré les protestations de Don, qui n'avait jamais joué en public, le groupe a insisté, et il a fini par accepter, tout en répétant qu'il finirait seulement les contrats déjà passés. Avant le premier bal, Don était mal à l'aise. Il doutait de son talent et ne se sentait pas de taille à remplacer Walker. Leleux l'a calmé en disant, "O tracasse-toi pas du tout. Juste joue ça pareil comme le vieux cheval faisait et tout quelque chose va aller bien." Le con-

The Wandering Aces at the
Festival de Clare, Nova Scotia,
1978.

*I really enjoy music, and I think my
friends do, too, probably even more than I
do, but I really enjoy playing for everybody, especially in the afternoon when I
knock off of work, around six or seven
o'clock. It's pretty late, you know, most of
the time, it's eight o'clock. I come back
and sit down at the house and drink a
beer and I take my accordion and play a
few tunes. My wife is around, naturally,
bringing me beer, and it relaxes me. You
forget all your troubles from the shop,
really. At my age, you need to relax, sometimes, you know. And you sit back there,
you drink a beer, and you get that accordion and you really get to it, especially
when friends start coming in and they
really enjoy that music. They don't want
you to stop, and it just puts your troubles
away.* DON MONTOUCET

He has continued to perform for festivals, parties, special events, and tours,
most often with his partner, Lionel
Leleux. Together, they represent well the style of
Cajun dance band music that developed in
the 1950s and '60s. As good as each is in-
dividually, Don Montoucet and Lionel
Leleux are even better together. The combination of these two special friends has a
certain magic which can only come from
such longtime associations and goes far
beyond their music. When Lionel was
forced to move out of the house he had
lived in nearly all of his life, Don gathered
his tools and some help and headed up a
house-raising crew which built Lionel a
new home on weekends and evenings.

seil de Leleux a dû porter fruit parce que le
groupe a joué toutes les semaines pendant
plus d'un an et demi. La santé de Don l'a
forcé à renoncer aux salles de danse, mais
la musique continue à occuper une place
primordiale dans sa vie.

*J'aime réellement la musique, et je crois
mes amis l'aiment aussi, probablement
plus que moi, mais j'aime beaucoup jouer
pour le monde, surtout dans l'après-midi
quand je lâche mon travail, alentour de
six ou sept heures. C'est joliment tard, tu
connais, la plupart du temps, c'est plus
comme huit heures. Je reviens et je m'assis
à la maison et je bois une bière et je
prends mon accordéon pour jouer quelques danses. Ma femme est tout le temps
là, naturellement, pour m'apporter quelques bières, et ça me repose. T'oublies
tous tes tracas de la shop, réellement. A
mon âge, t'as besoin de te reposer des fois,
tu connais? Et tu t'assis là, tu bois une
bière, et tu prends cette accordéon-là et tu
te tires après, surtout quand il y a des
amis qui commencent à arriver et ils
aiment la musique. Ça veut pas que
t'arrêtes, et ça met tes tracas en arrière.* DON MONTOUCET

Il continue à jouer dans les festivals, les
soirées, les occasions spéciales, et en tournée, toujours avec Lionel Leleux. Ils représentent bien le style des années 1950 et
'60. Séparément, ils sont excellents, mais
ensemble ils sont encore mieux. Entre ces
amis existe un de ces liens transcendants
qui se forgent au cours des années. Quand

Don takes the passage of tradition very seriously in his own family. He has had the opportunity to travel to many places in the United States, Canada, and France representing the traditional Cajun music he learned from his parents. At such festivals as the Smithsonian's 1976 Festival of American Folklife, he was struck by the importance of cultural survival. Now, he and his wife, Adolice (who, like his mother, also plays the accordion), actively encourage their two youngest sons, Virgil and Terry, to continue the Montoucet family tradition. The sons' own group, Les Vagabonds, assures the passage of tradition to the next generation.

This is the way I figure it. For a lot of people, the old ones are the musicians, and the young ones grab those instruments and without ever being shown, they just play. And that's how it was with Don Montoucet. He has children who are just like him. They were already playing dances at fourteen and fifteen years old. And they play pretty well, too. It's just in them, that's all. It runs in the family, like an inheritance. Just like they speak French and work on cars, too. LIONEL LELEUX

Going to Washington to play at the festival was a real big experience especially for a little Cajun who had hardly ever left the little town of Scott. It was a tremendous experience to meet all those musicians from all those countries and to hear all those different kinds of music. It was another big experience when Mr. Leleux and I went to Dartmouth College in New Hampshire to play for the students there. We wondered how they could have chosen us to play for those students. We figured it must have been to show them that, although we didn't have the education they had, we had been able to learn to play music as well as anybody else by ear. I was very proud of all that then, but I'm even prouder now. I learned to appreciate our culture through the years because of experiences like those. You can just imagine. DON MONTOUCET

Lionel a été forcé à déménager, Don a amené ses outils et ses amis pour lui donner un "coup de main." Entre les fins de semaine et les soirées, ils ont reconstruit une maison pour Lionel.

Don traite sérieusement la transmission de la tradition. Il présente la musique que ses parents lui ont tranmise aux Etats-Unis, au Canada, et en France, et ces voyages soulignent pour lui l'importance de la survie culturelle. Lui et sa femme, Adolice (qui joue aussi de l'accordéon), encouragent leurs fils cadets, Virgil et Terry, à continuer la tradition familiale. Les deux jeunes ont formé un groupe, Les Vagabonds, assurant aussi que la tradition se transmettra à la génération suivante.

C'est comme ça que moi, je figure ça. Un tas de monde, les vieux sont des musiciens et les jeunes-là, ils attrapont ces instruments et sans être obligés d'apprendre, ça joue. Et c'est comme ça avec Don Montoucet. Là, il a des enfants qui sont comme lui. Ça joue déjà. Quatorze et quinze ans, je crois qu'ils avont, les deux petits garçons. Ça joue joliment bien pour des jeunes enfants. C'est juste dans eux, c'est tout. Ça vient de la famille comme un héritage. Pareil comme ils parlont français et ils travaillont sur des chars.
LIONEL LELEUX

Aller à Washington pour jouer au festival, c'était beaucoup une grande expérience surtout pour un petit Cadien qui avait jamais quitté le petit village de Scott. C'était une terrible expérience de voir tous ces musiciens de tous ces pays qui étaient là et puis entendre toutes ses différentes qualités de musique. C'était une autre beaucoup grande expérience quand on avait été à New Hampshire à Dartmouth College pour jouer pour ces écoliers, moi et M. Leleux. On se disait ça entre nous autres comment qu'eux pouvaient nous choisir nous autres pour aller jouer de la musique là pour ces écoliers entendre. On figurait que c'était pour leur montrer à eux que quand même si on avait pas d'éducation comme eux ils avont on pouvait apprendre à jouer de la musique aussi bien que n'importe qui d'autre à l'oreille. J'étais beaucoup fier de tout ça, mais je suis encore plus fier asteur. J'ai appris à apprécier notre culture à nous autres à travers les années avec des expériences comme ça. Tu peux t'imaginer.
DON MONTOUCET

4.   Varise Connor

Varise Connor at the family sawmill (*opposite*) and at home, Lake Arthur, 1978 (*above*).

Varise Connor is usually ranked as one of the best remaining old-time fiddlers in Cajun music by those who have had a chance to hear him. Yet he remains virtually unknown outside of his native Lake Arthur, where he runs a lumbermill with his greatest fans, his family. His music is representative of the strong underground foundations of Cajun music.

Shy and self-effacing, Mr. Connor is genuinely surprised by the generous praise invariably expressed in appreciation for his delicate, airy style. Mr. Connor's friendship with Wandering Aces fiddler Lionel Leleux has recently brought his music to the attention of the Cajun music community. He usually parries praise by deferring to his own musical heroes, who are generally just as unknown, like the Aguillards and Bascom Mouton.

Lionel Leleux came over one day with Bascom Mouton to play some music. Ulysse Fontenot was playing rhythm guitar. He asked me if I would play the "Creole Waltz." So I had to tune my fiddle up high so that I could reach the seventh fret in B. The fiddle was so high, it was almost smoking. That's the way Bascom used to play it. So I played it. Leleux went right home and wrote to his son, who was in the army at the time, to tell him that he had just heard something he had never heard before. He just couldn't understand how we had done that. VARISE CONNOR

Mr. Connor's father was an active fiddler, and his love of music left an indelible mark on the whole Connor family, which continued to make string band music.

My father is the one who really got me interested in playing music. He was a good fiddler and that's what got me started. I also had an uncle who played well and several cousins who played. Lots of people in our family played music. I almost couldn't help getting interested in music.

Tous ceux qui ont entendu Varise Connor le classent parmi les meilleurs violoneux traditionnels. Pourtant, il est presque inconnu en dehors du Lac Arthur, son village natal ou il opère une scierie avec l'aide de ses admirateurs les plus fidèles, sa famille. Dans sa musique on retrouve les bases mêmes de la tradition cadienne.

D'une timidité presque maladive, M. Connor est toujours surpris de l'admiration que provoque son style léger et délicat. Son association avec Lionel Leleux, le violoneux des Wandering Aces, a enfin attiré sur lui un peu d'attention, mais la plupart du temps, il échappe aux louanges en parlant de ses héros personnels, des musiciens presque aussi mal connus que lui, comme les frères Aguillard et Bascom Mouton.

Lionel Leleux a venu ici un jour, lui et Bascom Mouton. Et ils ont joué, tu connais, avant moi, Et là, Ulysse Fontenot était après jouer le guitare. Ça fait, il m'a demandé si je pouvais jouer le "Creole Waltz." Ça fait, il a fallu je monte mon violon haut pour arriver au septième fret *dans B. Le violon boucanait proche, à force qu'il était haut, C'est comme ça que Bascom jouait ça. Ça fait, j'ai joué ça. Boy, Leleux s'a assis chez lui. Il a écrit une lettre à son garçon qui était dans l'armée. Il dit, "J'ai entendu quelque chose,* man, *que j'avais jamais entendu avant." Il a pas compris quoi c'était . . . comment on était accordé.*

VARISE CONNOR

Son père, un violoneux d'une certaine renommée, a transmis son amour de la musique à ses enfants qui presque tous ont appris à jouer des instruments à cordes.

C'est mon père qui m'a intéressé à jouer. Il était bon joueur et c'est ça qui m'a intéressé. Et là, j'avais un oncle qui jouait bien aussi, et j'avais des cousins qui jouaient bien. Il y avait un tas dans la famille qui étaient des joueurs. Je pouvais proche pas faire sans m'intéresser à jouer.

I got my first fiddle from one of my cousins, Adelard Connor. He sold it to me, I guess it must be over fifty years ago now. I bought it with my father and he later gave me his half of it. Later, when it needed some work, Lionel Leleux repaired it. I still love my fiddle, I tell you. I wouldn't trade it for any other one. I still have the same one that I started on, the one my father and I bought together. We paid twelve dollars for it at the time, if you can believe it, second hand. It wasn't a new fiddle. The man who sold it to us had done some work on it and just wanted to get his money back. VARISE CONNOR

Mr. Connor's fiddle style predates the popularity of the accordion. He and his family played string band music, and he remembers the change with the release of the first recordings of accordion music in 1928.

We had a little string band. My oldest brother played the bass fiddle; some call it the bull fiddle. And then, my youngest brother played the guitar. And he was really something on that guitar. And I played the fiddle and my first cousin played the second fiddle. He didn't actually play harmony. He seconded behind the lead. And we made pretty good music back then. But you know what happened? When old Joe Falcon went to make the first record, when that record came out, man, everybody who could play a little bit on the accordion went out and bought one. They couldn't furnish them fast enough. So that was the style after that. J. B. Fusilier moved over here and we started playing with him, but it wasn't like the old fiddle music. VARISE CONNOR

I had an old aunt, you know, and one time she had changed religion. She didn't believe in music like we play and we hadn't seen her in years. One day, she came home and she happened to come when we were playing, me and my two brothers and my father. She said, "That's too bad y'all don't play those hymns like we have in church." She said, "What y'all are playing is beautiful, but it's a sin." My father said, "Why?" She said, "That's music to dance by." "Well," he said, "what's wrong with that?" She said to my father, "When you're holding a pretty woman in your arms, tell me what goes on in your mind." It made my father laugh. I thought he would never stop laughing about that. Well, I'll tell you, I never changed my style of playing. It may be a sin, but I play it. VARISE CONNOR

J'ai eu mon premier violon avec un de mes cousins, Adelard Connor, et il m'a vendu ce violon des années . . . j'aurais idée il y aurait cinquante ans passés. On a acheté ça en société, moi et mon père, ce violon-là. Là, il était venu qu'il avait besoin d'un tas d'ouvrage et c'est Lionel Leleux qui l'a arrangé. J'aime bien mon violon, je te garantie. Je le barguinerais pas pour n'importe quel violon. Ça, c'est lui là. Lionel l'a arrangé aussi bon qu'un neuf. J'ai payé douze piastres pour, tu peux penser, seconde main. C'était pas un violon neuf. C'était un seconde main. L'homme qui l'avait avait fait de l'ouvrage dessus et il l'a vendu pour payer ses dépenses.
VARISE CONNOR

Son style remonte à la période d'avant l'accordéon. Lui qui avait toujours joué de la musique à cordes avec sa famille se rappelle clairement de l'impact des premiers enregistrements d'accordéon.

On avait un petit string band. *Mon plus vieux frère jouait du* bass fiddle; *il y en a qui l'appelle le* bull fiddle. *Et là, mon plus jeune frère jouait du guitare. Et moi, je jouais le violon et un de mes cousins me secondait. Il jouait pas* harmony. *Il secondait en arrière de moi. Et on faisait joliment de la bonne musique dans ces temps. Mais tu connais quoi c'est qui a arrivé? Quand Joe Falcon a été pour faire le premier* record, *quand ce* record *a sorti,* man, *tout le monde qui pouvait jouer un petit brin d'accordéon a été s'en acheter un. Ça pouvait pas les fournir assez vite. Ça fait, ça, c'etait le* style *après ça. J. B. Fusilier s'a déménagé au ras d'ici et on a commencé à jouer avec lui, mais c'était plus comme la vieille musique de violon.*
VARISE CONNOR

J'avais une vieille tante, tu connais, et une fois, elle avait changé de religion. Elle croyait pas dans la musique comme nous autres, on joue et ça faisait des années qu'on l'avait pas vue. Un jour, elle a venu à la maison et ça s'adonnait qu'on était après jouer, moi et mes deux frères et mon père. Elle dit, "Ça, c'est dommage vous autres joues pas ces hymns *comme ça on a dans notre l'église." Elle dit, "Ça vous autres es après jouer, c'est joli, mais c'est un péché." Mon père dit, "Comment ça se fait?" Elle dit, "Ça, c'est de la musique pour danser."* "Well," *il dit, "quoi il y a avec ça?" Elle dit à mon père, "Quand t'es après tenir une belle femme dans tes bras, dis-moi à quoi tu jongles." Ça, ça a fait mon père rire. Je croyais il aurait jamais arrêté de rire pour ça.* Well, *je veux te dire, j'ai jamais changé ma manière de jouer. C'est peut-être un péché, mais je la joue.*
VARISE CONNOR

Mr. Connor's repertoire is extremely varied. The next song up may be "Jolie blonde" or "Soldier's Joy," the "Sabine Blues" or the "Westphalia Waltz," or one of his own, nameless compositions.

Now I'm going to play a waltz that you never heard. I don't know if it will sound good, but I'm going to play it for you anyway. VARISE CONNOR

Boy, that "Joe Turner Blues." I sure do like that tune. The first time I heard that one, an old man was playing it. I still had a few hairs on my head then, but I tell you, they were straight when I heard that song. It was so pretty. VARISE CONNOR

In addition to his Irish origins, one of the strongest influences on Mr. Connor's style and repertoire was the music of Bascom Mouton, a locally popular Vermilion Parish fiddler in the 1920s and '30s. He describes Bascom Mouton as a fiddler possessed, bursting at the seams with music and contagious energy.

When Bascom would be ready to start a dance, he would get up on the bandstand and start rosining his bow. He'd just look at the people and rosin his bow, and the people would look at him. When he was finished putting rosin on his bow, he'd take his fiddle out of the case and announce, "People, I didn't come here to bring you pain."

Man, he had some pep. I mean to tell you, I really liked his music, the way he played for a dance. Now, playing in a fiddle contest, maybe, for those square dances and all that, maybe he wouldn't have been that good. But for the kind of music he played, he was hard to beat, in that Cajun style.

He was the man who played with the highest emotion that I ever saw. Always excited, and I thought he drank to get that way. But he didn't drink a drop. He was just made that way. He would dance on his chair. They said the only ones that stood up with him were the homemade chairs. The factory-made ones, after a dance, you could just throw them away. VARISE CONNOR

At a houseparty for some of the Cajun and Creole musicians who had participated in the 1976 Festival of American Folklife, in Washington, D.C., Mr. Connor, who had come with Lionel Leleux, reluctantly agreed to play a few tunes before leaving. He and his grandsons Eric and Edgar set up in the kitchen to avoid disturbing the music being performed in every other corner of the house. After a few minutes, he looked up to see every other fiddler in the house coming into the kitchen to find out

Son repertoire est extrêmement varié, de "Jolie blonde" à "Soldier's Joy," en passant par "Sabine Blues," "Westphalia Waltz," et ses compositions qui souvent n'ont pas de titre.

Là, je vas te jouer une valse t'as jamais entendu. Je connais pas si ça va sonner bien, mais je vas te la jouer quand même.
VARISE CONNOR

Boy, *ce "Joe Turner Blues." J'aime assez ça. Il y a un vieux homme qui jouait ça. La première fois j'ai entendu ce fils de garce jouer, j'avais encore quelques cheveux sur la tête, mais ils estiont droits, à force ça sonnait si bien.* VARISE CONNOR

Il a été influencé par son origine irlandaise, mais encore plus par Bascom Mouton, un violoneux de la paroisse Vermillon pendant les années 1920 et '30. Selon M. Connor, il jouait comme un véritable possédé et sa musique explosait d'énergie.

Bascom avait été pour jouer un bal. Il a monté debout sur le bandstand. *Il a ôté le violon de dans la boite. Il a pris la bloque de rosine. Il a attrapé l'archet. Il a pris à rosiner et puis il regardait, puis ça le regardait rosiner. Quand il avait fini de rosiner, il a mis sa bloque de rosine à côté et il a annoncé, "Monde, je suis pas venu ici pour vous faire de la peine!"*

Man, *il avait du pep. Je veux te dire, j'aimais réellement sa musique, la manière qu'il jouait pour un bal. Là, peut-être jouer pour un* fiddle contest, *ou ces* square dances, *quelque chose, peut-être là, il aurait pas été aussi bon. Mais pour la qualité de musique qui lui, il jouait, il était dur à battre, dans la manière des Cadiens.*

Ça, c'était l'homme qui jouait le plus haut au bal, excité, et puis je croyais il buvait pour faire ça. Il buvait pas. Il était fait comme ça. Il dansait sur sa chaise en jouant. Ça dit que il y a juste celles-là qui étaient faites ici qui duraient avec lui. Celles-là que tu achètes au magasin, elles, après un bal, tu pouvais les jeter.
VARISE CONNOR

Lors d'une réunion pour quelques musiciens qui s'étaient produits au Festival of American Folklife de 1976, M. Connor, qui avait accompagné son ami Lionel Leleux, a accepté un peu à contre coeur de jouer un air ou deux. Lui et ses petits-enfants Eric et Edgar se sont installés dans la cuisine pour ne pas gêner ceux qui jouaient un peu partout dans la maison. Au bout de quelques minutes, tous les autres violoneux étaient venus voir qui jouait. Le morceau était le "Lake Arthur Stomp," un chef d'oeuvre de sa composition.

Raymond Benoit and Mr. Connor, surveying their logging stand in Mermentau Basin, 1978.

Opposite, top: Varise Connor with Lionel Leleux, playing for a party at Don's Garage, Scott, 1977. *Bottom*: In the Connor kitchen, with Barry Ancelet and Michael Doucet, Lake Arthur, 1977.

who was playing. The tune was the "Lake Arthur Stomp," generally considered a test of fancy Cajun fiddling, which he composed himself.

Boy, there's a lot of music in this old fiddle. If only I could make it come out.

It's not the fiddle, it's me. You've got to raise a head of steam to play music, and it takes a long time to raise steam in an old, rusty boiler. VARISE CONNOR

Recently, Mr. Connor developed bursitis in the elbow of his bowing arm, making difficult what was second nature to him for most of his life. He talks philosophically about his ailment, in characteristically understated terms.

It's kind of like a duck trying to fly with only one wing. VARISE CONNOR

With a grant from the NEA Folk Arts apprenticeship program, fiddler Michael Doucet studied the exemplary style and songs of this master Cajun fiddler. Mr. Connor has also been featured at the Tribute to Cajun Music festival in Lafayette. In spite of all this new attention, however, he remains what he has always been: a quiet, hardworking man who likes to play a little music now and then with his family and for his friends.

Boy, il y un tas de musique dans ce vieux violon. Si donc je pouvais la sortir.

C'est pas le violon, c'est moi. Il faut que tu montes une bonne pression pour jouer de la musique, et ça prend longtemps pour monter de la pression dans un vieux boiler *rouillé.* VARISE CONNOR

Depuis quelque temps, il souffre de bursite dans l'épaule droite. Lui qui jouait comme il respirait tout d'un coup a beaucoup de mal à manier son archet, mais il parle de sa maladie philosophiquement.

C'est un peu comme un canard qui essaie de voler avec juste une aile.

VARISE CONNOR

Michael Doucet a reçu une bourse du National Endowment for the Arts pour étudier le style et les morceaux de ce maître violoneux. On l'a aussi présenté au public pendant le Festival de Musique Acadienne, mais il reste ce qu'il a toujours été: un homme calme et laborieux qui, de temps en temps, fait de la musique pour sa famille et ses amis.

5.

The Fontenots and the Ardoins

Among the most important and influential forces in the development of Louisiana French music at the turn of this century were the black Creole musicians, such as Amédé Ardoin and Adam Fontenot, who helped to set new trends in accordion styles. They adapted old songs and created new ones to form the basis for much of the contemporary Cajun music core repertoire. Today, the sounds of the Ardoin and Fontenot clans provide a living link to that formative period in Cajun music.

Freeman Fontenot was born in l'Anse des Rougeaux between Mamou and Eunice in "1900 flat," as he puts it. He learned to play the accordion from some of the key figures in the turn-of-the-century activity, including Amédé Ardoin, Adam Fontenot, and Moïse Dugas.

Freeman has worked hard all his life. In his eighties, he remains active in his fields, tending to his four-acre "garden," where he grows everything from corn to cane.

An exceptionally shy and self-effacing man, Freeman talks humbly of his music, usually to say how someone else, often his late brother Bee Fontenot, was better.

Sometimes at a dance, someone would arrive who wanted to play a little. So then, I could get away to dance. I would give him five cents or so. In those days, a nickel was big money. So he would play a few dances and I would learn them. They would go right into my ears. When you're young, you can catch on to anything. When you get older, you lose that. I don't know why, but things don't stay with you like before. Songs go into your ears and come out again somehow.

My father never played music. My brother Bee learned to play from Amédé Ardoin. I learned from Adam Fontenot mostly. I know some of Amédé's songs, too, but Bee was better at them than me.
FREEMAN FONTENOT

I started playing when I was fourteen years old. I learned from different musi-

Les Créoles noirs comme Amédé Ardoin et Adam Fontenot ont joué un rôle primordiale dans la création d'un nouveau style d'accordéon, adaptant de vieilles chansons et créant de nouvelles entrées dans le répertoire. Leur musique conserve aujourd'hui la créativité tumultueuse qui avait caractérisé le début du siècle.

Né dans l'Anse des Rougeaux entre Mamou et Eunice en "1900 sec," comme il le dit, Freeman Fontenot a appris à jouer de l'accordéon avec les meilleurs musiciens de l'époque, y compris Amédé Ardoin, Adam Fontenot, et Moïse Dugas. Il a trimé dur toute sa vie et, à quatre-vingt et quelques années, cultive encore un "jardin" de quatres acres où il pousse de tout, de la patate douce à la canne à sucre. Timide, presque honteux, il ne parle de sa musique généralement que pour insister qu'un autre, d'habitude son frère Bee, était un bien meilleur musicien.

Des fois au bal, quelqu'un arrivait qui voulait jouer un peu. Cą fait, moi, je dansais. Je lui donnais cinq sous ou quelque chose. Dans ces temps, cinq sous, c'était gros. Ça fait, il jouait des danses et moi, je les apprendais. Ça rentrait dans mes oreilles. Quand on est jeune, on tient tout ça, mais quand on vient vieux, on peut plus tenir ça là. Je connais pas, ça sort. Je connais pas comment, quelque manière. Les chansons rentrent toujours dans tes oreilles, mais là ça sort encore. Ça reste plus.

Mon père a jamais joué. Mon frère Bee a appris avec Amédé Ardoin. Moi, j'ai appris avec Adam Fontenot. Je connais bien les danses à Amédé aussi, mais Bee les jouait mieux que moi. FREEMAN FONTENOT

J'ai commencé à jouer à quatorze ans. J'ai appris avec un et l'autre, là. Défunt Cadam Fontenot, défunt Amédé Ardoin, défunt Moïse Dugas. Mais j'ai jamais pu suivre Amédé bien. Il était bon, et il chantait bien, mais je connais pas . . . Mais défunt Cadam et défunt Moïse Dugas . . .

Freeman Fontenot, 1981.

cians who played in the area, especially Adam Fontenot, Amédé Ardoin, and Moïse Dugas. I never was able to follow Amédé as well. He was good, though, and a great singer. I learned more from Adam Fontenot and Moïse Dugas. Moïse Dugas was a white man who really could play well. He could really play the accordion. He lived in the neighborhood of Elton, Basile, and Kinder. We lived in l'Anse des Rougeaux, between Mamou and Eunice. I was young in those days, and that was far away. There were no cars in those days, only horses, and he played at Mr. Delsé Vidrine's place. That was far from my home, and in those days, the old folks kept things tighter than they do today. The horses had to work in the fields, so we couldn't take them far at night and on weekends, but sometimes Moïse Dugas would play nearby. He worked for a rich, old white man who would pick him up in a hack pulled by two horses, so they could go just about anywhere they wanted to go. I learned a few things from him, but I was so young and I didn't have an accordion of my own yet. My father was poor in those days. I'm still poor, but it's not the same. If only I could have been a little older and lived near him. He wasn't jealous of his music. He didn't mind showing other people at all. FREEMAN FONTENOT

Recently, Freeman was rediscovered in the search for the roots of Louisiana French music. His connection with the past makes him an invaluable resource in the transmission of culture. His recall of his early days is engaging, though sometimes painfully direct.

I was born in the country. I never went to school in my life. There weren't any schools for the colored a long time ago.
FREEMAN FONTENOT

Freeman's younger cousin Canray Fontenot was also born in l'Anse des Rougeaux, in 1918. His father, Adam, was Freeman's mentor and one of the great accordion players of the times. Canray became interested in the fiddle instead and learned to play on a homemade version.

I had an old uncle who played the fiddle. My mother's family was a big family, but there was just one brother, my uncle. He played French music. And then, there was the late Douglas Belair. He was a fiddle player and he was related to us, too. He was my mother's first cousin, and he had relatives who played. There was an old woman, her husband had been killed. She raised a bunch of children. She was Douglas's aunt, and we would watch all of them play. So one day, one of my friends

Moïse Dugas, c'était un blanc. Boy, ça, c'était un joueur d'accordéon! C'était alentour d'Elton et Basile et Kinder, là. Nous autres on restait dans l'Anse des Rougeaux entre Mamou et Eunice. Moi, j'étais jeune et on était séparé dans ces temps-ça, quand même. On avait pas de chars dans ces temps-là, c'était des chevaux. Il venait là-bas chez M. Delsé Vidrine, mais c'était pas trop au ras de la maison. Dans ces temps-là, les vieux tenaient les affaires plus serrées qu'asteur. Puis là, les chevaux travaillaient dur. On pouvait pas aller loin la nuit ou la fin de semaine. Mais là, des fois, M. Moïse Dugas jouait alentour. Il restait pour ce gros blanc riche-là. Ça fait, ça le prenait dans les gros hacks. Ça mettait deux chevaux sur le hack. Ça passait partout ayoù ça voulait. J'ai appris quelques affaires avec lui, mais j'étais tellement jeune et j'avais pas seulement d'accordéon pour moi-même encore. Mon père était pauvre dans ces temps-là. Moi, je suis toujours pauvre, mais c'est pas pareil. J'aurais été curieux d'avoir à peu près dix-huit, vingt ans et être au ras de lui. Et puis, il était pas jaloux de sa musique. Il aimait ça, montrer au monde.

FREEMAN FONTENOT

Les recherches récentes sur les origines de la musique cadienne et créole ont amené la redécouverte de Freeman. Ses liens avec le passé font de lui une ressource importante pour la transmission des temps révolus dont il se souvient sans amertume bien que sans indulgence.

J'ai été né dans la campagne. J'ai jamais été à l'école dans ma vie. Il y avait pas des écoles pour la couleur longtemps passé.
FREEMAN FONTENOT

Canray Fontenot, son cousin, est né lui aussi dans l'Anse des Rougeaux, dix-huit ans plus tard. Adam, le père de Canray et un des plus grands accordéonistes de son époque, avait enseigné l'instrument à Freeman, mais Canray, lui, ne s'intéressait qu'au violon, et il a appris à en jouer avec un instrument improvisé.

J'avais un oncle qui jouait du violon. La famille de ma maman, c'était un grosse famille, mais il y avait juste un frère, mon oncle. Il jouait de la musique française. Et là, il y avait défunt Douglas Bélair. C'était un joueur et c'était un de nos parents aussi. Il était premier cousin avec ma défunte maman. Et là, lui, il avait d'autres parents aussi. Il y avait une vieille femme, son mari avait été tué. Elle a élevé une bande des enfants. C'était la tante à défunt Douglas. Et nous autres, on les guettait jouer. Ça fait, un jour, il y a un des petits bougres qui dit, "On va se faire

said, "Let's make ourselves each a fiddle."
I said, "We can't make fiddles just like
that." "Yes," he said. So we took some old
cigar boxes. In those days, cigar boxes
were made of wood. So we worked at it
and finally made ourselves each a fiddle.
For our strings, we had no real strings, so
we took strands of wire off the screen door.
We made fiddles out of that stuff, and then
we started practicing.

You know, those fiddles made noise,
too! They weren't loud, but they made
sounds just the same. And the first thing
we knew, we were both playing the fiddle.
Then, my friend went to school. He finally
became a school teacher. I never had a
chance to go to school much. In my day,
we had three months of school, and it
took I don't know how long to make a
grade. You had to be really good to make
a grade in two years. Then, when they
started changing the schools, my father
died, and I had to work. There was no welfare program, nothing. I went to work
young. My friend went to Texas and I sup-
pose they had better luck than we had. He
became a school teacher. The last time I
saw him was about fifteen years ago. He
told me, "You know, I couldn't start a tune
on the fiddle for anything in the world."

Old Douglas Belair stayed with his
aunt. So we would go over there to see
how he tuned his fiddle. He would sound
a string, then we would try ours. But we
couldn't go as high as his fiddle. Every
time we tried to match his pitch, we broke
our wire strings. Then, when we got to
where we were playing well, we would
watch them. When they broke a string, we
would take the longest end. Then our fiddles sounded pretty good. And that's how
I learned. It's just a matter of having music on your mind. There are some people
who would love to learn, but they can't. A
person must have it in him. I could have
learned to play the accordion, too, as a
young man wanting to learn what his father did. He was a very good accordion
player. His name was Adam. He was well
known, too, just like Dennis McGee and
all the others in their day. But you know, I
never was interested in learning to play
the accordion. I can take it and start a
tune, but I'm not interested in it enough
to play it.

I kept on practicing on my little fiddle
and one day, my uncle told me, "I found a
fiddle that I'm going to buy," and it was a
good one, a real one. He said, "If you want
to help me to save the crop," breaking corn
and things like that, "I'll give you that fiddle." Boy, that was just for me. That was
the first fiddle that I had. It wasn't much,
really, but . . . I guess I must have been

chacun un violon." "Mais," j'ai dit, "On
peut pas se faire des violons comme ça."
"O ouais," il dit. Ça fait, on a pris des
boîtes à cigares. Dans ces temps-là, les
boîtes de cigares, c'était du bois. Ça se
fait, on a travaillé. On s'a fait chacun un
violon. Là, pour nos cordes, on avait pas
de cordes. On avait une porte de screen et
on a été en bas, et on a ôté des fils. C'est
ça qui était les cordes. On s'a fait chacun
un violon avec ça-là. Et puis on a pris à
pratiquer.

Et tu connais, ces violons faisaient du
son! C'était pas fort, mais ça sonnait
quand même. Et quand on a connu, on
était les deux après jouer. Lui, il a été à
l'école un tas. Il est devenu un maître
d'école. Moi, j'ai jamais eu la chance d'aller à l'école un tas. Dans mon temps à
moi, on avait trois mois d'école et, Bon
Dieu, ça prenait je connais pas comment
longtemps avant un monde pouvait faire
un grade. Il fallait qu'il soit bon pour faire
un grade dedans deux ans. Là, quand ça a
venu qu'ils ont commencé à changer les
écoles, mon défunt père était mort. Ça
fait, là, il fallait je travaille. Il y avait pas
de Welfare, pas rien. J'ai été à l'ouvrage
jeune, mais l'autre petit bougre, il a été
dans le Texas, et je pense qu'il y avait
meilleure chance que nous autres, on
avait. Et il a fait un maître d'école. La dernière fois je l'ai vu, il y a peut-être quinze
ans passé. Il m'a dit, "Tu connais, je pourrais pas seulement partir un tune pas pour
rien au monde."

Défunt Douglas restait avec sa tante. Ça
fait, on allait ensemble voir comment il
accordait ça. Il sonnait une corde. Là,
nous autres, on essayait. On pouvait pas
aller haut comme ça. Chaque fois on essayait d'aller aussi haut, on cassait ces
fils. Là, après ça, quand on a venu qu'on
était après venir joliment bon, on les guettait. Quand eux autres, ça cassait une
corde, on prendait le bout de corde. Là, ça
sonnait bien. Et c'est comme ça j'ai appris.
C'est justement si un monde a ça dans
l'idée, il va le faire. Et il y a du monde qui
voudrait ça, mais ils peuvent pas le faire
. . . Il faut un monde ait ça dans sa tête. Et
l'accordéon, j'aurais pu apprendre ça. A la
manière d'un jeune bougre en voulant
faire comme son papa faisait. Lui, il pouvait jouer l'accordéon, Bon Dieu! Il s'appelait Adam. Il était bien connu aussi.
Comme Dennis McGee et tous eux autres.
Ça le connaissait tous. Mais tu prends
l'accordéon, j'ai jamais trop aimé ça. Je
peux l'attraper et partir un tune, mais je
suis pas assez intéressé dedans pour dire
que je suis parti le faire.

J'ai continué à pratiquer dessus mon petit violon et là, un jour, mon oncle me dit,

Top left: Freeman and Bernice
Fontenot, in their backyard,
1981. *Top right and bottom*:
Freeman at his farm near Basile,
1981.

about eleven years old then. I had been playing my cigar box fiddle for about two years. CANRAY FONTENOT

There are few opportunities for life to coast on the prairie. Canray's bluesy music comes directly from his life of poor but honest hard work.

After my father died, for my first job, I hired myself out for the half the year. Fifty cents a week. The people were nice to me. They were a Veillon family. Then, I got a job with Bois-sec's half-brother cutting wood for paper pulp. They had just started doing that around here. He said, "We can make money like hell, cutting wood for paper." I worked and worked, never made money like hell. Then, things changed. I went into a CC camp. Things kept on changing, but it was always a matter of a little bit at a time.

Canray Fontenot, 1981.

I've worked hard all my life, at least from the moment that I was strong enough to work. And I'm still working. When my father died, in June, one of my mother's uncles said, "Well, we'll have to come out to help you save your crop." He had a large family. That was Bois-sec's father-in-law. Bois-sec's wife, you see, is related to me. I think of her as a sister. He said, "I'll bring my family." He had a bunch, and he wanted to help us to pick the cotton. We owed some money when my father died. In those days, there was nothing. You had to make out the best you could. And that was that. That's the truth.

My late mother said, "Canray, we're going to have to try to pay off our debt." My father had just died and we had a little insurance, but we spent more than we had just burying my poor father. She said, "How are we going to pay that money?" "Well," I told her, "I don't know." She asked, "Can we possibly save this crop?" "Sure," I said. So, listen, she and I and my sister (who was a bit spoiled—she was good at hoeing, but she didn't like to pick cotton), we all got started in that cotton. When our old uncle, Bois-sec's father-in-law, came to see about helping us, we had finished with all that was open and were able to keep up with the crop ourselves. I used to pick over three hundred pounds of cotton a day. And that's the truth. In those days, there was nothing easy. You had to get after it or you weren't going to make it. CANRAY FONTENOT

The Fontenot household was a center for the musical and cultural life of the community. Life was hard, but full, and especially full of music and the warmth of human contact, which were both available at any hour of the day or night.

"J'ai trouvé un violon que je vas acheter," et c'en était un bon, un vrai. Il dit, "Si tu veux venir m'aider à sauver la récolte," casser du maïs et des affaires comme ça, il dit, "je vas te donner ce violon." Boy, ça, c'était juste à moi. C'est le premier violon j'ai eu. C'était pas grand'chose, mais . . . Je pense je devais avoir alentour de onze ans. J'avais joué mon violon que j'avais fait avec la boîte de cigare à peu près deux ans. CANRAY FONTENOT

Dans la prairie, la vie est rarement facile et c'est de cette existence pénible, honnête, et laborieuse que Canray tire une musique colorée de *blues*.

Après mon défunt papa est mort, mon premier job, *j'ai eu pour être engagé pour toute une demie année, cinquante sous par semaine. Ils estiont bon pour moi. C'était des Veillon, ce monde. Là, après ça, on a eu un* job, *moi et le demi-frère à Bois-sec à couper du bois de papier. Ça avait juste sorti alentour d'ici. Il dit, "On peut faire de l'argent comme* hell *à couper du bois de papier. J'ai travaillé, j'ai travaillé, mais on a jamais fait de l'argent comme* hell. *Là, ça a pris à changer. J'ai été dans les CC Camps. Les affaires changeaient toujours, mais c'était toujours une petite affaire à la fois.*

Moi, j'ai travaillé toute ma vie. Enfin pour dire, du moment que j'ai été assez fort pour travailler, je suis après travailler. Quand mon défunt papa est mort, c'était dans juin. Il y a un des oncles de ma défunte maman, il dit, "Well, on va venir pour sauver votre récolte." Lui, il avait une grosse famille. Ça, c'était le beau-père à Bois-sec. La femme à Bois-sec est parent avec moi, tu vois? J'estime ça pareil comme une soeur. Il dit, "Je vas amener ma famille." Il avait une bande. Et il a aidé à ma défunte maman à ramasser le coton. Et on devait, mon défunt papa était mort. Dans ces temps, il y avait pas rien. C'était fait au mieux que tu peux. Et puis, that was it. *Ça, c'est pas peut-être.*

Ma défunte maman dit ça, "Canray, il faudra qu'on essaie de payer notre dette." Défunt Pap était mort et on avait une assurance, mais je crois on l'a surpassée à préparer défunt Pap pour l'enterrer. Elle dit, "Comment on va payer ça?" "Mais," je dis, "je connais pas." Elle dit, "On peut sauver cette récolte?" "Mais," je dis, "sure."

Ecoute, moi et elle et ma soeur (qui était manière gâtée—elle pouvait tout le temps piocher mieux que moi, mais elle aimait pas ramasser du coton), on a commencé dans ce coton. Quand notre vieux oncle, le beau-père à Bos-sec, est venu voir pour nous aider, on avait fini avec ça qui était ouvert. On pouvait keep up. *Moi, j'avais*

Canray at Marcantel's Feed Store, Welsh, 1978.

When I started playing with my late father, I think I was eleven years old. I could play second fiddle a little. I wasn't much of a player then, but I did all right. I had my little violin and we would play lots of dances. They would put a table out. They had these old, homemade tables, made with a hammer and nails. They would put a table out and put some chairs on the table, and that was our bandstand. I'll never forget one dance that we played, a wedding dance. I could follow my late father, so when the dance finished, I came out with four bits, fifty cents, and that was a lot of money in those days.

My late father was playing accordion at a dance one time, and Amédé Ardoin had gone to play for a white dance. Black dances almost always lasted all night long. The houses were so small that the people had to dance in shifts. One group would dance, then they had to leave to let another group come in. Then, the first group would come back. And that went on all night long. Anyway, my old grandmother had made some gumbo. Amédé arrived. They had "white mule" in those days. Things were pretty rough. People weren't supposed to drink in the house. So they would sneak a little of that old white mule in coffee cups. So, Amédé arrived and my grandfather went out and invited him in to play. My old grandmother was selling gumbo for ten cents a bowl. Amédé said, "Adam, I'm hungry. I'm going to go eat a bowl of gumbo. When I get back, I'll take your place." So my father kept on playing. When Amédé came back, my father was playing a song. That's when I saw what those two men could do. My father stood up and let his bass side hand come out of the left strap. Amédé put his hand in and the people never stopped dancing. Then, my father let the other hand out and Amédé took the accordion. They switched off on the accordion and the song never missed a beat.

habitude de ramasser trois cents et quelques livres de coton par jour. Et ça, c'est pas peut-être. Dans ces temps-là, il y avait pas rien d'aisé. Il fallait tu te mets après, ou tu l'aurais pas fait. CANRAY FONTENOT

La maison Fontenot était un véritable foyer culturel où la vie était dure, mais se remplissait de musique et de chaleur humaine, à toute heure du jour ou de la nuit.

Quand j'ai commencé à jouer avec défunt Pap, je crois j'avais onze ans. Je pouvais seconder manière. Je pouvais jouer un petit brin, mais c'était pas grand'chose. Avec mon vieux petit violon, mon ami, on allait jouer des bals. Ça mettait une table. Ils aviont des vieilles tables qui étaient faites au marteau. Ça mettait une table et puis des chaises dessus la table. Et l'affaire allait. Je vas jamais oublier ça, un bal qu'on avait été jouer, c'était un bal de noce. Moi, je pouvais suivre défunt Pap. Ça fait, quand le bal a fini, j'ai sorti avec four bits. Et puis ça, c'était de l'argent dans ces temps.

Un soir, mon défunt pap était après jouer l'acordéon pour un bal et défunt Amédé avait été jouer un bal des blancs. Les bals du monde noir, ça durait proche tout le temps toute la nuit. C'est vrai, c'était assez des petites maisons, ça les faisait danser par gang. Ce gang dansait. Là, il fallait eux autres, ça sort, quitter quelqu'un d'autre rentrer. Là, après ça, le premier gang revenait. Ça allait toute la nuit, ça. Ça fait, ma vieille grand'mère avait fait du gumbo. Défunt Amédé a arrivé. Ils avaient du white mule. Dans ces temps, les affaires étaient rough. Ça voulait pas un monde boit dans la maison. Ça fait, ça les vidait ça dans une tasse à café, du vieux white mule. Ça fait, défunt Amédé a arrivé. Mon défunt grand-père a sorti. Il dit, "On va avoir une affaire ici." Ça vendait le gumbo dix sous l'assiette. Ma vieille grand'mère était après vendre ça. C'est là j'ai vu quoi ces hommes pouvaient faire. Défunt Amédé dit, "Cadam, moi, je vas aller . . . J'ai faim. Je vas aller manger une assiette de gumbo. Là, quand je vas revenir, je vas prendre ta place." Ça fait, défunt Pap a continué à jouer. Là, quand défunt Amédé est revenu, défunt Pap était après jouer une danse. Il s'a levé debout et il a lâché sa main gauche, là ayoù les seconds-là. Défunt Amédé a mis la sienne là. Et le monde a jamais arrêté de danser. Et là, il a lâché l'autre bout et ils l'ont fait encore. Ils ont échangé l'acordéon là et la danse a jamais arrêté!

Tu vois, mon défunt papa, mon ami, blanc et noir, ça venait tout le temps le rejoindre. Ça le connaissait. Combien de fois, des fois, ça arrivait dans la nuit tard.

You see, black and white alike would come home all the time to meet my late father. How many times did people arrive late at night? Sometimes, they wanted to pay to eat. They would give some money to my late mother. I would have to get out of bed to go into the chicken coop and catch a rooster if they wanted to make a gumbo in the middle of the night. And that's the truth.

People came several times to get my father to record. "No," he would say, "when a person is dead, he is supposed to be gone. You're not supposed to hear him on records. When I die, I want to be finished." And he never did make a record. But he sure could play. CANRAY FONTENOT

Typical of many Louisiana French musicians, Canray has had many career interruptions. He seems to have a love / hate relationship with his fiddle, not without an uncanny sense of tradition.

In 1966, when we first went to the festival in Newport, I didn't even have a fiddle of my own to bring. There's a fellow who works in Jennings who picks up trash for the city and he found a little fiddle. He brought it to me. I was living in Oberlin in those days. I put strings on it and that's the little animal that I went to Newport with. It sounded clear but it wasn't much. Someone had thrown it away. I fixed it up a bit, put strings on it. Before that, I had stopped playing for eight years. I didn't play for dances or anything. A person gets tired of all that, just like anything else. I get tired of things fast.

CANRAY FONTENOT

Des fois, ça donnait de l'argent, ça voulait manger. Ça donnait de l'argent à défunte Mam. Moi, il fallait je me lève, aller dans le poulailler, attraper un gaime, s'ils estiont partis faire un gumbo. Et puis ça, c'est pas peut-être, non.

Et là, ils ont venu chercher défunt Pap plusieurs fois, dire, "Cadam, tu viens faire des records?" "Non," il disait, "quand un monde est mort, il est supposé d'être parti. On est pas supposé de l'entendre sur ces affaires de records. Quand je vas crever, je veux que ça soit fini. "Et il a jamais fait de records. Mais tant qu'à jouer, ouais!

CANRAY FONTENOT

Comme beaucoup de Cadiens et Créoles, Canray a souvent arrêté de jouer de ce violon qu'il aime et déteste à tour de rôle. Mais il conserve toujours le sens de la tradition.

Dans 1966, quand on a premièrement été au festival là-bas à Newport, j'aurais pas eu de violon pour aller là-bas seulement. Il y a un petit bougre qui travaillait à Jennings. Il ramassait les fatras pour le village et il a trouvé un petit violon. Il m'a amené ça. Je restais à Oberlin dans ces temps-là. Je m'ai mis des cordes et c'est ça le vieux petit bétail j'ai été là-bas avec. Il sonnait clair, mais c'était pas rien. Quelqu'un avait jeté ça. Je l'ai raccommodé. J'ai mis des cordes dessus. Sans ça, j'avais arrêté encore de jouer. J'ai arrêté de jouer pour huit ans. Je jouais pas de bals, pas rien. Ça vient qu'un monde se lasse avec ça, pareil comme d'autre chose. Moi, je me tanne avec quelque chose. C'est drôle, ça. CANRAY FONTENOT

Canray, Alphonse "Bois-sec" Ardoin, and Clarence Leger at Morris's Cowboy Club in Bayou Duralde, 1978.

Canray does not feel artificial constraints in his music. At any given time, he is just as likely to surprise listeners with the "Westphalia Waltz" or "The Yellow Rose of Texas" as his legendary "Barres de la prison."

(Goodbye, dear old mother, goodbye, dear old father, goodbye my brothers and my dear little sisters, I've been condemned to spend the rest of my life behind the prison bars. I traveled around, I began to do wrong. I was stubborn, I got into trouble. Now, I'm condemned to spend the rest of my life behind the prison bars. My poor old mother got down on her knees, with her head in her hands, praying for me. She said, "Mmmmm, my dear son, now I'll never see you again. You've been condemned to spend the rest of your life behind the prison bars." I said, "Dear mother, don't weep for me. Pray for your child to help save his soul from burning in hell.")

Canray, qui ne limite aucunement son répertoire, se plaît à surprendre un auditoire en jouant aussi bien la "Westphalia Waltz" ou "The Yellow Rose of Texas" que sa célèbre chanson, "Les Barres de la prison."

Goodbye, chère vieille mam',
Goodbye, pauvre vieux pap',
Goodbye à mes frères
Et mes chères petites soeurs,
Moi, j'ai été condamné
Pour la balance de ma vie
Dans les barres de la prison.

Moi, j'ai roulé,
Je m'ai mis à malfaire.
J'avais la tête dure,
J'ai rentré dans le tracas.
Asteur, je suis condamné
Pour la balance de ma vie
Dans les barres de la prison.

Ma pauvre vieille maman,
Elle s'a mis dessus ses genoux,
Les deux mains sur la tête,
En pleurant pour moi.
Elle fait, "Mmmmmm,
Cher petit garçon,
Moi, je vas jamais te revoir.
Toi, t'as été condamné
Pour la balance de ta vie
Dans les barres de la prison."

J'ai dit, "Chère vieille maman,
Pleure pas pour moi.
Il faut tu pries pour ton enfant
Pour essayer de sauver son âme
De les flammes de l'enfer."

Canray and Bois-sec at the Hommage à la Musique Acadienne, Lafayette, 1977.

Bois-sec started playing before my father died. He and my late uncle started playing together. They played at house dances. Sometimes they played for little dance halls. When my uncle died, I was getting pretty sure of myself. My father had died, too, in 1938. So, I started playing with Bois-sec. Then, the music started changing and everyone wanted to hear hillbilly music. I used to be pretty good at that kind of music. I played with a fellow named George Lennis who used to sing all those songs and he played the guitar well, too. I had a band for a long time, with just stringed instruments in it. We played all over and we were always booked, too. Then, we got two young fellows to play with us. They were good players, but they had bad manners. I said to myself, "Oh, well, I'm going to go back and play with Bois-sec." And we've been playing together for years now, at least forty years.

CANRAY FONTENOT

When a person sings, he can forget how hard his life is. CANRAY FONTENOT

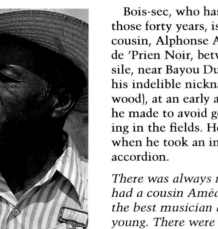

Alphonse "Bois-sec" Ardoin, 1974.

Bois-sec, who has played with Canray for those forty years, is Amédé Ardoin's cousin, Alphonse Ardoin. Born in l'Anse de 'Prien Noir, between Mamou and Basile, near Bayou Duralde, Alphonse earned his indelible nickname, Bois-sec (Drywood), at an early age for the great efforts he made to avoid getting wet while working in the fields. He was also quite young when he took an interest in playing the accordion.

There was always music in the family. I had a cousin Amédé who played. He was the best musician around when I was young. There were others, too, who played, not as well as him, but who were also good. There was a man named Joe Eliard Soileau who was a good musician. He lived in l'Anse Maigre, but he never went out to make records or anything. It's as though no one knew him, and he died young, too. ALPHONSE ARDOIN

I was raised right there in that house next door, born and raised right there. The house is the same one that my father built. After I married, the house needed some repairs, so I rebuilt a part of it. I've always lived here, never lived anywhere else. They call this place l'Anse de 'Prien Noir after an old man, Cyprien Cézaire.

ALPHONSE ARDOIN

Bois-sec a pris à jouer avant défunt Pap était mort. Là, lui et mon défunt oncle ont pris à jouer ensemble. Ça faisait des veillées. Des fois, ils aviont des petits bals. Là, quand mon oncle est mort, moi, je commençais à venir joliment fort. Là, mon défunt papa était mort aussi. Je crois c'était en 1938 qu'il est mort. Ça fait, là, j'ai pris à jouer avec Bois-sec. Là, tiens, la musique a commencé à changer et tout quelqu'un allait pour le hillbilly music. J'avais accoutume être joliment bon pour ça. J'avais un bougre, George Lennis, qui chantait toutes ces chansons, et il était bon joueur de guitare aussi. Et j'ai couru un band longtemps, c'était juste des string instruments. On jouait tout partout. On était tout le temps occupé, proche. Là, après ça, on avait deux jeunes bougres qui ont pris à jouer, et ils estiont bons joueurs, mais il aviont des vilaines manières. J'ai dit, "O hell, moi, je vas aller rejoindre Bois-sec. Je peux le faire avec Bois-sec." Il y a des années moi et Bois-sec, on est après jouer ensemble, sûr une quarantaine d'années. CANRAY FONTENOT

Si un monde chante, tant dur sa vie est, ça le fait oublier la dureté.

CANRAY FONTENOT

Le Bois-sec qui joue avec Canray depuis plus de quarante ans est Alphonse Ardoin, un cousin d'Amédé. Né dans l'Anse de 'Prien Noir, entre Mamou et Basile, près du Bayou Duralde, Alphonse a été surnommé Bois-sec parce que, quand il était jeune, il faisait des efforts invraisemblables pour ne pas se mouiller en travaillant dans les clos. Il était bien jeune aussi quand il s'est mis à jouer de l'accordéon.

Il y avait tout le temps de la musique dans la famille. J'avais un cousin qui jouait, Amédé. Lui, il était le meilleur musicien dans le temps moi, j'étais petit. Il y en avait d'autres aussi, pas aussi bons que lui, mais qui jouaient bien quand même. Il y avait défunt Joe Eliard Soileau. Ça, c'était un bon joueur. Il restait à l'Anse Maigre. Mais il a jamais sorti, jamais fait des records, pas rien. C'était comme personne l'a jamais connu, et là, il a été tué joliment jeune aussi. ALPHONSE ARDOIN

Moi, j'ai été élevé droit ici, dans l'autre maison là-bas, né et élevé là. La même maison. Mon père l'a batti. Là, la maison est venue assez finie. Après que je m'ai marié, j'ai eu pour défaire un bout et le refaire encore, mais c'était refaire la même maison. J'ai jamais quitté pour aller en d'autre place. L'Anse de 'Prien Noir, c'est comme ça t'appelles la place ici. Ils ont nommé ça après un vieux-t-homme, Cyprien Cézaire. ALPHONSE ARDOIN

I was young when I started getting interested in playing music. My old mother was poor. My father died when I was about two years old, as close as I can remember, maybe two and a half. I can remember him just a little, like in a dream. When he died, she had to take care of us by herself, and in those days, people didn't have any money. She had to get a job washing for a white family so that she could feed us. We also made a little crop. I had an older brother who hired himself out to help my mother a little with the family. I was too young to work yet. No one would hire me, but when I got big enough, I started working, too. My brother had started working before me. Somehow, he got interested in learning to play music. I guess it's not made for everyone to make music, though. He bought himself an accordion, and I didn't have one. And he went away to work. While he was gone, I would take his accordion, so that he wouldn't catch me playing it. He didn't want me to play his accordion. I decided that the only way for me to learn was to get up on the barn, so I could see him coming, and get after it. But I got caught. I didn't know that when you're high up, you can see far, but the sound carries far as well. One afternoon, he came home after getting off of work. He asked me who had been playing his accordion. "Ah," I said, "I don't know." I pretended not to know. So he said, "You know you're lying to me. Catch the accordion and play that song that you were playing just a while ago." I wanted to play and yet I didn't want to give myself away. Then, I thought, "I'm caught anyway, so let it ride." I took the accordion and I started playing. And he had never been able to learn, so he said, "From this day on, go ahead and play. You know that I haven't been able to learn. Since you seem to be able to play, then play." But that accordion was still not mine.

I stayed interested in music. There were dances in clubs and there were house dances in those days. And my cousin Amédé played in this area. So my mother brought us to see and hear him. I had a triangle that I would play with him. I always wanted to play music, but I couldn't afford to buy an accordion yet. It was years before I was able to earn enough money to buy one of my own. I bought one from one of my cousins. I paid three dollars for it. Boy, I was really proud of my accordion. I had gotten a job paying fifty cents a day. When I finished my first week, I had three dollars. I had a little cinnamon-colored swayback horse. I rode it about ten miles down the road to buy that first accordion.

Moi, l'intérêt a commencé à me prendre jeune pour jouer l'accordéon. Ma vieille maman était pauvre. Mon papa est mort, aussi près que je peux ma rappeler, j'avais deux ans, peut-être deux ans et demi. Je me rappelle de lui juste manière, comme un rêve. Quand lui, il est mort, il fallait qu'elle s'occupe de nous autres et dans ces années-là, le monde avait pas d'argent. Ça se fait, il fallait qu'elle lave chez des vieux blancs pour elle nous donner à manger. Et on faisait une petite récolte. J'avais un frère qui était plus vieux que moi. Lui, il travaillait un peu dehors pour aider défunte Mam avec ça. Et moi, j'étais trop petit pour travailler. Ça m'engageait pas. Quand j'ai venu assez fort, j'ai commencé à travailler aussi. Mon frère a commencé à travailler avant moi. Quelque sorte de manière, lui, il a eu l'intérêt lui-même. Il voulait apprendre cette affaire de musique. Mais je pense c'est pas fait pour tous, faire de la musique. Il s'a acheté une accordéon, lui, et moi, j'en avais pas. Et lui, il travaillait. Ça fait, tant qu'il travaillait, moi, je prenais son accordéon et j'allais me mettre sur le magasin pour être haut quand ça arrivait le soir que je l'aurais vu après venir pour moi serrer son accordéon, pour pas qu'il m'attrape, parce qu'il voulait pas je joue avec. Ça fait, j'avais décidé ça, la seule manière je pourrais jouer, je vas monter sur le magasin et je vas hâler ma petite affaire. Ça fait, je m'ai fait prendre. J'aurais dû connaître quand t'es en haut, tu peux voir loin, mais le son va loin aussi. Un après-midi, il a revenu, il a lâché. Il a demandé qui c'est qui était après jouer son accordéon. "Ah," je dis, "moi, je connais pas." Je faisais comme si je connaissais pas. Ça se fait, il dit, "Ouais, tu connais. T'es après me mentir. Attrape l'accordéon et joue la même danse que t'étais après jouer 't à l'heure." Ça fait, j'avais envie et j'avais pas envie. J'ai pensé, je suis pris quand même. Ça fait, laisse l'affaire aller. J'ai attrapé l'accordéon et j'ai pris à jouer. Et lui, il a jamais pu apprendre. "Dès ce jour-là," il dit, "go ahead, joue. Tu sais moi, je peux pas apprendre. D'abord, toi, tu peux apprendre," il dit, "joue."

Mais c'était pas pour moi, l'accordéon, quand même. Ça fait, j'ai gardé cet intérêt. Les bals ont pris à se faire dans les clubs, et il y avait des bals de maison. Et défunt Amédé jouait alentour d'ici. Ça fait défunte Mam nous amenait voir ça. Et moi, j'avais mes petites bastringues. Je cognais en arrière de lui, mais toujours dans l'intention, dans l'intérêt pour jouer de la musique. Je pouvais pas m'en acheter une accordéon quand même. Ça a été des années jusqu'à j'ai venu assez fort que j'ai

In those days, there were no boxes to put instruments in. We used to put them in flour sacks. I got on my horse and rode over to Soileau. I came back late that afternoon with my accordion in a flour sack. I kept on practicing, but that didn't prevent me from watching Amédé. I kept on playing triangle with him, learning how he played so that I could play like him. I fought that little accordion until I was able to play well enough to have a good one. Because there were good ones and cheap ones. In a way, they were all cheap. Nothing cost much. It's just that we didn't have any money in those days.

ALPHONSE ARDOIN

Life on the prairies was isolated into pockets. Settlements huddled around the best lands, usually along a *coulée* or bayou where a few trees offered respite from the sun and wind. In the days before modern transportation, schools, and churches began to bridge the gaps between these isolated settlements, people tended to be fiercely provincial. Eventually, music proved to be one of the great compromisers in this strongly territorial society. People from different settlements were brought together at house dances and dance halls for their earliest lessons in social interaction.

In those days, you stayed in your own neighborhood. People didn't mix very easily. It was like they were jealous of each other or something. If young men from around here went courting in Mamou, there was always trouble. It just didn't work. And it was that way everywhere. You know how young people are sometimes. You'd go somewhere to see a young girl that you liked. Without even thinking about it, you'd start talking to her. And the young men from that neighborhood didn't like that. They didn't want to mix. You stayed in your own neighborhood.

Take, for example, the people from La Pinière. You see, those people didn't want to mix with us. They were lighter-skinned.

pu m'en acheter une. J'ai acheté ça avec un de mes cousins. J'ai payé trois piastres pour l'accordéon. Boy, j'étais fier. Je faisais cinquante sous par jour. Quand j'ai fait ma semaine, j'avais mes trois piastres. J'avais un vieux petit cheval dos-fond canelle. J'ai monté ça. J'avais pour aller à peu près dix milles pour acheter cette accordéon.

Dans ces années-là, il y avait pas de boîtes pour mettre les accordéons, pas rien. On mettait ça dans des sacs à farine. J'ai monté à cheval. J'ai été là-bas à Soileau. L'après-midi, j'ai revenu avec mon accordéon. Et j'ai continué à pratiquer toujours, mais ça me gênait pas toujours de porter l'œil à défunt Amédé, la manière qu'il jouait, pour moi essayer d'apprendre. Jusqu'à que j'ai venu à me battre assez avec cette vieille accordéon que j'ai pris à me comprendre, que je tournais les danses assez bien pour moi m'en avoir une bonne. Parce qu'il y avait des bonnes, puis des bon-marché. Celui-là que j'avais, c'était une bon-marché. Dans des manières, tout quelque chose était bon-marché. Elles estiont pas chères, mais t'avais pas d'argent quand même, dans ces années-là. ALPHONSE ARDOIN

Dans la grande prairie, les gens vivaient par petits groupes isolés. Les habitations s'accrochaient aux meilleures terres, souvent le long d'une coulée ou d'un bayou où quelques arbres les abritaient du soleil et du vent. Avant que l'autoroute et l'automobile, l'école et l'église ne les rattachent les uns aux autres, les gens étaient indépendants, insociables même. La musique formait un de leurs rares liens, car ils venaient tous aux bals de maison et dans les salles de danse où ils prenaient leurs premières leçons de civilité.

Dans le temps, tu restais dans ton voisinage. Le monde se mêlait pas. C'était comme des jalousies. Si les jeunes gens d'ici auraient été courtiser comme des filles de Mamou, ça s'adonnait pas du tout. Ça faisait pas, ça. C'était tout partout comme ça. Tu connais l'affaire des jeunes, comment c'est. T'allais en quelque part. T'en trouvais une de ton goût. Tu jonglais pas, tu connais, tu charrais avec. Et ça aimait pas ça. C'est comme si ça aimait pas mêler. Tu restais dans ton voisinage.

Tu vas prendre comme le monde de la Pinière. Tu vois, ce monde-là, ça voulait pas se mêler avec nous autres. Eux autres, ils estiont clairs. C'était des mulattes. Et nous autres, on pouvait pas aller à leurs bals là-bas. Moi, j'ai pris à jouer. Je pouvais aller dans leurs bals, mais comme si j'aurais voulu amener un de mes partners.

Bois-sec with his grandson at the Ardoin farm, L'Anse de 'Prien Noir, 1983 (*top left*); in the family cemetery, 1983 (*top right*); at home, 1978 (*bottom*).

They were mulattoes. And we couldn't go to their dances. I was able to go because I played music for them, but I couldn't bring a friend. They didn't allow that. It was just like trying to go to a white dance in those days. Then, when they began to go out to other dances, they saw that they didn't know how to dance. So, to have a good time, they eventually started going out with us. Then, later, when people started behaving like people, we all got to be like brothers and sisters. Other places didn't have the music that we had, so they had to come out and meet us. That's what started the change. ALPHONSE ARDOIN

Crossing local borders to play in other neighborhoods was one thing; crossing cultural borders to perform at the Newport Folk Festival in 1966 was another. The context was completely different, as was the presentation itself, which was charged with the message of cultural and regional pride.

Ça voulait pas ça. C'était aussi mauvais, dans ces temps, si t'aurais été dans un bal de blancs. Là, après, quand ils ont commencé à sortir, aller dans les bals, ils ont vu que ça pouvait pas danser. Et pour eux autres s'amuser bien, ils ont pris à sortir avec nous autres tout doucement. Là, quand on a commencé à s'amuser bien comme du monde, et se comprendre, là, ça a tout venu comme des frères et des soeurs. Eux autres, ils avaient pas la musique que nous autres, on avait. Ça fait, il fallait que ça vient nous rejoindre. C'est ça qui a égalisé l'affaire.

ALPHONSE ARDOIN

Passer d'un voisinage à l'autre n'était pas facile, mais participer au Newport Folk Festival de 1966 représentait une traversée impressionnante de frontières culturelles. Dans un contexte différent de tous ceux qu'ils avaient connus, Bois-sec et Canray transmettaient fièrement leur message.

Je connais pas trop comment Ralph [Rinzler] a fait pour commencer à venir bord-ici, comment il a trouvé la Louisi-

Bois-sec dancing sidestage at the Hommage à la Musique Acadienne, Lafayette, 1974.

I don't know exactly how Ralph Rinzler started coming to this area, how he found his way to Louisiana, but when he came, Canray and I were playing together again. He heard us and I guess he liked our music. That's when we were booked to play in Newport, Rhode Island.

We felt a little funny about playing out there because we were in a place that we had never been. We were a little timid, you know. We didn't know what to do, how to get around. So Revon Reed was our guide. He's the one who showed us around. We went up there in a car. And we were so afraid of losing him among all the people, we walked so close behind him, that we wore down the backs of his shoes. That's how we started going on trips to festivals.

At first, frankly, we felt downright funny about the whole thing. We felt far from home. We played all right, but it wasn't like playing at home for our folks. There were so many, to start with, a whole crowd of people watching us. When you see thousands of people watching you for the first time, and you are there, facing them with only an accordion and a little old fiddle, that's not an easy thing. When they told us that it was our turn, we had to brace ourselves. We both had shivers as we went up on stage. And then we started getting along with the people and they were applauding our music. It's like our fears melted away. We learned what it was like. ALPHONSE ARDOIN

By the time they came to play at the 1974 Tribute to Cajun Music festival in Lafayette, they were seasoned festival performers. The message was the same, but this time it was presented in their own backyard.

There, we felt comfortable because we were among our own people. That was the first time that there were so many of them together in this area, but by then we were used to playing at festivals all over. That was a joy, just going right there in Lafayette to play. It was like playing at home in Eunice. We enjoyed that a lot.

ALPHONSE ARDOIN

Music has allowed me to see lots of things. It has helped me very much. It has given me memories and I've seen lots of people in lots of places. It's been my life. I can't make as much music as I used to, but as long as I can, I'm going to play. I still love to play, although I can't play every Friday and Saturday night, like I used to. The old mare hasn't finished her race yet, but she's running all the time. ALPHONSE ARDOIN

ane, mais quand il a venu, moi et Canray étaient après jouer ensemble. Et c'est nous qu'il trouvait qui jouaient le mieux à son goût. Ça fait, c'est là il nous a book. Il nous a envoyé là-bas à Newport.

Nous autres, ça nous faisait manière drôle de jouer là-bas parce que quand tu vas dans des places que t'as jamais été, tu connais, on était tout manière honteux, tu connais. On connaissait pas comment s'emmener. Ça se fait, c'était Revon Reed qui était tout le temps chef pour nous autres. C'est lui qui nous emmenait. On a été en char là-bas. Ça fait, à force on avait peur de le perdre dans tout un tas de monde, on marchait si près qu'on a tout écorché ses talons de souliers. Et c'est là qu'on a commencé à partir dans une place et une autre.

En premier, ça nous a fait joliment drôle, carrément. On dirait pas chez nous autres. On jouait, ouais, mais c'était pas comme quand c'était notre monde à nous autres. Il y en avait de trop, un tas de monde après te guetter. Quand tu vas voir des mille de personnes après te regarder, et t'es là après essayer de te battre avec cette accordéon, et une vieille petite boîte de violon, c'est dur à faire. Quand ça disait c'était notre tour, c'est là il fallait qu'on se prépare. C'est là les frissons nous prenaient pour aller monter. Mais là, après ça, quand on a commencé à se comprendre avec le monde et ça tapait les mains, là c'est comme si ça nous a comme passé. On a manière appris le tour, comment faire. ALPHONSE ARDOIN

Lors de l'Hommage à la musique acadienne de 1974, Bois-sec et Canray étaient déjà des habitués des festivals, porteurs du même message, mais chez eux.

Là, c'est comme si c'était all-right, *parce que là on était chez nous autres, là. C'était la première fois il y avait autant de monde ici, mais à force qu'on était habitué à jouer, nous autres, tout partout au loin, mais ça, c'était un agrément qu'on avait, aller juste là à Lafayette. C'est comme si on était rien qu'ici à Eunice. On a apprécié ça un tas là.*

ALPHONSE ARDOIN

Ça m'a fait voir un tas, cette affaire de musique, et ça m'a aidé un tas. Ça m'a donné des souvenirs et ça m'a fait voir le monde, et ça m'a aidé à faire ma vie. Je peux plus le faire comme j'ai déjà fait, mais tant que je pourras, je vas le faire quand même. J'aime toujours jouer, mais je peux plus jouer tous les vendredi et samedi au soir. Baille a pas fait sa course encore, mais elle est après courir.

ALPHONSE ARDOIN

As in most long-time associations, the combination of Bois-sec and Canray produces a certain magic that goes beyond each individual. Since they attracted the attention of Newport Folk Festival scouts in 1966 and were invited to perform there that same year, they have often performed their rural Creole music at festivals throughout the United States, Canada, and Europe, without neglecting the home front. Their music still rocks the foundations of the Ardoin family's Cowboy Club in Bayou Duralde, Slim's Y-Kiki in Opelousas, and many other dance halls in South Louisiana. Alphonse's sons, Lawrence, Morris, Russell, and Ronald, continue the tradition in the Ardoin Family Band and the Ardoin Brothers Band. The music survives, somewhat changed, but still firmly rooted in its sources.

I have a grandson, Russell's son, that I'm trying to teach. He's only three years old, but he's interested already. He doesn't know how to play anything yet, but he takes the accordion and plays with it. I asked him if he wanted to play the fiddle or the guitar. "No, no," he said, "I want to learn to play the accordion." We bought him a little guitar, but he doesn't want that. And he doesn't want to play the fiddle. So, I guess I'll try to teach him what I know. That's all I can give him. Lawrence is teaching his son Shawn to play, too.

You know, you have to have music in you to play. To be a musician, you have to be committed to music and have it in your family. It has to be in your blood for you to learn easily. You see, in my family, all my children learned without any trouble. But then, you take someone like Canray. He's a great fiddler, and yet not one of his children plays. It has to run in your family, but it also has to be in you to become a musician. ALPHONSE ARDOIN

When I got a chance to get a good accordion, then things started going well. Canray and I got together to make music. He was old enough and so was I. We must have been around twelve and fifteen years old when we started really going out. We've always played French music and we've been playing together since then, for nearly fifty years now. I guess that's why we get along so well together. And it's still going. I don't know how long it will last. Sometimes we have our differences, but we always come back. One can't seem to do without the other. ALPHONSE ARDOIN

Comme il arrive souvent dans les associations de longue durée, Bois-sec et Canray forment un tout qui dépasse largement la somme des individus. Depuis le Newport Folk Festival de 1966, ils ont participé à de nombreux festivals aux Etats-Unis, au Canada, en Europe, et, bien sûr, en Louisiane. Leur musique secoue encore les fondations du Cowboy Club à Bayou Duralde (entretenu par la famille Ardoin), de Slim's Y-Kiki aux Opelousas, et d'autres salles de danse dans le sud de la Louisiane. Deux groupes, la Famille Ardoin et les Frères Ardoin, auxquels participent les fils d'Alphonse, Lawrence, Morris, Russell et Ronald, continuent la tradition, car, bien que leur musique change quelque peu, elle reste fidèle à ses racines.

Tu vois, là, j'ai un petit enfant, le petit garçon à Russell. J'ai deux accordéons ici. Et j'ai essayé de lui montrer ça. Il a de l'intérêt lui-même, mais il a juste trois ans. C'est pas qu'il connaît jouer pas rien, mais il l'attrape et il la ferme. Je l'ai demandé s'il voulait jouer ça ou jouer le violon ou le guitare. "Non, non, je veux apprendre à jouer l'accordéon." On l'a acheté un petit guitare, mais il aime pas ça, et le violon, il aime pas ça. Ça fait, je vas essayer de lui montrer, enfin, ça moi, je connais. Je peux pas lui montrer plus que ça moi, je connais. Lawrence est après montrer à son garçon Shawn à jouer aussi.

Tu connais, il faut que ça soit dans ton idée, faire de la musique. Pour être un musicien, il faut que t'aies joliment la confiance en dedans, et là je crois que ça va joliment par famille aussi. Ça va joliment dedans le sang pour toi apprendre ça plus vite. Tu vois comme dans ma famille, tous mes enfants ont appris dans rien de temps. Mais aussi, tu vas prendre comme Canray, c'est un bon joueur de violon, mais il y a pas un de ses enfants qui peut jouer. Il faut ça soit dans la famille, mais il faut que ça soit dans toi aussi, l'affaire de musique. ALPHONSE ARDOIN

Quand j'ai eu la chance de m'avoir une bonne accordéon, là j'ai pris à faire bien. Là, jusqu'à moi et Canray sont mêlés. On a commencé à faire de la musique ensemble. Lui, il était assez fort, et moi aussi. On devait avoir dans les douze, quinze ans quand on a commencé à sortir joliment bien. On a toujours continué à pratiquer la musique française comme ça. Et on joue toujours ensemble depuis ce temps-là. Ça, il doit avoir à peu près cinquante ans asteur. Je pense c'est pour ça qu'on s'adonne si bien ensemble. Et ça va toujours. Je connais pas combien longtemps ça va aller. Un peut pas manquer l'autre. ALPHONSE ARDOIN

NO MINORS
ALLOWED

Dance June 27. 1981
Hamilton Club
time 9:30 P.M.

$5.00

THE KING of the SOUTH
CLIFTON

CHENIER
and his RED HOT LOUISIANA BAND
MOST POPULAR RECORDINGS Hungry Man, Te Na Ne Na, I Am A Hog,

6.

Clifton Chenier
and His Red Hot Louisiana Band

"When he's hot, no one can touch him."
ALAN LOMAX

"You need barriers when this man plays."
JAMES DOMENGEAUX

Clifton Chenier was born in the country between Opelousas, Lawtell, and Sunset. He is just as aware of his rural background as of his present status as a star.

(They call me crazy, but my name is Clifton Chenier. Just a little old country boy, but I know what I'm doing.)

Opposite: Blue Angel Club, Lafayette, 1981. *Above*: Clifton Chenier, 1976. "They call me the Black King of the South."

("Sa M'appelle Fou," by Clifton Chenier, © by Tradition Music Co. [BMI]. Used by permission.)

Clifton started playing music with his brother Cleveland on washboard at local dances and house parties. Clifton eventually moved to Lafayette to pursue music as a career. The depth and energy of their music soon attracted the attention of recording scouts like Chris Strachwitz of Arhoolie Records and musicologists like Mike Ledbitter of England's *Blues Unlimited*. The Red Hot Louisiana Band was custom-designed by Clifton to support his driving lead on piano accordion and vocals. Cleveland wasn't lost in the modernization. He perfected the washboard as a legitimate musical instrument, experimenting with different strikers and even tuning it with paperclips. The combination held its magic with electric guitars, basses, and saxophones, and the group became a mainstay on the Gulf Coast music scene from Houston to New Orleans.

The music that Clifton plays is urban zydeco, a highly percussive, soulful sound supposedly named for the expression *"les haricots sont pas salés"* ("the snapbeans aren't salty"; a reference to hard times). The word more likely shares the Afro-Caribbean origins of the music it represents, a gumbo of Cajun, rhythm-and-blues, rock, and cayenne. Clifton didn't invent zydeco, but he defines it with every performance.

"Quand il est chauffé, il n'y a personne à son épreuve." ALAN LOMAX

"On a besoin de barrières solides quand lui, il joue." JAMES DOMENGEAUX

Clifton Chenier, né entre Lawtell, Sunset, et les Opelousas, est aussi fier de son origine qu'il est conscient de la place qu'il occupe parmi les musiciens.

Ça m'appelle fou, fou, fou, mais mon nom c'est Clifton Chenier.
Ça m'appelle fou, fou, fou, mais mon nom c'est Clifton Chenier.
Je suis juste un petit bougre de la campagne, mais je connais quoi je suis après faire.

Clifton a d'abord joué dans des bals de maison et des salles locales avec son frère Cleveland qui jouait du frottoir. Puis il s'est établi à Lafayette pour y poursuivre sa carrière. Sa musique, énergique et originale, a rapidement attiré l'attention de représentants comme Chris Strachwitz, d'Arhoolie Records, et de musicologues comme Mike Ledbitter, de la revue anglaise *Blues Unlimited*. Clifton a formé le Red Hot Louisiana Band pour soutenir son élan à l'accordéon-piano et ses improvisations vocales. Cleveland aussi s'est affirmé dans cette modernisation, enrichissant sa technique de frottoir, grâce à tout un répertoire d'objets qui lui permettent d'en tirer des sons différents. Le duo Clifton/Cleveland reste l'élément essentiel du groupe, et domine les guitares et contrebasses électriques, et les saxophones. Le groupe s'est vite imposé de Houston à la Nouvelle-Orléans.

La musique de Clifton Chenier est un zarico urbain, un son à la fois percussif et plaintif. On prétend que le nom provient de l'expression "Les haricots sont pas salés," une allusion aux temps difficiles. Plus probablement, comme la musique, il tire son origine de la culture afro-antillaise. Comme le gumbo louisianais, c'est un mélange d'influences, musique cadienne, *rhythm-and-blues* et *rock*, le tout bien

Leon Sam, of the Sam Brothers Five, at the Hommage à la Musique Acadienne, Lafayette, 1980.

"Being a living legend is hard work."—Clifton Chenier. *Clockwise, from top*: At the New Orleans Jazz and Heritage Festival, 1978; at the Festival de Musique Acadienne, Lafayette, 1980; backstage at the Hommage à la Musique Acadienne, Lafayette, 1974; the Red Hot Louisiana Band, with Cleveland Chenier up front on *frottoir* and Clifton's son C. J. on accordion, at Hamilton's Place, Lafayette, 1981; Clifton at the Hommage à la Musique Acadienne, Lafayette, 1974.

Clifton Chenier is acutely aware of his status. His success on the national and international scene has forced him to lead a double life. At a major event, such as the New Orleans Jazz and Heritage Festival or the Festival International du Jazz in Montreux, Switzerland, as with any superstar, the closest one can get to him is across the fence from backstage. Yet at home, in South Louisiana, he encourages a hot closeness among his followers in the local honkytonks where he is revered as a culture hero. Young zydeco groups like the Sam Brothers Five have proliferated in his wake, and he has had a strong influence among his contemporaries on the Louisiana French music scene.

The last year that I had stopped playing music, the thing that made me start again was that I met Clifton Chenier in Elton one day. He said, "Are you still playing?" "Oh," I said, "Clifton, I think I'm going to put all that aside for good. I go out and drink and get drunk. Then, the next day, my wife fusses at me . . ." "Oh, no," he said. "Among us blacks," he turned to some men sitting at the bar, "we are the two in Louisiana that you should take your hats off to. Among us Creoles, find me another black man who can do what he does on the fiddle." And they said, "We haven't heard of one." And he said, "And one who can do what I do on the accordion." They said again that they couldn't. "Well, then," he said, "we are the two best at what we do." He turned back to me and said, "No, man, you mustn't stop playing. This is just the time that you should pursue it instead. Don't be foolish. People are just starting to appreciate our French music now. You can play whatever you want, but you can't quit now." So I play.

CANRAY FONTENOT

Hard living eventually slows even the best of men. A collection of ailments has slowed Clifton a bit. His trust has also been bruised by years of exploitation and shallow fascination up close. He has closed off his personal life and concentrates all of his energy into limited engagements. Somehow, nothing is lost to the public, while friends and family tighten the circle around their ailing hero.

I'm back. I'm back. They said I was down, but I'm back. Oh, yeah, everything's just fine and it's going to get better after while. I've got this new accordion, special-made for me in Italy, and I'm going to sit down to play but I'm going to make sure that you don't sit down tonight.

CLIFTON CHENIER,
AT GRANT STREET DANCE HALL, LAFAYETTE

pimenté. Clifton n'a pas inventé le zarico, mais il le redéfinit à chaque fois qu'il joue.

Clifton est fort conscient de son importance. Son succès à l'échelle nationale et internationale le force à mener une double vie. Quand il donne un concert au New Orleans Jazz and Heritage Festival ou au Festival International du Jazz à Montreux, il se laisse protéger par des professionels, comme tout autre vedette. Dans le sud de la Louisiane où il est un véritable héros, il se rapproche de son public et baigne dans l'atmosphère chaleureuse des honky-tonks. Beaucoup de jeunes comme les Sam Brothers Five suivent son exemple et ses amis et collègues sentent toujours son influence.

La dernière année que j'avais arrêté de jouer, ça qui m'a encouragé à recommencer, j'ai rejoint Clifton Chenier à Elton un jour. Il me dit, "Tu joues toujours?" "Oh," j'ai dit, "Clifton, je crois je vas foutre ça par terre. Je vas et je bois. Je me soûle. Là, le lendemain, ma femme me querelle . . ." "Oh, non," il dit, "dans nous, les noirs," il parlait à des bougres à la barre, "c'est les deux hommes dans la Louisiane qu'il faut vous autres lèves vos chapeaux. Dans les Créoles," il dit, "trouvez-moi un autre qui peut jouer le violon comme ça." Et ça dit, "Nous autres, on a pas entendu . . ." Et il dit, "Un qui peut faire ça moi, je fais." Ils ont dit non encore. "Bien mais," il dit à moi, "on est les deux meilleurs. Non, il faut pas tu arrêtes. C'est asteur le temps qu'il faut aller après. T'es pas fou, toi. Le monde est juste après commencer à apprécier la musique française. Toi, tu peux jouer n'importe quoi tu veux, mais il faut pas t'arrêtes asteur." Ça fait, je joue. CANRAY FONTENOT

Une vie pénible peut user même le plus fort des hommes. Sa santé sérieusement affaiblie, Clifton a dû ralentir son rythme de vie. Il été exploité pendant des années par des agents sans scrupules et il a dû subir les adulations de touristes friands d'exotisme superficiel. Il est devenu méfiant et il s'est renfermé dans la vie privée. Aujourd'hui il conserve son énergie et mise tout sur de rares concerts. Sa musique n'a rien perdu. Soutenu par les siens, il se donne complètement quand il joue.

Je suis revenu. Je suis là. Ils ont dit que j'étais par terre, mais je suis revenu. Oh yeah, tout quelque chose est correcte. Tout quelque chose est magnifique et ça va être mieux 't à l'heure. J'ai une nouvelle accordéon qui a été faite juste pour moi dedans l'Italie. Je vas m'assir pour jouer, mais vous autres peux d'être sûrs que personne d'autre va s'assir à soir. CLIFTON CHENIER, AU GRANT STREET DANCE HALL, LAFAYETTE

7.

Zachary Richard

Ralph Zachary Richard was born in Lafayette in 1950. Like most of his generation, he grew up during a time when area schools had already abandoned the ban on the French language, considering the battle won, and when Cajun music was still considered "nothing but chanky-chank." Like most, his musical background was steeped in rock-and-roll, rhythm-and-blues, and country sounds. Yet there was an unfailing undercurrent of interest in the old days when Cajun culture had flourished in isolation.

I was twenty or twenty-one years old. I had just graduated from Tulane. I was a folksinger in New York. I got a contract. I had $2,500. And I bought myself a guitar and an accordion. The accordion was just something that interested me. In those days, we were looking for an identity. In my case, being just another American folksinger was no big deal. There were many around already who were much further along than me. So for me, the accordion was much more an expression of myself than the guitar. It wasn't a conscious decision. I just felt like playing Cajun music. It's not even something I could explain. It was more of a need. I was a musician and I just felt like playing our own music. I was just following my instincts.

I learned to play the accordion by listening to Aldus Roger and the Lafayette Playboys on records. For two hours every day, I put Aldus Roger on the record player and I played along with the band. That's how I learned to play the accordion. But without a doubt, the musician who influenced me the most was Felix Richard. I knew him well enough to visit with him in person. He had stopped playing long ago and the first time I went to see him, I don't think he even had an accordion. I brought mine along and asked him to show me how to play. I was very much inspired by him. He tried to show me a few things that I'm still trying to do on

Zachary Richard, at the New Orleans Jazz and Heritage Festival, 1983.

Ralph Zachary Richard est né à Lafayette en 1950, à une époque où les écoles avaient finalement cessé d'interdire l'usage du français car elles croyaient avoir gagné la guerre. La culture régionale semblait moribonde, et de la musique cadienne, on disait que ce n'était "que du chinquis-chinque." Comme la plupart de ses contemporains, Zachary s'est formé à l'école de *rock-and-roll*, *rhythm-and-blues*, et *country*. Pourtant, il existait toujours un courant souterrain qui se rappelait qu'à une autre époque dans l'isolement, il y avait eu une culture cadienne florissante.

J'avais vingt ou vingt et un ans. J'avais fini l'université. I was a folksinger in New York. I got a contract. *J'avais 2,500 piastres. Et je me suis acheté une guitare et puis une accordéon. C'était quelque chose qui m'intéressait. Ça représentait une musique que j'avais toujours entendue. Je connaissais aucune chanson. Je connaissais rien, mais ça m'intéressait. A cette époque-là, je pense qu'on cherchait une identité. Dans mon cas, être un autre* folksinger *américain, c'était pas grand'chose. Il y en avait tellement déjà, et tellement plus avancés que moi. Ça fait que pour moi, c'était quelque chose qui était plus moi-même que la guitare. C'était pas quelque chose de conscient dans ma tête. J'avais envie de jouer cette musique. C'était quelque chose que je peux même pas expliquer. C'était une envie. J'étais musicien et j'avais envie de jouer cette musique qui venait d'ici. J'avais pas une raison bien formulée dans ma tête. C'était quelque chose qui était plutôt de l'instinct ou le destin. Je suivais les sentiments que j'avais.*

C'était avec les records *d'Aldus Roger que j'ai appris à jouer. Tous les jours pendant deux heures, je mettais la musique d'Aldus Roger et je jouais avec le* band *et c'est comme ça que j'ai appris. Mais le musicien qui m'a influencé le plus, c'est sans doute Félix Richard, parce que c'est le seul que je connaissais assez bien pour*

the accordion, but, most important, he gave me a sense of direction on the instrument. For me, Felix was like a character out of a novel as much as a musician. It was always a revelation just to talk with him. I don't get a chance to see him much these days, and that's a shame, but seven or eight years ago, when I was learning to play, I was always over there.

ZACHARY RICHARD

The cultural connection made sense. Zachary added the accordion and Cajun music to his repertoire to make it big in New York. However, he soon tired of teetering on the brink of a break and returned to Louisiana. He and a few friends formed a group to experiment with Cajun music on the young hip scene in and around Lafayette, which thrived on rock-and-roll.

Before I moved to New York, while I was still living in Lafayette, I had a training program like I've never had since. I worked eight hours a day learning music. I played four hours on the piano, two hours on guitar, and two hours on accordion every day. Then I went to New York and became a star for a week or two. Then I came back home with the intention of continuing in music. I had no idea to do anything else. So I decided, along with Michael Doucet and Kenneth Richard, to get a group together. We started with the intention of recording. We cut a 45 with La Louisianne Records in Lafayette, something that was supposed to sell like sliced bread, but which didn't sell much, in fact. It was with more or less the same musicians that we had used in the studio that we more or less decided to more or less form a group, more or less. We played in places that are all closed now. That was the Bayou Drifter Band, Bayou des Mystères.

ZACHARY RICHARD

His interest in Cajun music was based partly on a desire to distinguish himself from the crowd of American musicians. He chose to sing in French and discovered a viable market in Quebec, which, in the early 1970s, was gearing for a drive toward independence. Fiery music from a long-forgotten vestige of North American French culture was just what Quebeckers wanted to hear. He performed alongside major stars before huge crowds after bursting upon the scene at La Veillée des Veillées in Montreal in 1974. Several of his albums became gold records, and he eventually received the Prix de la Jeune Chanson from France as the outstanding young French-language singer of 1980.

aller le visiter. Félix avait arrêté de jouer, depuis sa jeunesse. La première fois que je suis allé le voir, il avait pas d'accordéon. J'ai apporté la mienne et je lui ai demandé de me montrer des affaires. Il m'a inspiré beaucoup et il a essayé de me montrer certaines choses sur l'accordéon que j'essaie encore à faire. Il m'a pointé dans une direction par rapport à l'accordéon. Pour moi, Félix Richard était un personnage de roman autant qu'un musicien. C'était toujours une révélation juste de lui parler. Je le vois pas beaucoup asteur, et c'est une honte, mais sept, huit ans passés quand j'étais après apprendre à jouer, j'étais tout le temps fourré là-bas. ZACHARY RICHARD

Le lien avec sa culture avait été établi. Zachary a ajouté l'accordéon à ses arrangements et la musique cadienne à son répertoire. Mais, fatigué d'attendre l'occasion de jouer à New York, il est revenu en Louisiane et il a formé un groupe pour les boîtes de Lafayette où les auditoires étaient plutôt habitués au rock-and-roll.

Avant que j'ai déménagé à New York, quand j'habitais à Lafayette, j'avais un programme de discipline comme j'en ai jamais eu depuis. Je travaillais presque huit heures par jour dans la musique. Je faisais quatre heures de piano, deux heures de guitare, et deux heures d'accordéon tous les jours. Là, je suis allé à New York, et puis j'étais un star pour une semaine ou deux. Là, je suis revenu ici, mais dans l'intention de continuer avec la musique. J'avais pas espoir de faire autre chose. Ça fait, j'ai décidé avec Michael Doucet et Kenneth Richard de faire un groupe. On a commencé avec l'idée d'enregistrer. On a fait un 45 tours avec La Louisianne, quelque chose qui était soi-disant aussi commercial que du sliced bread, mais qui a jamais vendu. Et c'était avec plus ou moins les mêmes musiciens qu'on avait utilisé dans le studio qu'on a plus ou moins décidé de plus ou moins faire un groupe, plus ou moins. On jouait dans des places qui sont toutes fermées aujourd'hui. Ça, c'était le Bayou Drifter Band, Bayou des Mystères.

ZACHARY RICHARD

Il s'est mis à la musique cadienne en partie pour se distinguer des innombrables musiciens américains. Ayant choisi de chanter en français, il a découvert un débouché important au Québec qui, au début des années '70, se préparait pour l'indépendance. Ravis d'entendre des chansons engagées venues d'un coin oublié de la francophonie, les Québecois l'ont accueilli à bras ouverts. Après être passé à "La Veillée des Veillées" en 1974, Zachary s'est produit avec leurs plus grandes vedettes

There were never many places to play in Louisiana, and there was even less money. It was surprising how little money there was. We stayed together for a while, about six months to a year. That's when France Lemay and the Quebec government delegation in Lafayette sent us for the first time to Quebec. After that, the group fell apart because of personal problems, mostly caused by a lack of work. So Roy Harrington and I decided to return to Canada, where we had seen some real possibilities. We had made up to $600 in a day doing television shows there. That was more money than we had ever made in Louisiana. So we went back to see what we might be able to do there. We left on July 7 with a friend named Richard Guidry who was going up to see his girlfriend on the Gaspé Peninsula.

We finally crossed the border, after a few misadventures, and played a little music in Quebec. The music scene there was very exciting and they seemed to be interested in what we were doing. After hanging around Quebec for about six months, we went to New Brunswick to play the Frolic des Acadiens, August 15, on La Butte à Napoléon at Cap Pelé. That's where I met Johnny Comeau, a fiddler from Nova Scotia. The three of us went to Europe together for a few months, then returned to Montreal to play at the Veillée des Veillées at the end of November 1975. That was the real break for us in Quebec.

ZACHARY RICHARD

Zachary's militancy, which made him a star almost overnight in Quebec and New Brunswick, found a cooler reception in his native Louisiana, where crowds at the second Tribute to Cajun Music festival in 1975 wondered only why he was so angry during his emotional performance.

You know, I was a young man. I had just discovered my Acadian heritage, and I had a fever. At that point, I wanted to turn the world around. It was the naïveté of a young militant. I was very much in a militant spirit about all of this. We even had a flag that we very carefully made at Kenneth Richard's house. Some poor little French girl who had no idea what was going on sewed it together. All with a great sense of symbolism, of course. There was a green live oak on a field of bayou blue upon which was written "Solidarité et Fierté" [Solidarity and Pride]. There was even a drop of blood somewhere on there, for one reason or another. That was an important period in my life. It was all very important for me and it still is important, but with the years, I guess we become less willing to make sacrifices and to run

devant des foules délirantes. Ses disques ont connu un très grand succès dans le monde francophone et, en 1980, la France lui a décerné le Prix de la Jeune Chanson.

Il y avaient pas beaucoup de places pour jouer, et il y avait pas beaucoup d'argent. C'est surprenant combien peu. On a resté ensemble pas trop longtemps, six mois, peut-être un an. Et c'est là que France Lemay et la Délégation du Québec nous a envoyé pour la première fois au Québec. Après ça, le groupe s'est dissolu à cause des problèmes personnels occasionnés par le manque de travail pour le groupe. Ça fait, moi et le bassiste du groupe, on a décidé de retourner au Canada, où on voyait des possibilités. On avait fait jusqu'à 600 piastres dans une journée en faisant des shows à la télévision. Ça, c'était plus qu'on avait jamais fait en Louisiane. Ça fait, on a retourné pour voir quoi c'est on pouvait faire. On a parti le sept juillet avec un ami, Richard Guidry, qui allait voir sa belle en Gaspésie.

On a fini par traverser la frontière après quelques aventures et on a joué un peu au Québec. La scène là était très excitante et ils avaient l'air de s'intéresser à ça qu'on faisait. Et là, après avoir traîné pour un bon six mois là-bas, j'ai fait le quinze août sur la butte à Napoléon à Cap Pelé au Nouveau-Brunswick. C'est là que j'ai rencontré Johnny Comeau. On a tous les trois, moi, Roy Harrington, et Johnny, parti en Europe où on a resté quelques mois. Là, j'ai revenu pour aller à Montreal à "La Veillée des Veillées" à la fin de novembre, 1975. Ça, c'etait notre break au Québec.

ZACHARY RICHARD

L'engagement enragé qui avait fait de lui une vedette au Québec et au Nouveau-Brunswick lui a moins bien réussi en Louisiane. Le public ne comprenait pas son excitation forcenée pendant l'"Hommage à la Musique Acadienne" de 1975.

J'étais un jeune homme. Je venais de découvrir le fait d'être Acadien et j'avais la fièvre. A ce moment-là, je voulais renverser le monde. C'était la naïveté d'un jeune militant. J'avais l'esprit tout à fait militant par rapport à tout ça. Les drapeaux, on les a fait soigneusement chez Kenneth Richard. Une pauvre française qui savait pas trop ce qui se passait a cousu les drapeaux qui étaient faits avec un grand symbolisme. Il y avait le bleu du bayou et le chêne dedans et ça disait "Solidarité et Fierté." Il y avait une goutte de sang quelque part pour quelque chose. C'était une grande période pour moi. C'était important pour moi, tout ça. Et c'est encore important, mais avec l'âge, je pense qu'on devient moins prêt à faire des sacrifices et

Above: At the Corner Bar, Breaux Bridge, 1982. *Right*: At home, near Scott, 1983.

around wildly for things that we are not certain will make sense to others. That's essentially what we learned during that period, that no one seemed to understand what we were trying to do. Everyone sitting in the bleachers, at the Lafayette festival in 1975, looked at us and wondered why I was so angry. But I was angry, and I still have the same feelings which angered me in 1975, and they anger me just as much today, but with the years, I guess we become less willing to run the risk of being misunderstood.

ZACHARY RICHARD

Opposite, top: Zachary Richard at the Hommage à la Musique Acadienne, Lafayette, 1975. *Bottom, left and right*: Back home, near Scott, 1981.

puis à courir partout pour des choses qu'on est pas certain de faire comprendre. C'était surtout ça qu'on a vu pendant cette période-là. C'était que personne comprenait ce qu'on faisait. Tout le monde était assis dans les bleachers puis ils regardaient ça et puis ils se demandaient quoi c'est qui se passait. Personne comprenait. On se demandait pourquoi j'étais si fâché, mais seulement, moi, j'étais fâché. J'ai toujours les mêmes sentiments qui me fâchaient en 1975, et ça me fâche d'autant plus aujourd'hui, mais je pense qu'avec l'âge on devient moins prêt à prendre des risques et à dire des choses que le monde comprendrait pas.

ZACHARY RICHARD

(Awaken! The English are coming to burn the fields. Awaken, men of Acadia, to save the village. My great-great-great-grandfather came from Brittany, and the blood of my family has watered Acadia. And now these damned English come to run us off like cattle, to destroy our sacred families, to cast us to the winds. Awaken! I heard talk of joining with Beausoleil to take up arms against the damned intruders. I heard talk of going to Louisiana to find peace. Awaken! I saw my poor father imprisoned while my beautiful mother wept. I saw my home set afire, and now I am left an orphan of Acadia. Awaken! The English are coming to steal the children. Awaken, men of Acadia, to save our heritage.)

Réveille! Réveille!
C'est les goddams qui viennent
Brûler la récolte.
Réveille! Réveille!
Hommes acadiens
Pour sauver le village.
Mon grand, grand, grand grandpère
Est v'nu de la Bretagne,
Le sang de ma famille est mouillé
    l'Acadie.
Et là les maudits viennent
Nous chasser comme des bêtes,
Détruire les saintes familles,
Nous jeter tous au vent.
Réveille! Réveille!
J'ai entendu parler
De monter avec Beausoleil
Pour prendre le fusil battre les sacrés
    maudits.
J'ai entendu parler
D'aller en la Louisiane,
Pour trouver de la bonne paix
Là-bas dans la Louisiane.
Réveille! Réveille!
J'ai vu mon pauvre père
Etait fait prisonnier
Pendant que ma mère,
Ma belle mère braillait.
J'ai vu ma belle maison,
Etait mise aux flammes,
Et moi, j'su resté orphelin,
Orphelin de l'Acadie.
Réveille! Réveille!
C'est les goddams qui viennent
Voler les enfants.
Réveille! Réveille!
Hommes acadiens
Pour sauver l'héritage.

In those days, my goal was to shock the sensibilities of the people in an effort to make them suddenly aware of the same feelings that caused my sense of militancy. During that period, I played music at Ferdinand Stute's bar and I would insult people who spoke to me in English, whether they were Cajun or not. It made no difference to me. I wanted everyone to speak French. That was the show at Ferdinand Stute's place. I would go over there to play accordion with Steve Guidry, and when someone would talk to me in English, I would insult them. Like all fanatics, I was seeing things only as I wanted them to be, and I did things according to my idea of how things should be. Now, I don't think any less of the cause, but I think much more about the means because, let's face it, insulting people at Ferdinand Stute's place didn't amount to much after all. The whole period was a natural succession to my experience during 1968 and '69, when I was a revolutionary, or when I played at being

Dans ce temps-là, mon affaire était d'essayer de choquer les sensibilités des gens pour occasioner d'un coup le même sentiment de militant que j'avais en moi. A cette période-là, j'allais jouer chez Fernand Stute, et j'insultais le monde qui me parlait en anglais, qu'ils étaient Cadiens ou pas, ça me faisait pas rien. Je voulais que tout le monde parle français. C'était le show chez Fernand Stute. J'allais là-bas jouer l'accordéon avec Steve Guidry, et puis quand on me répondait en anglais, je les insultais, qu'ils étaient Cadiens ou autres. Comme tout fanatique, je voyais uniquement ce que je voulais voir, puis je faisais des choses en fonction de ce que je pensais qui aurait dû être. Asteur, je pense pas moins à la cause, mais je pense beaucoup plus aux moyens, parce qu'insulter le monde chez Fernand Stute, ça a pas donné grand'chose finalement. Tout ça, c'était une suite naturelle de tout ce qui m'est arrivé dans les années '68 et '69 quand j'étais révolutionnaire, ou je prétendais être révolutionnaire, à la Nouvelle-

a revolutionary, in New Orleans. This was another cause that I embraced, but this time, the cause directly touched my own life. ZACHARY RICHARD

After the revolutionary fire died down, Zachary continued to pursue his career as a musician. The embers continued to glow, but as a professional musician, he learned important lessons concerning the role of the performer which allow him to step away from the crowds and return home simply as Ralph, Eddie Richard's boy from Scott, with no less concern for the survival of his culture, but with a sense of tempered restraint.

My home is a refuge where I can put on another costume and play out another myth: the savage at home. Henry Miller said that people who live in the South are much more attached to everyday reality than certain others. They are happy to renounce the "trappings of fame and fortune" to keep the peace that provides them with inspiration, which is much more durable in the long run. And that has a lot to do with my perception of home. I work much more at writing and composing music when I am here than I ever did when I lived in Montreal, for example. Here, I don't have the fire for what I produce to be recognized or even known on the outside, but the satisfaction that I get comes from creating. The place I feel best and most real is out here in the country, where the myth of having to be bigger than life for other people doesn't follow me. ZACHARY RICHARD

People like to create myths that are larger than themselves. And the other side of that coin is that once they create a mythical figure, they always seek to destroy it, or at least to sully its image. People love to spit on their idols.
I learned to wear a disguise. Once you put yourself on stage, you become an actor. You pretend to be something, in my case, a musician and a singer. It's a matter of realizing your talents, but if I were to go out onto my front porch and dance like I do on stage, my neighbors would think I'm crazy. It makes no sense in this context. The stage is like a cloak that you wear, and you take it off once you're home. ZACHARY RICHARD

Orléans. C'était une autre cause révolutionnaire que j'allais embrasser, mais cette fois, c'était beaucoup plus important parce que ça me touchait directement.
ZACHARY RICHARD

Ses feux révolutionnaires un peu calmés, Zachary a poursuivi sa carrière musicale. Les braises restent toujours chaudes, mais il sait qu'un musicien professionel doit apprendre à protéger sa vie personelle. Quand il sort d'un bain de foule, il rentre chez lui et redevient Ralph, "le garçon à Eddie Richard de Scott." Il n'est pas moins concerné qu'avant ni moins engagé envers la survie de sa culture, mais il a appris à surveiller l'expression de son engagement.

Ici, tranquille, c'est un refuge où je peux mettre un autre costume et jouer un autre mythe: le sauvage chez lui. Henry Miller disait que les gens qui vivent dans le Sud sont beaucoup plus attachés à la réalité de tous les jours que certains. Ils sont d'accord de renoncer les "trappings of fame and fortune" pour garder la paix qui sert de leur inspiration, qui est beaucoup plus durable, en plus. Et ça a un rapport avec ma perception de cette situation ici. Je travaille beaucoup plus en écriture et en musique ici tranquille à la maison que ce que je faisais quand je vivais à Montréal, par exemple. Ce que je fais ici, j'ai pas le feu pour que ça soit reconnu, que ça soit même connu. Et la satisfaction que je retire de ça, c'est en le faisant. Pour moi, la place que je me sens le mieux et le plus vrai, c'est ici dans la campagne, sans vivre le mythe d'être plus grand qu'on est pour les gens. ZACHARY RICHARD

Le monde aime de créer des mythes, des choses qui sont plus grandes qu'eux-mêmes. Et l'autre côté de cette médaille, c'est qu'une fois qu'on a créé le mythe du grand bonhomme, il y a toujours le désir de détruire ou de salir ce qu'on a créé. Les gens aiment beaucoup cracher sur leurs idoles.
J'ai appris à porter un déguisement. Une fois que tu te mets sur un stage, tu es acteur. On prétend d'être quelque chose, moi, c'est d'être musicien, chanteur. Il s'agit de se réaliser les talents, mais si je me mets sur ma galerie en train de gigoter comme je fais sur le stage, mes voisins vont penser que je suis fou. Ça a pas de sens ici. Le stage, c'est comme un capot que tu mets et que tu enlèves une fois que tu as fini avec. ZACHARY RICHARD

8. Nathan Abshire

Nathan Abshire at the Festival de Musique Acadienne, Lafayette, 1980 (*opposite*) and at home in Basile, 1977 (*above*).

Nathan Abshire was born in 1915, between Bayou Queue de Tortue and the salt-water marshes near Gueydan. The accordion ran in his family. His father, his mother, and at least one uncle played. At the tender age of six, Nathan was already getting in trouble for sneaking his uncle's accordion away to practice. By the time he was eight, he had become accomplished enough to begin his long career as a regular musician, first at house dances in the neighborhood, then in public dance halls throughout the area. Within a few years, his acclaim as an outstanding accordion player had spread across the southwest prairies of French-speaking Louisiana. He was in such demand that, at one point, he was performing seven nights a week in the Basile area, eventually bringing him to settle there.

I learned to play by myself. No one taught me. I would see and hear others playing, you see. My uncle played and my mother played and my father played. Lennis Abshire. He used to play reels on the accordion.

  I was six years old. I started playing on an accordion that cost three and half dollars. It wasn't mine. It was for one of my uncles. He lived at home, and there was this little old armoire, but there were these marks that he would put it between, and I didn't know that. I couldn't see those marks, and when he left to go to work, I'd get it to play. When he'd come back at noon, he'd take off his belt, Jack . . . He'd give me a licking, and he really could whip! Listen! But I never gave up. At noon, he'd leave again and I'd grab it again. At night, when he came back home, he'd check it again. When it wasn't in the same place, he'd give me another licking. Then he gave up and finally gave it to me. NATHAN ABSHIRE

  Although Nathan made more of a living from his music than most Cajun musicians, he could not depend on it entirely. He worked at many odd jobs throughout

Nathan Abshire est né en 1915, près de Gueydan dans le sud de la paroisse Vermillon. Sa mère, son père, et au moins un de ses oncles étaient musiciens, mais ils ne l'ont pas encouragé quand il a commencé à s'intéresser à l'accordéon vers l'âge de six ans. Déjà à l'âge de huit ans, il avait appris assez pour jouer dans les bals, et il a rapidement gagné une véritable renommée dans le sud-ouest de la Louisiane. Une fois si bien connu qu'il jouait tous les soirs de la semaine à Basile, il a quitté les mèches pour s'installer dans les grandes prairies.

J'ai appris à jouer moi-même. Personne me l'a montré. Je voyais les autres jouer, tu vois. Mon oncle jouait et ma mère jouait et mon père jouait. Lennis Abshire. Lui, il jouait des reels *là-dessus.*

  J'avais six ans. J'ai commencé avec une accordéon de trois piastres et demie. C'était pas pour moi. C'était pour un de mes oncles. Il restait à la maison, et il y avait une armoire. Mais il y avait des marques qu'il la mettait dedans et moi, je connaissais pas ça. Moi, je voyais pas les marques. Et quand il partait à l'ouvrage, je me garrochais dessus. Quand il arrivait les midis, il ôtait sa ceinture, Jack . . . il me donnait une raclée, et puis il bûchait, ouais! Ecoute! Mais, j'ai jamais lâché. Le midi, il partait encore, je me raccrochais encore dessus. Le soir, quand il rentrait à la maison, il aurait check *ça. C'était encore pas à la même place. Il m'en sacrait une autre encore, jusqu'à qu'il a venu qu'il me l'a donné.* NATHAN ABSHIRE

  Il ne gagnait pas trop mal sa vie de sa musique, mais comme il ne pouvait pas compter sur ces revenus, il a dû donc faire toutes sortes de métiers, et il a fini par être nommé gardien du dépotoir municipal de Basile, ce qui surprenait toujours ses visiteurs. Le terrain autour de sa maison était devenu une sorte de succursale du dépotoir, rempli d'objets qu'il trouvait intéressants et espérait revendre. La galerie de sa maison surplombait ce monceau de ferrailles, et là il faisait salon quand les

101

his life and finally was, until his retirement, guardian of the Basile town dump, to the great surprise of his many hero worshippers who came from all over the world to see him in his own surroundings. His front yard became an extension of his job as he collected used objects of interest to sell, and his front porch became a cultural *salon* where he held forth daily on Cajun music.

What brought me here to live in Basile was music. You see, I was born and raised on the other side of Morse, but I came to play seven nights a week at the Avalon Club here in Basile. So my wife and I took this little house, and we've lived here since. We know lots of people here now, and lots of people come from all over to visit. NATHAN ABSHIRE

Recognized as one of the greatest Cajun accordion players and singers of all time, Nathan was greatly influenced by the legendary black Creole musician, Amédé Ardoin.

Every Saturday afternoon, we used to go to John Foreman's saloon. I'd see Amédé Ardoin coming full-stride down the way. He'd say, "Abshire, you've got to come help me tonight." "Oh, well," I'd say, "Amédé, I can't help you." "Oh, yeah," he'd say, "we're both going to play. I'll play for a while, then you'll play for a while." I'd say, "I don't feel much like going, Amédé," but I'd go. And we sure did make some music. As far as that goes, we made some good music. NATHAN ABSHIRE

Nathan's bluesy music expressed his emotional personality, as full of soulful pathos as of exuberant joy. He was one of the early representatives of Cajun music on the national scene, accompanying the Balfa Brothers to Newport in 1967. His dramatic style immediately made him a favorite performer in college towns and festivals throughout the United States and Canada. He declined several offers to go to France because he disliked flying and was uneasy about crossing the Atlantic.

When we first started going on trips, I was playing with the Balfa Brothers, with Dewey and Will and Rodney and their group. We liked it a lot. We had never seen things like that, thousands and thousands of people at once who were clapping and screaming at the top of their lungs, because they liked our music so much. It was strange, but you can imagine how much we appreciated that. They sure were nice people. Now, lately, they've started doing sort of the same thing here in Lafayette, at the CODOFIL festival. It's

gens venaient des quatre coins du monde pour parler musique avec "le Bouddha de Basile."

Ça qui m'a amené à venir rester ici à Basile, c'était la musique. Tu vois, j'ai été né et élevé juste l'autre bord de Morse. Mais ça a venu que je jouais sept soirs par semaine au Avalon ici à Basile. Ça fait, moi et ma femme, on s'a pris cette petite maison-là et puis on a resté depuis. On connaît un tas de monde ici asteur, et il y a du monde qui vient de tout partout pour visiter. NATHAN ABSHIRE

Généralement considéré un des meilleurs chanteurs et accordéonistes cadiens, Nathan reconnaissait toujours ce qu'il avait appris des autres, comme le célèbre musicien créole, Amédé Ardoin.

Tous les samedi après-midi, on allait chez John Foreman, dans le saloon à John Foreman. Je voyais défunt Amédé Ardoin qui s'en venait à grands pas là-bas. Il dit, "Abshire, il faut que tu m'aides à soir." "O mais," je dis, "'Médé, moi, je peux pas t'aider." "O ouais," il dit. "on va jouer les deux. Moi, je vas jouer un élan. Là, toi, tu vas jouer un élan." Je dis, "Moi, j'ai pas envie d'aller, 'Médé," mais j'allais. On faisait de la musique, donc. Tant qu'à pour ça, on la faisait. NATHAN ABSHIRE

Sa musique joyeuse et plaintive, pleine d'échos des blues, reflétait une personnalité à la fois exubérante et angoissée. Il a joué avec les Frères Balfa à Newport en 1967, et est devenu avec eux un des premiers musiciens cadiens connus à l'échelle nationale. Son style dynamique en a fait une célébrité aux Etats-Unis et au Canada, mais il a refusé d'aller en France parce qu'il ne voulait pas prendre l'avion, surtout pour traverser l'Atlantique.

Quand on a premièrement commencé à aller sur les trips, je jouais avec les Balfa, avec Dewey et Will et Rodney et eux-autres. On a trouvé ça bien joli. On avait jamais vu des affaires comme ça, des mille et des mille de personnes à la fois qui tapaient des mains et qui criaient à pleine tête, à force qu'ils aimaient la musique qu'on faisait. Ça faisait drôle, mais tu peux t'imaginer combien qu'on appreciait ça. C'était sûr du vaillant monde. Là, dernièrement, ils ont commencé faire la même affaire ici à Lafayette, au CODOFIL. C'est drôle pour nous autres, les vieux, de voir tout ça. Il y avait jamais des affaires comme ça quand nous autres, on était petit. Ça, c'est sûr. NATHAN ABSHIRE

strange for us, old musicians, to see that. There were never things like that when we were kids. That's for sure. NATHAN ABSHIRE

A musician's life is hard, as hard as a man can have it. NATHAN ABSHIRE

And I've just begun to slack off now. I've been through a lot. I've been through quite a bit with it. Walking up to twenty miles to make three dollars, going on foot to meet Lionel Leleux at his house. We used to play for his grandfather, you know. I would leave around noon from our house. On rare occasions, one chance in a thousand, you might have gotten a ride. There were just no vehicles in those days. Sometimes a wagon, sometimes a buggy, more often than not, a wagon. And even then, it was rare. You could walk for miles and miles and you might meet only one buggy. At night, I would sleep at Lionel's house. All for three dollars, but you could go to the store with your three dollars and you couldn't bring back everything you bought by yourself. You used to get something for your money. NATHAN ABSHIRE

Although he was illiterate and spoke English with difficulty, Nathan was drafted during World War II. His short stay in the army served only to break one of his legs and injure his pride. Yet this man who could not sign his own name returned to Louisiana to serve in the cultural revival following the war, translating his sorrows as well as his joys into new songs.

I can't read music. I can't sign my name, but I make up songs in my head. I listen to them, then practice them on the accordion until they sound like they're supposed to. NATHAN ABSHIRE

(When I left for the army, I left all that was dear to me. I took the train with such a broken heart. I could hear the train whistle blowing and my hair stood on end. Tears fell from my eyes. What a long, long day. If only you could come to meet me at the station, I would be waiting for you. Then I heard the train whistle blow again and the bell rang and rang. It wouldn't stop.)

I've played music almost all my life, and there are times when I'm tired of it all, but it makes the mare run. You know, I've made a lot of records in my life, but it never brought me anything. In the old days, there were no royalties, you know, so much percentage for your records that were sold. When you went to make a record, they would give you so much, and that was all. You went home with your twenty-five or fifty dollars, and they went

La vie d'un musicien, c'est dur, aussi dur qu'un homme peut la faire.

NATHAN ABSHIRE

Et j'ai juste manière arrêté asteur-là. J'en ai passé. J'ai passé en travers d'un tas avec ça . . . marcher jusqu'à des vingt milles pour faire trois piastres, aller à pied rejoindre Lionel Leleux chez lui. On jouait pour son grand-père, tu connais. Je partais dans les midi de la maison. Des fois, une chance dans mille, t'aurais eu un mille de ride. Il y avait pas de moyens dans le temps. Des fois un wagon, des fois un boggué. Plus souvent un wagon. Et là, c'était bien rare. T'aurais pu marcher des milles et des milles et t'aurais pu rejoindre un boggué seulement. Le soir, je couchais avec Lionel. Tout pour trois piastres. Mais t'aurais été à la boutique avec tes trois piastres, tu pouvais pas tout ramener sur ton dos. T'avais de quoi pour ton argent.

NATHAN ABSHIRE

Bien qu'il n'ait pas fait d'études et qu'il n'ait parlé anglais qu'avec difficulté, Nathan a fait son service militaire pendant la Deuxième Guerre Mondiale, ne restant dans l'armée qu'assez longtemps pour se casser une jambe et traverser une véritable crise morale. Mais, cet homme sans éducation formelle est rentré chez lui grossir les rangs de la renaissance culturelle d'après-guerre, transformant ses peines et ses joies en chansons.

Je peux pas lire la musique. Je peux pas écrire mon nom. Je fais des chansons dans ma tête. Là, j'écoute ça et je les pratique sur mon accordéon jusqu'à je peux les tourner comme il faut. NATHAN ABSHIRE

Quand j'ai parti pour aller dans l'armée,
J'ai quitté tout ça moi, j'aimais.
Moi, j'ai pris le grand chemin de fer
Avec le coeur aussi cassé.

J'ai entendu le char siffler
Et mes cheveux venaient droits dessus ma tête.
Les larmes coulaient dedans mes yeux.
Quelle journée qui était aussi longue.

Si tu voudrais t'en venir me joindre,
Je serais ici au dépôt après t'espérer.
J'ai entendu le char siffler
Et la cloche a sonné, elle a pas arrêté.

J'ai joué la musique proche toute ma vie. Et il y a des fois que ça vient que je suis tanné de tout ça. Mais ça fait l'affaire aller. Tu vois, j'ai fait un tas des records dans ma vie, mais ça m'a jamais porté à rien. Dans le temps, il y avait pas de royalties, tu connais, tant de pourcentage pour

103

Top left: The Abshire kitchen, 1977. *Right*: On the front porch with Barry Ancelet, Basile, 1977. *Bottom*: Nathan's farewell to the crowd, Festival of American Folklife, Washington, D.C., 1976.

away with your song. That's how it was.
Now, it's a little different, but not much.
NATHAN ABSHIRE

You see, I never was able to make a child
myself. I have one son, Ray, but he's
adopted. We love him every bit as much
as if he were our own. We got him when he
was only a few days old. My wife wanted
a child but I wasn't sure that we would be
able to raise one. I thought we were too
old to start a family, but my wife wanted
him. She said, "If we don't take him, they
might give him to someone who isn't good
for children." So we took him, and we al-
ways treated him well. He never wanted
for anything, I can tell you that. I would
go without myself so that we could give
him what he needed, and as soon as I got
him, I quit drinking altogether. I didn't
drink at all any more. I would go and I
would play a dance, almost every night of
the week, and all that I would drink was a
little coffee. My wife would make it hot
when I'd leave the house, but in no time
at all, it was cold. But that's what I'd
drink to play my dance. Just coffee. And a
lot of people always thought, and still
think, that it was whiskey. It was coffee.
NATHAN ABSHIRE

Abshire protégé Robert Jardell at
the Hommage à la Musique
Acadienne, Lafayette, 1978.

To be sure, the poverty and pathos that
surrounded Nathan's life were the stuff the
blues are made of. It was distressing to see
such a great artist give himself so completely to his society all his life without
adequate financial return, but one was
hard-pressed to describe Nathan as a poor
man when his over-sized heart and spirit
were taken into account.

His recordings carried him much farther
than he was willing to travel, but they also
conjured an old discomfort with the notion
that recorded performances outlive the
performer.

When I die, I wish they would break all
my records and not play them any more.
It just doesn't feel right for the radios and
everyone to keep on playing a musician's
music after he's gone. When I die, I just
wish everyone I know would come to my
funeral and remember me as I was . . .
and bury my music with me.
NATHAN ABSHIRE

Nathan Abshire died May 13, 1981, in
his adopted Basile, finally living out his
motto, "The good times are killing me."
Against his wishes, his music was not buried with him.

tes records, *ça qui se vendait. Quand t'al-*
lais faire un record, *ils te donnaient tant,*
puis c'était tout. Toi, tu t'en allais avec
vingt-cinq ou cinquante piastres, et eux,
ils s'en allaient avec ta chanson. C'est
comme ça que c'était. Asteur, c'est un pe-
tit brin différent, mais pas un tas.
NATHAN ABSHIRE

Tu vois, moi, j'ai jamais pu faire un enfant
moi-même. J'ai un garçon, Ray, mais il est
adopté. Mais on l'aime pareil comme s'il
serait pour nous autres. On l'a eu quand il
avait juste quelques jours. Ma femme
voulait un enfant, mais moi, j'étais pas sûr
qu'on était capable d'élever un petit. Moi,
je croyais qu'on était trop vieux pour éle-
ver un petit. Mais ma femme le voulait.
Elle dit, "Si on le prend pas, ils vont peut-
être le donner à quelqu'un qui est pas bon
pour des enfants." Ça fait, on l'a pris. Et
on l'a tout le temps bien traité. Il a jamais
souffert pour rien, ça je peux te dire. Moi,
j'allais sans pour lui donner ça il voulait.
Et dès qu'on l'a eu, j'ai arrêté de boire tout
net. Je buvais plus du tout. J'allais et je
jouais des bals-là, proche tous les soirs de
la semaine et juste ça que je buvais,
c'était du café. Ma femme me faisait ça
chaud quand je partais de la maison, mais
dans rien de temps, c'était froid. Mais
c'est ça que je buvais pour faire mon bal.
Juste de café. Et il y a un tas de monde qui
a tout le temps cru, et qui croit asteur, que
c'était du whiskey. C'était du café.
NATHAN ABSHIRE

Son existence, pénible et dénuée, était
bien celle que décrivent les blues. Il était
triste de voir un si grand artiste se donner
au public sans recevoir sa juste récom-
pense, mais il était difficile d'appeler
pauvre un homme si riche de sagesse et
générosité.

Ses enregistrements l'ont amené beaucoup plus loin qu'il n'aurait voulu et
soulevaient en lui un malaise étrange, car
il repoussait de toutes ses forces l'idée que
la musique puisse survivre au musicien.

Quand je vas mourir-là, j'aimerais que ça
casse tous mes records, *que ça les joue*
plus de tout. Ça me fait pas, ça, de croire
les radios *et tout le monde va faire jouer la*
musique d'un musicien après il est gone.
Quand je vas mourir, j'aimerais tout le
monde que je connais vient me voir.
J'aimerais ça se rappelle de moi tel que
j'étais . . . et que ça met ma musique avec
moi dans mon cercueil. NATHAN ABSHIRE

Nathan Abshire est mort le 13 mai 1981,
à Basile, vivant jusqu'au bout sa devise,
"Le bon temps est après me tuer." C'est là
qu'il est enterré, mais sa musique n'est pas
ensevelie avec lui.

9.

Octa Clark, Hector Duhon, and the Dixie Ramblers

Octa Clark and Hector Duhon have been playing together since the 1920s. As in most long-time associations, their music reflects the intimate warmth of their friendship as well as decades of ongoing practice together. Mr. Octa was born and raised near Judice Community, an area populated by Cajun farmers. Throughout the nineteenth century, the Cajuns enculturated Anglo-American immigrants, and by the 1920s, the Clarks had to be forced to learn English in school along with the Duhons.

My father played music and a good part of my mother's family, too. The women, everyone played the accordion. And they played well, too. The whole family played. My father played. He wasn't a real musician, but he played some. And on my mother's side of the family, they played the fiddle, the guitar, and the accordion. They were Whittingtons. OCTA CLARK

The Clarks and the Whittingtons also adopted the Cajuns' sense of prairie humor. Mr. Octa farmed all his life, and his natural wit is often based on tough times.

One of my uncles had a butchering pen at his house, and there were lots of tricksters in those days. My uncle had a slaughterhouse for cows, and one day they had brought a cow to be slaughtered the next day. There was a special holding pen that they would put the cow in, and the next day the people would come to work. Well, some jokers got a lady drunk. They let the cow go and put her to sleep in the pen. When the people arrived the next day to kill the cow, they found that drunk lady still sleeping in the pen. That was a hell of a thing to do, but they used to do that kind of thing. Then they had to go out in the pasture and catch the cow.
OCTA CLARK

Opposite: Michael Doucet, Hector Duhon, Octa Clark, and David Doucet at Mulatte's Restaurant, Breaux Bridge, 1982.

Octa Clark et Hector Duhon jouent ensemble depuis les années 1920. Comme il arrive souvent avec une si longue association, l'amitié chaleureuse enrichit leur musique autant que les années de pratique. M. Octa est né et a été élevé près de Judice, une région de fortes traditions cadiennes. Les immigrants anglo-américains qui s'y sont établis au siècle dernier avaient si bien adopté la culture cadienne qu'au début du vingtième siècle il fallait forcer les Clark comme les Duhon à apprendre l'anglais.

Mon père jouait la musique et une bonne partie de la famille de ma mère. Les dames et tout, ça jouait l'accordéon. J'ai des tantes qui jouaient l'accordéon. Tu parles de jouer l'accordéon. Et toute la famille jouait. Et mon père jouait, mais il était pas pour dire un joueur d'accordéon, mais il jouait un petit peu. Et là, sur le bord de ma mère, ça jouait le violon, ça jouait le guitare, ça jouait l'accordéon. C'était des Whittington. OCTA CLARK

Les Clark et les Whittington ont aussi adopté le sens de l'humour des prairies. M. Octa, fermier toute sa vie, a connu des périodes très difficiles, mais quand il en parle, il leur trouve toujours un côté drôle.

Il y avait un parc de boucherie chez un de mes oncles, et il y avait des canailles. Ils aviont boucherie de grosses bêtes. Ils aviont une bête au parc pour tuer le lendemain matin. Ils aviont un parc exprès. Puis ils mettiont la bête; le lendemain matin, le monde venait. Ils ont pris une dame, ils l'ont bien soûlée et ils ont laché la vache, puis ils ont mis la dame à dormir dans le parc. Le monde arrivait le lendemain matin pour tuer la vache et ils ont trouvé une dame soûle dans le parc. Elle était couchée dans le parc. Ça, c'était un carnage ils aviont fait. Ils aviont des tournures. Là, il a fallu aller dans la savane attraper la vache. OCTA CLARK

And in those days, folks had their own ways of dealing with tough times.

This really happened. I cut my finger during a butchery. I think it was at my late mother's house, and my old grandfather was there, but I didn't know he treated for bleeding, or anything else. You can't imagine how much my finger bled. You know those little round foot-tubs. I would put my finger in there and in no time at all, they had to change the water again. Somebody went into the house and told my grandfather. He was old then, over eighty. He came out onto the porch and didn't say a word. He stayed there for a while, then he said, "How's your finger? Have you looked at it lately? Is it still bleeding?" I said, "It's bleeding a lot." "Oh," he said, "look at it." I took my finger out of the water and it had stopped bleeding. I called him Gros Pop. I said, "Gros Pop, what happened?" "I treated you," he said. I didn't know he treated for bleeding, but he stopped the bleeding then. My finger just stopped bleeding. OCTA CLARK

There was a little man and he was a rascal. And he was always trying to show off, and he was a little bit of a fellow. He wasn't much at all. And I had a cousin, and this little fellow was always going to my cousin to brag about who he had beaten lately. He'd say, "Last night, I beat up so-and-so, and so-and-so . . ." And this began to get on my cousin's nerves. It irritated him. He didn't like that sort of thing.

So one day, the little fellow came to my cousin and said how he had beaten up this other fellow named Joe. And Joe was a real fighter who always beat everybody he fought. He said, "I'll tell you, last night, I really put old Joe to sleep."

My cousin said, "Oh, yeah? I'm happy to hear that you finally gave him what he had coming."

The little fellow said, "Oh, yeah. I hit him so hard that I knocked him out cold. They had to wash his face to revive him."

"Oh," my cousin said, "well, don't say anything to him about this. That Joe is always coming around here bragging about his exploits. I'll catch him. I'll tell him I heard what you did to him."

This began to worry the little fellow. He knew that Joe would whip him if he heard about his lie. So he said, "It might be better if you don't say anything about it."

"Oh, but yes," my cousin said, "I'll tell him. He's always coming around here bothering me with his big stories."

He said, "We were about four or five together. Maybe I wasn't the one who hit him after all." OCTA CLARK

A cette époque, on était forcé de s'adapter tant bien que mal aux difficultés de la vie.

Ça là, ça a arrivé, ça. Moi, je m'ai coupé dans une boucherie sur un doigt. Je crois c'était chez ma défunte mère et mon grandpère était là, mais je connaissais pas qu'il traitait pour le sang, pas rien. Ça a pris à saigner. Tu peux pas t'imaginer. Ces petites bassines rondes-là, je mettais mon doigt là-dedans et elle venait rouge comme ça. Il fallait changer l'eau encore. Ils ont été dans la maison et puis ils lui ont dit ça. Il était vieux. Il avait quatre-vingts et quelques années. Il a venu sur la galerie. Il a pas dit rien. Il a venu sur la galerie. Il s'a mis sur la galerie un petit peu. Il me dit, "Ton doigt, t'as regardé à ton doigt? Il saigne toujours?" "O," je dis, "il est après saigner un tas." "Mais," il dit, "regarde voir." Je sors mon doigt comme ça. Il saignait plus. Je l'appelait Gros Pap. Je dis, "Gros Pap, quoi t'as fait?" "Mais," il dit, "je t'ai traité." Je savais pas il traitait pour le sang. Et il a arrêté le sang là. Mon doigt a arrêté de saigner. OCTA CLARK

Il y avait un petit bougre. Il était faquin. Et toujours, il aurait voulu show off, *et puis il était petit. Il était pas grand'chose. Et j'avais un cousin, et ce petit bougre allait tout le temps se vanter à lui de qui c'est qu'il avait battu dernièrement. Il lui disait, "Hier au soir, j'ai sacré une raclée à tel et tel et tel. Ça a venu, ça patientait mon cousin. Ça le choquait. Il aimait pas ça.*

Et il y avait un autre bougre qui était bon batailleur. Il s'appelait Joe. Il bûchait tous les autres. Ça fait, un jour, le petit bougre vient chez mon cousin et il lui dit comme ça qu'il s'avait battu avec Joe. Il dit, "Je te garantie, hier au soir, j'ai endormi Joe."

Mon cousin dit, "Ouais? Mais je suis donc content que tu lui as sacré ça."

Il dit, "Je lui ai sacré un coup de poing, et je l'ai jeté." Il dit, "Il a fallu ils le lavont. Ils ont manqué jamais le faire revenir."

"O mais," mon cousin dit, "dis-lui pas rien." Il dit, "Joe est tout le temps après venir se vanter icitte. Je vas le prendre. Je veux dire quoi t'as fait avec."

C'est que ça a commencé à tracaser le petit bougre. Il savait que Joe l'aurait bûcher par après. Il vient, il dit, "Ça serait mieux peut-être pas tu lui dis ça."

"Mais," il dit, "ouais, je vas lui dire. Il est après m'embarrasser à faire le grand."

Il dit, "On était quatre ou cinq ensemble. C'est peut-être pas moi qui l'a cogné."
OCTA CLARK

Mr. Octa learned to play the accordion from relatives and neighbors and very soon was playing in house dances and dance halls around the neighborhood. Even when he wasn't playing, he stayed close to the music scene.

When I was young, people called me "the cradle." I danced so well that, more than once, when a song ended, I had to wake the girl I was dancing with. She had fallen asleep on my shoulder. OCTA CLARK

By the mid-1920s, he was already a well-established musician. In 1928, he heard rumors that Alcide Duhon's son Hector was playing the fiddle and his cousin Jesse, the guitar, and asked them to join up with him. So began the musical association which would last the rest of their lives.

At first, I heard fiddle music and liked it, so I made myself a fiddle. I composed it out of a wooden cigar box. I put a neck on it and screen wires for strings. And I cut a horse's tail for some hair and made myself a bow. The first two songs I learned were "T'es petite et t'es mignonne" and "J'ai été-z-au bal hier soir." There was a little music in that old fiddle. And then, not long after that, I bought myself a fiddle from Hector Stute. Hector sold me his fiddle and bought himself a new one. I paid a lot of money for that fiddle in those days, twelve dollars. And I still have it. It was a Stradivarius model. Hector had taken lessons from Miss Voorhies. In those days, she gave violin lessons. She told me that it was a good fiddle and that, in a few years, I could get a lot of money for it, but I dropped it one day when we were playing for a Mardi Gras party on Main Street, and it's no longer in playing condition.

Not long after I bought my fiddle, maybe two weeks, some people came to see me about playing a dance at Noé Hernandez's place. Ovey Richard was playing the dance and he had no fiddle player, so they came to see me. I was thirteen years old. They had to ask my father's permission for me to go. He let me go and I went, but I had never played with an accordion or anything, never even seconded. One of my late mother's old cousins was a musician, and he showed me how to play second fiddle behind the accordion lead so that I could play the dance that weekend. That was my first dance job. They gave me a dollar and a half, and that was some big deal.

Quand M. Octa était tout jeune, ses parents et ses voisins lui ont appris à jouer de l'accordéon, et, dans peu de temps, il en savait assez pour les bals de maison et les bals publiques du voisinage. Même quand il ne jouait pas, il restait plongé dans cette musique qu'il aime tant.

Quand j'étais jeune, ça m'appelait le berceau. Je dansais si bien que plus qu'une fois, quand la danse arrêtait, il fallait je réveille la fille. Elle était après dormir sur mon épaule. OCTA CLARK

En 1928, quand sa réputation n'était plus à faire, il a entendu dire que Hector, le garçon d'Alcide Duhon du voisinage, jouait du violon et avait un cousin Jesse qui jouait de la guitare. Ils ont formé alors la base du groupe qui joue ensemble encore aujourd'hui.

En premier, j'entendais les joueurs de violon et j'aimais la musique de violon, et je m'ai fait un violon moi-même. Je m'ai composé ça avec une boîte de cigares et je m'ai fait un cou dessus et puis des screen wires, et je m'ai coupé la queue d'un cheval et je m'ai fait un archet. Et les deux premiers numéros que j'ai appris à jouer, c'était "T'es petite et t'es mignonne" et "J'ai été-z-au bal hier soir." Il y avait un peu de musique dans ce petit violon. Et là, pas longtemps après ça, je m'ai acheté un violon avec Hector Stute. Hector Stute a vendu son violon et il s'en a acheté un neuf. Dans ce temps ça, c'était un tas d'argent, ouais, douze piastres pour le violon. C'était un Stradivarius model. Même Hector a pris des leçons, lui, avec Miss Voorhies. Dedans le temps, elle montrait des leçons de violon. Elle a dit, "C'est un bon violon. Dans quelques années, tu pourrais avoir de l'argent pour." Mais j'ai échappé le violon un jour qu'on était après jouer pour le Mardi Gras sur la grand'rue. J'ai échappé le violon et depuis ça, il est plus en condition pour jouer.

Pas longtemps après j'ai acheté mon violon, je crois pas il y avait deux semaines, ils ont venu me voir. Il y avait un bal droit là chez Hernandez, Noé Hernandez. Ovey Richard était après jouer le bal et il avait pas de joueur de violon. Ils ont arrivé me voir. J'avais treize ans. Il fallait ils demandent à mon défunt père si je pouvais aller. Ça fait, j'ai été. J'ai arrivé, mais j'avais jamais joué avec une accordéon, ni pas rien, jamais secondé. Ça fait, il y avait un vieux cousin à défunte Mam qui était un musicien. Ça fait, il m'a montré comment seconder. C'était mon premier bal j'ai joué. Ils m'ont donné une piastre et demie, et c'était une grosse affaire.

After that, Octa and I got together with Jesse Duhon and started playing dances. We played at Duhon's hall. We played for pretty long there. That was in 1928. We played over two years there.

In those days, Octa was already a well-known musician, you know. He heard that Jesse and I were playing. We took catechism lessons together from my late father. At that time, we had lessons every night. My father read French, so he taught catechism and prayers in French. So Jesse and his brothers and I don't know how many others from the neighborhood came to learn their catechism at home. But Jesse would bring his guitar. Once catechism lessons were over, we would practice music. So then, Octa learned that we were playing. He came over to see us, and we started playing dances at Duhon's hall. That was how we got started.

HECTOR DUHON

Hector Duhon also came from a long line of musicians. In the days before radio and television, homemade music was an important source of entertainment, especially in a family of eleven.

My grandfather was Valentin Duhon. My mother often told me of how he loved to play the fiddle. He loved fiddle music. She said that sometimes he would think of a tune in the middle of the night and get out of bed to get his fiddle to play it. He would play it until he got it right, just like he wanted it. He often made up tunes like that, in his head in the middle of the night. In those days, they played mostly quadrilles, mazurkas, polkas, valses à deux temps. *Those were all dances that my own father played on the accordion. He used to play in front of the fireplace. We would all sit around him. We were eleven in the family, and we didn't have radio or television. Our entertainment was my father's accordion. He played all of the old dance tunes. Reels, too. His music sounded a lot like the music I've heard from French Canada.* HECTOR DUHON

Hector grew up fast. He found out early that he had a natural affinity for making his own way in life.

When I quit school, I was in the eighth grade. That was a mistake, I guess. Our schoolteacher didn't want us to speak French even on the school grounds. He caught me speaking French and gave me a thousand lines to write: "I will not speak French on the school grounds." I got mad and quit school. My late father gave me five acres of land to plant cotton. But I hired a man. I paid him two dollars a

Après ça, moi et Octa et Jesse Duhon, on a monté un band. *On a commencé à jouer des bals. On jouait à Duhon's Hall. Même on a joué pour joliment longtemps là. Ça, c'était en 1928. On a joué au dessus de deux ans là.*

Dans ce temps, Octa était un musicien déjà, tu connais. Ça fait, il a entendu parler que moi et Jesse jouaient. On apprenait le catéchisme. Défunt Pap nous montrait le catéchisme et puis on avait un groupe. Tous les soirs, il nous montrait le catéchisme. Défunt Pap pouvait lire le français. On apprenait le catéchisme, nos prières en français. Ça fait, Jesse et ses frères et je sais pas combien dans le voisinage, ça venait apprendre le catéchisme. Mais Jesse amenait son guitare. Une fois le catéchisme était fini, on pratiquait, moi et lui. Ça fait là, Octa a su ça. Il a venu nous voir. Et on a commencé à jouer des bals chez Duhon. C'est comme ça qu'on a commencé. HECTOR DUHON

Hector Duhon vient aussi d'une famille de musiciens. Avant la radio et la télévision, la musique, qui servait à amuser les enfants, était fort importante dans une famille de onze.

Mon grandpère, c'était Valentin Duhon. Ma maman me contait souvent, il aimait jouer le violon. Il aimait la musique de violon. Elle dit s'il jonglait comme une chanson dans la nuit, il se réveillait. Il se serait levé et il aurait pris son violon et il aurait joué ce tune-*là jusqu'à qu'il venait à le jouer bien comme il voulait. Il aimait beaucoup ça. Il imaginait des airs dans sa tête. Dans ce temps, c'était des quadrilles, des mazurkas, des polkas, des valses à deux temps. Ça, c'était toutes des danses que mon défunt père à moi-même jouait sur l'accordéon. Ça, c'était devant la cheminée. Dans le temps, c'était un foyer, on appelait ça. On s'asseyait devant le foyer. On était onze dans la famille. Et on avait pas de* radio, *pas de* television. *C'était l'accordéon. Il jouait l'accordéon et c'est ça, il jouait. Des* reels, *aussi. C'était toutes des vieilles danses. Quand j'entends la musique des Canadiens aujourd'hui, j'entends les danses que mon défunt père jouait dans ce temps-là.*

HECTOR DUHON

Hector a grandi vite; il a commencé tout jeune à gagner sa vie.

Quand j'ai arrête l'école, j'ai arrêté dans le huitième. J'ai fait une erreur, je pense. On avait un maître d'école et il voulait pas tu causes français sur la cour d'école. J'étais après causer français et puis il m'a donné mille lignes pour écrire comme

Top: Hector Duhon, Octa Clark, and Bessyl Duhon in the Duhon living room, Judice, 1983. *Bottom left*: Hector Duhon on his farm at Judice, 1983. *Right*: Hector at the Hommage à la Musique Acadienne, Lafayette, 1977.

111

week to work my crop. In those days, two dollars a week was big money. That was in the Depression. A fellow went to the dance often with no more than ten or fifteen cents in his pockets. If he had twenty-five cents, he was loaded. We charged twenty cents for admission. Lots of times, we played for the gate, and some people we knew didn't have enough money to come in, so we would make a sign to the one collecting money to let him in for whatever he had. Then, there was usually ten cents for "treat your lady." Often, a fellow didn't have ten cents to pay a drink for his lady, so when they called out, "Treat your lady!" he would sneak outside. Things were rough in those days.

HECTOR DUHON

I got my first car when I was fourteen years old. I had sold a cow. I raised a few cows of my own in those days, and a few chickens. I sold a few chickens and a cow and I bought myself a car. It was a Model T Ford. Things were different in those days. There were no other cars in the neighborhood. There was no age limit for driving. Whenever someone was sick, they would come for me to drive them to the doctor's office, and I was only fourteen.

HECTOR DUHON

Those who survived growing up on the prairie don't have to pretend to be tough. They just are. A sense of well-founded confidence gives them an inner peace which translates as genuine kindness as long as things remain in their proper order.

We were playing a dance one time, a house dance, and Jesse was courting a girl, and that night her boyfriend came. He came with a gang of his friends to make trouble. They wanted to run us out of there because Jesse was courting this fellow's girl. And we didn't know anything about it. We heard noises. They were fighting on the porch of the house. We were playing inside. So, after a while, somebody came up to the bandstand and told us, "You all had better get out of here. There's a gang outside and it's you all that they're after. They're after Jesse because he's with the girlfriend of one of those fellows." So we left. We got into the car and drove away. When we got home, Joe got his shotgun and went to the door. They had followed us home, but he ran them off. After that, we started taking our fathers' pistols with us. I would take my father's thirty-eight and put it into my fiddle case. And Jesse's father had a forty-four, a big pistol. He would put it into his guitar case. We were just young boys, you know.

quoi il fallait pas je parle en français sur la cour d'école. Ça m'a choqué et j'ai arrêté l'école. Mon défunt père m'a donné cinq acres de terre pour que je me plante du coton. Mais j'ai engagé un homme. Je lui payais deux piastres par semaine. Et puis il faisait ma récolte. Dans ces temps-ça, deux piastres par semaine, c'était une grosse argent. Ça, c'était dans la dépression. Un bougre allait au bal et, des fois, il avait pas plus que dix, quinze sous. S'il avait vingt-cinq sous, il avait un tas d'argent. On chargeait vingt-cinq sous pour rentrer, et c'était dix sous pour treat your lady. Souvent des fois, il avait pas dix sous pour aller payer un pop à sa belle. Ça fait, quand ça criait "treat your lady," il s'échappait dehors. Les affaires allaient mal dans ces temps-ça.   HECTOR DUHON

J'ai eu mon premier char, d'après moi j'avais quatorze ans. J'avais vendu une vache. J'élevais des vaches. Dans ce temps-là, j'élevais des bêtes pour moi-même. J'élevais des volailles. Et j'ai vendu des volailles et une vache et je m'ai acheté un char. C'était un Model T Ford. Les temps étaient différents dans ce temps-là. Il y avait pas de char dans le voisinage. Il y avait pas de limite d'âge tu pouvais drive. N'importe qui qui était malade, ça venait me voir pour les amener chez le docteur et j'avais pas plus que quatorze ans.

HECTOR DUHON

Les hommes qui ont été élevés dans les prairies au début du siècle n'éprouvent jamais le besoin de jouer les durs. Ils le sont. Ils sont sûrs d'eux, donc calmes, même doux, aussi longtemps qu'on respecte l'ordre établi, mais féroces si on le dérange.

On a joué un bal une fois. C'était un bal de maison. Et Jesse sortait avec une petite fille et ce soir-là, son beau a venu. Et puis c'était une bande. Ils avaient venu pour faire du train. Ça voulait nous chasser de là parce qu'on était après jouer. Ça fait, nous autres, on savait pas rien de l'affaire. On entendait des trains. C'était après se battre sur la galerie. Nous autres, on était après jouer dedans. Ça fait, tout à l'heure, il y en a un qui vient à côté de nous autres. Il dit, "Echappez-vous autres, c'est une bande et c'est vous autres ils sont derrière." Il dit, "Ils sont derrière Jesse parce qu'il sort avec la belle de ce bougre." Ça fait, moi et Joe et eux, on a monté dedans le char et on s'en a été. Quand on a arrivé chez nous autres, Joe a été avec son fusil à la porte. Ils nous avaient suivi en arrière. Il les a fait quitter. Ça fait, après ça, on volait le pistolet à défunt Pap. Moi, je le mettais dans ma boîte de violon. Et Jesse, son défunt père avait un quarante-quatre,

112

One night, we were playing a dance in Bosco, at Sully Babineaux's dance hall, and a fight broke out in there. The owner came and told us to keep on playing because it might calm things down, so we kept on playing. One fellow came up to us with a big knife and said, "How do you all want it? Are you going to stop playing, or am I going to have to stop you?" So Jesse and I bent down and reached for our cases, as though we were going to put our instruments away. I got my pistol and Jesse got his big forty-four. When that fellow saw that, he said, "Hey, I was only kidding!" and he took off running. I don't think we were any older than fifteen and sixteen, but we sent that fellow running. Jesse and I had run once. We decided we weren't going to run again. HECTOR DUHON

In the 1930s, Mr. Octa faded temporarily from the scene with the accordion. Hector and Jesse formed a new group in response to the growing demand for string band music. They became quite popular as the Dixie Ramblers, playing as far as New Orleans and East Texas, and recording for RCA Bluebird. Along with the Hackberry Ramblers, they were among the first to experiment with early sound systems. As a string band, they also experimented with new tunes from swing, country, and popular music that they heard on the radio.

In the thirties, there was a priest from Leroy who came to see me. He wanted to have us play, but he wanted a string band, you know, just fiddles and guitars. He didn't want an accordion band. In those days, the accordion had begun to fade away. So we went to play there, Hector Stute, Jesse Duhon, Willie Vincent, and I. In those days, there were no sound systems yet. There was just a high table, and home brew beer. We got a little tipsy up there and we played as loud as we could. Joe Latour was in the crowd one night. It was an older folks' dance, you know. Joe said to me, "If you all want to come and play for me, I'll buy you a sound system." We didn't know anything about that, you know. So Joe Latour had the Bailey brothers (they worked on radios and repaired them) . . . They made a sound system for us with an old crystal mike. They made speakers with wooden boxes and an amplifier. They just made that up for us, which was very nice, but most of the places we played didn't have electricity. In those days, there wasn't electricity everywhere. So they wired a generator for us on my old car. I had a Dodge, and we would let it idle all evening long to have electricity for our sound system.

un grand pistolet. Il le mettait dans sa boîte de guitare. Des jeunes petits bougres, tu connais.

Ça fait, on était après jouer à Bosco, chez Sully Babineaux, quelque temps après. La bataille a pris en dedans. Ça fait, le bougre dit, "Continuez à jouer." Ça fait, on a continué à jouer. Il y a un bougre qui a venu, il avait un de ces grands couteaux. Il dit, "Quoi, vous autres vas faire? Vous autres vas arrêter ou il faudra je vous arrête?" Ça fait, moi et Jesse, on s'a penché pour attraper nos boîtes, comme si on voulait serrer nos instruments. Moi, j'ai attrapé mon pistolet et Jesse a attrapé son quarante-quatre. Quand il a vu ça, il dit, "Je suis après blaguer avec vous autres!" Il s'a échappé quand il a vu nos pistolets. Je crois pas qu'on avait plus que quinze ou seize ans, mais ça, c'était un bougre qui nous a quitté tranquille. On avait dit, moi et Jesse, qu'on s'aurait jamais sauvé encore. HECTOR DUHON

Pendant les années 1930, M. Octa a abandonné l'accordéon et Hector et Jesse ont formé un groupe pour jouer la musique de cordes que le public demandait. Connus de la Nouvelle Orléans au Texas, les Dixie Ramblers ont fait des enregistrements pour RCA Bluebird. Avec les Hackberry Ramblers, ils ont été parmi les premiers à expérimenter avec les nouveaux systèmes de son. Ils ont aussi adapté les airs de swing, de country, et de musique populaire qu'ils entendaient à la radio.

Là, dans les '30, il y a un prêtre de Leroy qui a venu me voir. Il voulait la musique, mais il voulait juste string music, tu connais, juste la musique des violons et des guitares. Il voulait pas d'accordéon. Dans ce temps-ça, l'accordéon avait commencé a die out. Ça fait, on a été jouer là-bas. On a pris, moi et Hector Stute, Jesse Duhon et défunt Willie Vincent. On a été jouer là-bas. Dans le temps, il y avait pas de sound system, pas rien. Il y avait une table haute, puis dans le temps c'était le home brew beer. On commençait à se chaquer en haut là et on jouait aussi fort comme on pouvait. Et Joe Latour était là. C'était du vieux monde, tu connais, du monde âgé. Et il m'a dit, "Si vous autres veux venir jouer pour moi, je vas vous acheter un sound system." Ça, c'était quelque chose nous autres, on connaissait pas rien pour, tu connais. Ça fait, Joe Latour a fait faire les Bailey Brothers (ça travaillait sur des radios et les réparait), ils ont fait un sound system avec ces crystal mikes. Et ils ont fait des speakers avec du bois, puis des amplifiers. Ils ont tout fait ça, et c'était bien vaillant, mais la moitié des salles où on jouait, il y avait pas d'élec-

We used to play popular songs, blues, some French songs, country songs . . . We mixed them up. Jimmy Rodgers was very popular in those days and our guitar player knew all of Jimmy Rodgers's songs. We played songs we heard on the radio. We called ourselves the Dixie Ramblers. We talked about it among ourselves and decided that, since we came from Dixie, we would call ourselves the Dixie Ramblers.

We played a lot of dances in those days. We went as far as Texas in that old Dodge that I had. It was all gravel roads then. That was in the thirties. There were no paved roads, or anything. I remember playing at Port Arthur College. That was on the radio in Port Arthur. We played in Beaumont. And we were the ones who played when they opened KVOL radio in Lafayette. Our band was playing on Main Street at Jack's Place. A man named Escudier was in charge of the new radio station. He came to see us about opening the radio station with our band. That was in the thirties. HECTOR DUHON

In the early days, there was no such thing as royalties, or anything like that. I don't imagine that even Joe Falcon got much for his first records. When we went to New Orleans for the first time to record, they paid us each two hundred dollars, and that was a lot of money in the thirties. And they paid us with hundred dollar bills. We had to go to Holmes, I think, in New Orleans, to cash them because no one else could cash our hundred dollar bills. Nowadays, you can cash a hundred dollar bill most places, but in those days, money was rare. HECTOR DUHON

With the death of his father in 1936, Hector gave up music completely to take over his father's business and to raise his own family. Though he left the musician's life behind, his work as a trucker and later as an appliance service man kept him on the road for over thirty years. His own sons had no idea of his past as a musician, but such things seem to run in the family anyway, and soon enough, music surfaced in the Duhon boys. Bessyl broke the ice with a guitar. He also took up the saxophone in the school band. Eventually, the whole family was once again involved in making music of all sorts.

When Bessyl was grown, I think he was twelve or thirteen, he went to pick cotton and he bought himself a guitar. I don't think he knew that I had played music. He was interested in the guitar. He brought one home and hid it. He didn't want me to see that he had bought one. He had

tricité. Dans ces années-ça, il y avait pas d'électricité partout. Ça fait, ils nous a wire *un* generator *dessus mon vieux char. J'avais un Dodge et on courait le char toute la nuit pour avoir de l'électricité pour avoir notre* sound system.

On jouait des popular songs, *on jouait des* blues, *on jouait des chansons françaises, on jouait des* country tunes. *On mêlait ça. Jimmie Rogers était populaire dans ce temps-ça, et mon joueur de guitare chantait toutes les chansons à Jimmie Rogers. On jouait la musique qu'on entendait sur le* radio *aussi. On s'a formé les Dixie Ramblers. On a discuté entre nous autres. On venait de Dixie. Ça fait, on s'a appelé les Dixie Ramblers.*

On jouait un tas des bals dans ces années-ça. On allait jouer dans le Texas là-bas dans ce vieux Dodge-là. Dans le temps, c'était tous des chemins de gravailles pour aller là-bas. C'était dans les '30. Il y avait pas de pave, *pas rien. Je me rappelle, on jouait à Port Arthur College. Ça, c'était sur le* radio *dans Port Arthur. On a joué à Beaumont. Et là, c'est nous autres qui a* broadcast *quand ils ont ouvert la station KVOL à Lafayette. Notre* band *était après jouer sur la grand'rue à Jack's Place. Un Escudier était la tête pour le nouveau* radio. *Il a venu nous voir pour jouer. On a été et c'est nous autres qui a ouvert la station KVOL à Lafayette. Ça, c'était dans les '30.* HECTOR DUHON

Dans le temps, il y avait pas de royalties, *pas rien comme ça, non. Je m'imagine pas que Joe Falcon a eu grand'chose pour son premier* record. *Nous autres, quand on a été en Ville pour faire des* records, *la première fois, ils nous ont payé chacun un deux cent piastres, et ça, c'était un tas d'argent dans les '30. Et il nous a payé avec des billets de cent piastres et on a été à Holmes, je crois, en Ville (je me rappelle, on a monté des escaliers). On pouvait pas* cash *les billets de cent piastres en nul part. Le monde, quand ça voyait ces billets de cent piastres . . . Et on a été la seule place on pouvait aller pour casser les billets de cent piastres pour avoir de l'échange. Aujourd'hui, tu peux casser des billets de cent piastres partout, mais dans ce temps-ça, l'argent était rare.*

HECTOR DUHON

A la mort de son père en 1936, Hector a abandonné la musique pour reprendre l'entreprise familiale et s'occuper de ses enfants. Bien qu'il ait quitté la vie de musicien, son travail de routier, puis de réparateur, l'a envoyé quand même par tous les chemins pendant plus de trente ans. Ses enfants ne savaient même pas qu'il avait joué du violon, mais ce genre

Bessyl Duhon at the Hommage
à la Musique Acadienne,
Lafayette, 1977.

bought it with his own cotton money. It
wasn't until sometime later that he got
the nerve to bring it out.

Then, Bessyl played in the band at Judice School. At first, they didn't have a
band. They had no instruments. So they
came to see me about playing a benefit
dance in the gym to pick up some money
to buy instruments for a band. The first
time, we put on a minstrel show and R. L.
and I played "A Closer Walk with Thee."
We had different acts and put them together in a sort of minstrel show. We
raised over $3,000 and bought instruments
for the band. And the next year, we had a
dance, and that's when we got together as
a group again. Octa came with us and
started playing again, and Mr. Hanks, the
one who runs the feed store, he came and
helped us. Mr. Claude Hanks. And Bessyl
played some. That's when we started up
again, Mr. Octa and Bessyl and I. That
was in the 1950s. That's when I started
playing again with Octa.

Bessyl started playing the steel guitar
with Octa and me. He played a long time
with us. Then, R. L. joined us when he got
old enough. All my children learned music
in band at school. Bessyl took saxophone
for at least five years. They all studied
music for at least five years. R. L. took
clarinet. Allen took saxophone. Sandy
took tuba, and Dryden took saxophone.
When they came to play music on their
own, brass bands weren't very popular. So
they learned guitar and bass on their own.
I remember the first dances Bessyl played.
Steve Melancon would come to pick him
up at home. He was only about thirteen
years old. He played saxophone with
them. He had a guitar, too, and practiced
on his own. Steve was running a band in
those days. R. L. bought himself a guitar
and started playing with them, too. Then,
Bessyl played with us for about two years.
Then he went back to rock-and-roll. They

d'héritage semble se transmettre malgré
tout. Un jour, la musique est réapparue
dans la famille Duhon. Bessyl, son fils
aîné, s'est acheté une guitare et s'est mis à
jouer du saxophone dans la fanfare de
l'école. Avant longtemps, la famille Duhon
s'était remise à faire de la musique.

*Quand Bessyl a venu assez grand, je crois
il avait à peu près douze ou treize ans, il a
été ramasser du coton, et il s'a acheté un guitare. Je crois pas il connaissait que j'avais
joué de la musique. Il avait un goût pour
ce guitare-là. Ça fait, quand il arrivé avec
le guitare, il l'a caché. Il voulait pas que je
voie il avait acheté un guitare. Et il avait
acheté ça avec son argent de coton. Ça fait,
quelque temps après, il a sorti le guitare.*

Et là, il a joué dans le band *à Judice là.
Judice avait pas de* band. *Ils avaient pas
d'instruments. Ça fait, ils ont venu me
voir pour qu'on joue, pour faire comme un
bal dedans le* gym *à Judice pour ramasser
de l'argent pour un* band. *En premier, on a
fait des* minstrel shows. *Là, moi et R. L.,
on a joué "A Closer Walk with Thee," et
on avait différents* acts *dans les* minstrels.
*On a fait au dessus de 3,000 piastres. On a
acheté des instruments. Et là, l'année
d'après, on a fait comme un bal et c'est là
on a* rig up *encore. Octa a revenu, recommencé à jouer, et puis ce M. Hanks, qui
a le* Feed Store, *il a venu nous aider.
M. Claude Hanks. Et M. Octa en a joué
une partie. Ça fait, c'est là on a commencé, moi et Bessyl et Octa. Ça, c'était
dans les '50-là. C'est là que j'ai recommencé à jouer encore avec Octa.*

Bessyl a commencé à jouer le steel guitar
*avec moi et Octa. Il a joué longtemps avec
nous autres. Et là, R. L., quand il a venu
un peu plus vieux. Tu vois, ils ont tout
appris à l'école dedans le* band. *Bessyl a
pris le saxophone. Il l'a pris cinq ans, sûr.
Ils ont tous pris la musique cinq ans et
plus. R. L. a pris la clarinette. Allen a pris
le saxophone. Sandy a pris le tuba et Dryden a pris le saxophone aussi. Et quand ils
sont venus pour jouer la musique, les* brass
bands *étaient pas populaires. Les premiers
petits* parties *et bals Bessyl a joués, Steve
Melançon venait le chercher à la maison,
je me rappelle. Il était jeune, à peu près
treize ans. Il allait et il jouait le saxophone avec eux. Là, il avait un guitare, et
il pratiquait le guitare, puis il avait un
saxophone. Steve et eux avaient un* band
*dans le temps. Et R. L. s'a acheté un gui-
tare. Il a commencé à jouer il était jeune
aussi. Là, Bessyl a joué avec nous autres à
peu près deux ans, je crois. Là, il a été*
rock-and-roll. *R. L. jouait la basse et Bessyl jouait le* lead guitar. *Ils ont joué des
années le* rock-and-roll. *Ça faisait bien. Ça
s'appelait les Riff-Raffs. Bessyl a joué avec*

did well. He played in a band called the Riff Raffs. Bessyl played with the Swing Kings and Johnny Allan and the Memories, too. Later, he started practicing the accordion and the fiddle. Bessyl plays the fiddle pretty well now and he gets along fine on the accordion. HECTOR DUHON

After owning his own restaurant and installing air conditioners, Bessyl decided that he wanted to make a living in music. He flirted with rock-and-roll and country music, but never strayed far from his father's tradition.

What brought me to rock-and-roll was that all the Cajuns my age liked it when we were growing up. You know, it was the thing at the time, but I never did stop liking Cajun music. I never left it behind. When rock-and-roll faded, I started playing country and western, and eventually I came back to Cajun music. That's what I liked. Playing with Daddy and Mr. Octa was fun and it felt right. BESSYL DUHON

The new Dixie Ramblers have not been as active as some other groups on the folk festival circuit. Mr. Octa refuses to fly, and they find plenty of places to play around home anyway. On a rare excursion outside of Louisiana, the group encountered a typically enthusiastic reception.

We went to play in Chicago once, and we were the only French band there. We were three. The other two said, "What in the world are we doing here? What are we going to do?" I said, "When it's our turn to play, we'll just play. Why should I care what they say and what they think here? I came to play, so I'll play. That's all. It doesn't bother me. I'll probably never see this place again." We didn't know what to expect, you know. We played on a Friday night, and there were bands from all over the country, but we were the only accordion band. The rest were all string bands. There were people from all over. There were even some visiting from Russia. They asked questions like had I made my own accordion. I told them it came from Germany. I had to tell them what this was for, what that was for . . . And then, we each had twenty minutes to play for the concert. There was a fellow on the side who signaled when time was up with a little white flag, you know, and then we were supposed to stop. So we played our set. When we stopped, the audience began to whistle and yell and clap. The fellow with the flag said, "Play one or two more tunes." So we played a few more. We were just being ourselves, and they liked it. You can't imagine the people that were there from all over. OCTA CLARK

les Boogie Kings aussi et Johnny Allan and the Memories. Là, Bessyl a commencé à se pratiquer à l'accordéon sur le côté de ça. Là, le violon, il y a longtemps il était après jouer avec le violon. Et asteur, il joue bien du violon, et il se défend bien sur l'accordéon aussi. HECTOR DUHON

Après avoir essayé de gagner sa vie comme cuisinier puis comme agent d'une compagnie de climatisation, Bessyl a décidé de se consacrer à la musique, jouant du *rock-and-roll* et du *country*, mais sans s'éloigner complètement de la tradition familiale.

Ça qui m'a amené au rock-and-roll, *c'est que tous les Cadiens de mon âge aimait ça quand on était après grandir. Tu connais, c'est ça qui était populaire dans ce temps, mais j'ai jamais arrêté d'aimer la musique française. Je l'ai jamais quittée en arrière tout net. Et quand le* rock-and-roll *a manière passé, j'ai commencé à jouer un peu de* country and western, *et là, j'ai fini par revenir à la musique française. C'est ça j'aimais. J'aimais jouer avec Daddy et M. Octa. Ça me faisait.* BESSYL DUHON

Les nouveaux Dixie Ramblers ne se sont pas produits autant que d'autres groupes dans des festivals, car M. Octa refuse de prendre l'avion et il y a toujours assez d'engagements près de chez eux. Dans une de leurs rares excursions, à Chicago, ils ont rencontré une réception enthousiaste.

On a été jouer là-bas à Chicago une fois. C'est nous le seul band *cadien qui était là. A trois, on était. Ils ont dit, "Quoi on va faire?" J'ai dit, "Quand ça va arriver à notre tour, on va jouer." Je dis, "Quoi je me fous mal quoi ils disont et quoi ils trouvont. Moi, j'ai venu pour jouer. Je vas jouer. C'est tout. Ça me regarde pas. Je vas peut-être jamais revenir ici, moi." Ça fait, le vendredi soir, on a joué. Il y avait des* bands *de musique de partout, mais pas des accordéons, tous des violons et des guitares. Il y avait du monde de partout. Il y avait jusqu'à du monde de la Russie. Ça demandait si c'était moi qui avait fait cette accordéon. Tu peux voir. J'ai dit non, que ça venait de l'Allemagne. Il fallait je leur dise pourquoi c'était ci, pourquoi c'était ça. On avait chacun quelques danses à jouer. Vingt minutes, je crois. Puis il y avait un bougre à côté. Il mettait le* flag, *tu connais. Là, on arrêtait. On a joué. Quand on a arrêté, ils ont pris à siffler, et crier, et siffler et crier. Le bougre dit, "Jouez une ou deux danses de plus." Ça fait, on a joué une ou deux danses de plus. Suffit c'était des Cadiens. Ils aimiont ça. Tu peux pas t'imaginer le monde qu'il y avait de tout partout.* OCTA CLARK

The enthusiastic reception of such folk festival crowds had a strong effect on Bessyl. Just about the same time, he met NEA Folk Arts program fieldworkers Ron and Fay Stanford, who encouraged his interest in Cajun music. The Cajun Music Festival in Lafayette gave Bessyl the opportunity to shine at home, performing with Michael Doucet and Beausoleil. A new Cajun/rock/country/blues synthesis group called Coteau further gave him the break he needed.

When Ron and Fay Stanford and Nick Spitzer started coming around, we started playing again. Actually, Ron is the one who really encouraged me to start getting into it. I wanted to play the accordion, but I didn't even have one. He is the one who got us back together at Mr. Octa's house, and we started playing again. I finally got an accordion and learned to play it. We had played with Mr. Octa in the 1950s, but between that and the time Ron brought us together, we hadn't played much. After that, we played at the Chicago Folk Festival. Those people really liked our music, and being accepted at places like that was great. I never thought they knew anything about Cajun music. I think that made a big difference in me.
BESSYL DUHON

The Dixie Ramblers call themselves retired now. Bessyl has gone to Nashville to play accordion in Jimmy C. Newman's band, Mr. Octa no longer farms, and Hector is no longer on the road. Yet, cultural celebrations within striking distance of a car keep Mr. Octa young at any age, and a nightly shot of whiskey in a cup of hot herbal tea keeps Hector's blood running. They keep active, playing weekly at Mulatte's Restaurant and occasionally at local festivals, and their special association of over half a century keeps the band, with a few changes in personnel, in great demand.

When you're playing the music of your heritage, you don't outgrow that. I see Daddy and Mr. Octa playing and still enjoying it, and not only them, but the people, like at Mulatte's. I played there two nights with them while I was home for the holidays, and that was just as much fun as anybody would ever want to have. There's no generation gap between Daddy and Mr. Octa and me. None at all. I feel like I'm talking and playing with somebody my age or even younger.
BESSYL DUHON

Bessyl a été fortement marqué par cette réception chaleureuse. A la même époque, il a fait la connaissance de deux agents du NEA Folk Arts Program, Ron et Fay Stanford, qui l'ont encouragé à cultiver la musique cadienne. Coteau, le groupe de jeunes qui faisait une synthèse de *rock*, *country*, et *blues* avec la musique cadienne, lui a aussi permis de développer son talent, et le Festival de Musique Acadienne où il a joué avec Beausoleil lui a assuré une réputation chez lui.

Quand Ron et Fay Stanford et Nick Spitzer ont commencé à venir alentour d'ici, c'est là qu'on a recommencé à jouer encore. C'est Ron qui m'a réellement encouragé. J'avais envie de jouer l'accordéon, mais j'avais pas seulement une. C'est lui qui nous a remis ensemble chez M. Octa et c'est là qu'on a recommencé à jouer ensemble. Je m'ai eu une accordéon après un temps et j'ai appris à la jouer. On avait joué avec M. Octa dans les '50, mais entre ça et quand Ron nous a amené ensemble, on avait pas joué grand'chose. Après ça, on a joué au Chicago Folk Festival. Le monde là-bas a beaucoup aimé notre musique, et moi, ça me faisait un effet d'être accepté dans des places comme ça. J'aurais jamais cru qu'ils connaissaient quelque chose dans la musique cadienne. Je crois ça, ça a fait une grande différence dans ma vie.
BESSYL DUHON

Les Dixie Ramblers se disent à la retraite aujourd'hui. Bessyl est parti à Nashville jouer de l'accordéon avec Jimmy C. Newman, M. Octa ne fait plus de récolte, et Hector ne travaille plus sur les routes. Mais il y a assez de festivals dans la région pour entretenir la jeunesse de M. Octa. Quant à Hector, tous les soirs un petit coup de whiskey dans une tasse de thé chaud lui fait circuler le sang. Ils jouent ensemble au moins une fois par semaine chez Mulatte, un restaurant à Pont Breaux, et de temps en temps pour un festival. Cette association de plus d'un demi-siècle les rend très populaires, même s'ils changent parfois le personnel du groupe.

Quand t'es après jouer la musique de ton héritage, tu te lasses jamais de ça. Je vois Daddy et M. Octa toujours après jouer et toujours après aimer ça, et pas seulement eux, mais le monde, comme chez Mulatte. J'ai joué deux soirs là-bas avec eux pour les fêtes et j'ai eu aussi un bon temps que personne voudrait jamais avoir. Il y a pas de generation gap *entre Daddy et M. Octa et moi. Pas du tout. Quand je joue avec eux, je me sens comme si je suis après jouer avec quelqu'un de mon âge ou moins.* BESSYL DUHON

The Balfa Brotherhood

My culture is not better than anybody else's culture. My people were no better than anybody else. And yet I will not accept it as a second-class culture. It's my culture. It's the best culture for me. Now, I would expect, if you have a different culture, that you would feel the same about yours as I feel about mine. DEWEY BALFA

Every school day, a few dozen children from the countryside around Basile, Louisiana, pile into a schoolbus driven by one of the most respected folk musicians in America. Since the early 1960s, Dewey Balfa has become an important figure in the movement to preserve the traditional ethnic and regional culture of the country. He and his brothers formed the core of the Balfa Brothers band which brought Cajun music to folk festivals across America. Their sense of tradition was based on a rich musical heritage which ran in the family.

My father, grandfather, great-grandfather, they all played the fiddle, and you see, through my music, I feel they are still alive. DEWEY BALFA

Their father, Charles, was a sharecropper on Bayou Grand Louis in rural Evangeline Parish near Mamou. He inspired his children with his great love of life and of music. Will, Burkeman, Dewey, Harry, and later Rodney grew up making music for their own entertainment in the days before television. Unlike some other traditional musicians, who learned to play in spite of their parents, the Balfa brothers did not have to sneak to the barn to play the accordion or unravel window screen wire for makeshift cigar box fiddles. The Balfa household swelled with music after the day's work, and children were encouraged to participate with anything they wanted to try to play. Spoons, triangles, and fiddlesticks were important first steps to teach rhythm. Fiddles, however, took time to master.

Dewey Balfa, Ally Young, and Rodney Balfa at the Bearcat Lounge, Basile, 1978.

Ma culture est pas meilleure que la culture à quelqu'un d'autre. Mon peuple est pas meilleur que quelqu'un d'autre. Mais je peux pas l'accepter comme une culture de seconde classe. C'est ma culture. C'est la meilleure culture pour moi. Là, j'imagine que, si t'as une différente culture, et bien tu te sentirais pareil pour la tienne que je me sens pour la mienne.

DEWEY BALFA

Tous les jours pendant l'année scolaire, des douzaines d'enfants des environs de Basile grimpent dans un transfert d'école conduit par un des plus grands musiciens traditionnels des Etats-Unis. Depuis les années 1960, Dewey Balfa est devenu un véritable personnage dans le mouvement de préservation culturelle dans ce pays. Lui et ses frères Will et Rodney, morts maintenant, formaient les Frères Balfa qui ont représenté la musique cadienne dans de nombreux festivals à l'échelle nationale. Ils avaient hérité leur sens de la tradition de leur famille, musiciens de père en fils.

Mon père, mon grand-père, mon grand-grand-père, ils ont tous joué du violon et, tu vois, je me sens que ça vit toujours dans ma musique. DEWEY BALFA

Leur père, Charles, était métayer sur les bords du Bayou Grand Louis, près de Mamou, dans la paroisse Evangéline. Il a transmis son amour de la vie et de la musique à ses enfants. Will, Burkeman, Dewey, Harry, et plus tard Rodney ont appris à faire de la musique pour s'amuser dans le temps avant l'invasion de la télévision. D'autres musiciens traditionnels ont dû apprendre à jouer malgré leurs parents, mais les frères Balfa n'ont jamais eu besoin de se cacher derrière la grange pour jouer de l'accordéon ni d'effilocher les grillages pour mettre des cordes à des violons improvisés avec des boîtes de cigares. La maison Balfa se remplissait de musique après la journée de travail, et les enfants participaient avec l'instrument qu'ils voulaient essayer. Ils apprenaient à garder le rythme avec des cuillers, des petits fers

When I was little, as far back as I can remember, I always loved music. Of course, we didn't always have instruments around, but I would take sticks and rub them together pretending to play the fiddle and I'd sing. So my late father said to my mother, "I want to buy a fiddle for Will because he's always pretending to play with those sticks." I would sing and rub my sticks and that would make me happy. We had an old neighbor who had a fiddle that he didn't play much. So one day, my father traded him a pig for the fiddle. And that was the first fiddle I had. Later, when I had learned well enough to play dances, I ordered another one from the Spiegel catalog. I paid nine dollars for that one. WILL BOLFA [HIS PREFERRED SPELLING]

When I was first playing music, we were farming, and you know, a farmer didn't often see money. We grew cotton, and we'd see only a few dollars a year. I played a little music, so I got together with my brothers. When we started playing, we didn't make a whole lot of money, but it was a great deal for us at the time. We would play a dance for five dollars apiece.
WILL BOLFA

Will Bolfa, 1978.

Soon enough, the Balfa Brothers were playing together for family gatherings and house dances. In the 1940s, when dance halls were at the height of their popularity, the Balfa Brothers band was kept quite busy.

Dewey was younger than me. When he started playing, in fact, he learned on my fiddle. Then, when I got married, I took my fiddle with me, so he bought himself one and continued to play. One day in 1945 or 1946, he came to my house with a fellow named Hicks. He was the one who owned the Wagon Wheel Club, and he lived next to my father, who came with them. They came with a flask of whiskey, and I had given up drinking and music in those days. They had me take a drink with them. I didn't know what they were after.

et des baguettes. Le violon, par contre, était différent; sa maîtrise demandait du temps.

Quand j'étais petit, depuis que je me rappelle de quelque chose, j'ai tout le temps aimé ça. J'aimais la musique. Of course, on avait pas beaucoup d'instruments, mais je prenais des batons. Je les frottais et je chantais, Jack, je me rappelle. Ça fait, défunt Pap dit à Mam, "Je veux acheter un violon à Will, parce qu'il est tout le temps après frotter ses batons." Je chantais et puis je frottais mes batons et je faisais mon affaire. Ça fait, une année, on restait voisin avec un vieux. Il avait un violon et il jouait pas trop. Il jouait, mais il était pas trop intéressé à ça. Ça fait, Pap avait une bande de cochons à la maison. Ça fait, défunt Pap lui a donné un cochon pour le violon. Le premier violon j'ai eu, c'est ça. Là, je m'en ai ordonné un quand j'ai appris assez bien pour jouer des bals. Dans ce temps-là, il y avait un livre, ça s'appelait le Spiegel. Je m'en ai ordonné un. J'ai payé neuf piastres. WILL BOLFA [SON ÉPELLATION PRÉFÉRÉE]

Quand j'ai commencé à jouer, on faisait récolte et, tu connais, un récolteur, il voyait pas de l'argent souvent. On faisait du coton et on voyait quelques piastres tous les ans. Et je connaissais jouer de la musique. On s'est mis ensemble, moi et mes frères. Et quand j'ai commencé à jouer, on faisait pas un tas d'argent mais c'était une grosse affaire pour nous autres. On jouait un bal pour chacun cinq piastres. WILL BOLFA

Avant longtemps, les Frères Balfa jouaient pour des fêtes de famille et des bals de maison. Plus tard, dans les années 1940, pendant la grande époque des salles de danse, les Frères Balfa ont atteint une certaine renommée.

Dewey, tu vois, il était plus jeune que moi. Il a commencé à jouer, même il a appris sur mon violon. Là, quand je m'ai marié, j'ai pris mon violon. Ça fait, il s'en a acheté un. Il a continué à jouer. Et un jour, il arrive à la maison. C'était à peu près en '45 ou '46. Il arrive à la maison avec un bougre qui s'appelait Hicks. Le Wagon Wheel. T'as déjà entendu parler de ce club. Mais c'était lui. Ça restait voisin avec défunt Pap. Il avait un club. Ils arrivent à la maison, défunt Pap était avec eux. Ils ont arrivé avec une toupette de whiskey. Et je buvais jamais dans ce temps-là. Ça fait, ils ont descendu. Ils m'ont fait boire un drink. Je connaissais pas qui ils estiont derrière. On a charré quelques paroles. Tout à l'heure, ça dit, "Attrape ton violon." Je dis, "Mon violon!

We talked a little. Later, he said, "Get your fiddle." I said, "My fiddle! But I'm out of practice." Hicks said, "Get your fiddle. I want to hear you and Dewey play together." And that was the beginning of the Balfa Brothers band. If it hadn't been for that, I would have left my fiddle in the closet. That was the beginning of the Balfa Brothers band. I found my fiddle and took another drink to warm up. We played two or three songs and Hicks said, "You're going to come play for me next Saturday night." I said, "Oh, no, I can't go." I just had my old Model A, and the club was on the other side of Ville Platte from here. He said, "Yes, you all come, you and Dewey." That was before he made his big club. So we started going, Dewey and I and one of our friends who played guitar with us. We were three. Two fiddles and a guitar. We would go every Saturday night to play until midnight for five dollars apiece. Sometimes, when it was time to stop, they would pass the hat and pick up more than we had already made, so we played on until near dawn. We played for some time like that. We had no amplifiers. We just played acoustic. Dewey was working offshore, and he said, "We're going to get together a real band." He went out and bought a set of amplifiers. Then we were really set up. WILL BOLFA

In 1964, Dewey Balfa served as a last-minute replacement on guitar to accompany Gladius Thibodeaux on accordion and Louis "Vinesse" Lejeune to the Newport Folk Festival. An editorial in the local newspaper commented condescendingly about the notion of festival talent scouts finding talent among Cajun musicians, and predicted embarrassing consequences if indeed Louisiana was so represented in Newport. As Dewey relates the story, events took quite another turn.

I had no idea what a festival was. They were talking about workshops, about concerts, and I didn't have the slightest idea what those were. I've always loved to play music as a pastime. I've always looked on music as a universal language. You can communicate with one, you can communicate with a whole audience at one time. But then, here I was going to Newport, Rhode Island, for a festival. I had played in house dances, family gatherings, maybe a dance hall where you might have seen as many as two hundred people at once. In fact, I doubt that I had ever seen two hundred people at once. And in Newport, there were seventeen thousand. Seventeen thousand people who wouldn't let us get off stage. DEWEY BALFA

Dewey Balfa, 1978.

J'ai plus de pratique." Hicks dit, "Attrape-le. Je veux vous entendre, toi et Dewey, jouer ensemble." C'est ça qui a été le commencement qu'on est après jouer aujourd'hui, je pense. Si ça aurait pas été de ça, j'avais serré le violon. C'était le commencement des Frères Balfa. J'ai attrapé mon violon et ils m'ont fait boire un drink *encore, tu connais. J'étais rendu manière réchauffé. J'ai attrapé le violon. On a joué deux ou trois danses. Et Hicks dit, "Vous autres vas venir jouer pour moi samedi au soir." "O," je dis, "non. Je peux pas aller." J'avais juste mon vieux Model A et c'était l'autre bord de la Ville Platte. "O ouais," il dit, "venez, toi et Dewey." C'était avant il fait le gros* club. *C'était une petite affaire. On a pris à aller, moi et Dewey, et puis on avait un de nos amis qui jouait du guitare. On était trois: deux violons et le guitare. Ça fait, j'allais là-bas le samedi au soir. On jouait jusqu'à douze heures pour chacun cinq piastres. Là, après ça, des fois on voulait arrêter. Ça passait le chapeau et ça ramassait des fois plus qu'on faisait. Et on jouait jusqu'à proche jour. Ça fait, on a joué quelque temps comme ça. On avait pas d'ampli-fiers, pas rien. Juste on jouait les violons. Ça fait, Dewey était sur les bateaux, lui. Et il dit, "On va se monter un* band *pour même." Il a été s'acheter un set d'ampli-fiers. Là, on était préparé.* WILL BOLFA

En 1964, quand Gladius Thibodeaux et Louis "Vinesse" Lejeune ont été invités à participer au Newport Folk Festival, leur guitariste a décidé à la dernière minute de ne pas les accompagner et Dewey Balfa l'a remplacé. Un journal local a exprimé son mépris à l'idée que les organisateurs du festival aient pu trouver des musiciens cadiens de talent. Le journal a prédit que la Louisiane rougirait de honte si c'était là sa représentation à Newport. Mais, comme Dewey le rappelle, c'est le contraire qui est arrivé.

Je savais pas quoi c'était, un festival. Ça parlait de workshops *et de* concerts, *et moi, j'avais pas d'idée quoi c'était, tout ça. J'ai tout le temps aimé jouer la musique pour passer le temps. J'ai tout le temps considéré la musique comme un langage universelle. Tu peux communiquer avec un, tu peux communiquer avec tout une* audience *à la fois. Mais là, j'étais après aller à Newport, Rhode Island, pour un festival. J'avais joué pour des bals de maison, pour des parties de famille, peut-être une salle de danse ayoù t'aurais vu peut-être jusqu'à deux cents personnes à la fois. Même, je sais pas si j'avais déjà vu autant que deux cent personnes à la fois. Et là-bas à Newport, il y en avait dix-sept*

Dewey Balfa, Ally Young, and Rodney Balfa at the Festival of American Folklife, Washington, D.C., 1976.

Opposite, top to bottom: Dewey Balfa and Will Bolfa at the Hommage à la Musique Acadienne, Lafayette, 1977. Dewey addressing participants at the Festival of American Folklife, Washington, D.C., 1976. Michael Doucet, Dewey Balfa, Rodney Balfa, and Freeman Fontenot, performing for a class in Louisiana French folklore at the University of Southwestern Louisiana, Lafayette, 1977.

In 1967, Dewey told Newport fieldworker Ralph Rinzler that he felt it important to present his family tradition. That same year, the Balfa Brothers band was first invited to perform at the Newport Folk Festival. The brothers, who had not played together for some years, were a little rusty, but they quickly got a great deal of practice at festivals all over America, Canada, and eventually France. The group, composed of Dewey and Will on fiddles, Rodney on guitar, Rodney's son Tony on drums or bass, occasionally Harry or Burkeman on triangle, and accompanied by various friends like Nathan Abshire, Marc Savoy, Hadley Fontenot, Robert Jardell, or Ally Young on accordion, became known in folk circles far and wide as proud representatives of their native culture. More important, they unfailingly brought this renewed pride back home to Louisiana, to their people who had carried the stigma of sociolinguistic inferiority for years.

When we first started going to the festivals, I can remember people saying, "They're going out there to get laughed at." But when the echo came back, I think it brought a message to the people, that there were great efforts being made by people who were interested in preserving the culture on the outside. But a lot of people don't realize that they have a good cornbread on the table until somebody tells them. DEWEY BALFA

Dewey's timing could not have been better. The creation of the Council for the Development of French in Louisiana in 1968 testified to a changed cultural climate. CODOFIL Chairman James Domengeaux focused initially on political maneuvers and language education, but soon became convinced of the importance of the culture in preserving the language.

mille. Il y avait dix-sept mille personnes qui voulaient pas qu'on descend du stage. DEWEY BALFA

Quelques années plus tard, en 1967, Dewey a dit à Ralph Rinzler, un des organisateurs, qu'il lui semblait important d'y présenter sa tradition familiale. Cette année-là, les Frères Balfa ont été invités pour la première fois au Newport Folk Festival. Les frères, qui n'avaient pas joué ensemble depuis quelque temps, étaient un peu rouillés, mais ils ont vite retrouvé leur talent en jouant pour des festivals à travers les Etats-Unis, au Canada, et en France. Dewey et Will jouaient du violon, Rodney, de la guitare; Tony, le fils de Rodney, était à la batterie ou tenait la contrebasse; Harry ou Burkeman jouaient des petits fers. L'accordéon était souvent tenu par des amis comme Nathan Abshire, Marc Savoy, Hadley Fontenot, Robert Jardell, ou Ally Young. Partout, le groupe s'est fait connaître comme représentants de la culture à laquelle ils étaient fiers d'appartenir. Plus important, ils ont toujours ramené cette fierté chez eux en Louisiane, pour la communiquer avec des gens qui avaient longtemps pris cette culture pour un signe d'infériorité sociale.

Quand on a premièrement commencé à aller aux festivals, je me rappelle que le monde disait, "Ils sont partis là-bas pour se faire rire au nez." Mais là, quand l'écho est revenu ici, je crois ça a apporté un message pour notre monde, qu'il y avait un tas du monde en dehors de la Louisiane qui faisait un tas d'ouvrage pour essayer de sauver notre culture. Mais il y a un tas du monde qui connaît pas qu'ils ont un bon pain de maïs sur la table avant que quelqu'un d'autre leur dit.
DEWEY BALFA

Il arrivait à pic. Le Conseil pour le Développement du Français en Louisiane avait été créé en 1968 indiquant un changement important d'attitude. James Domengeaux, Président du Conseil, s'est préoccupé d'abord à établir des bases politiques et de pousser l'enseignement du français dans les écoles élémentaires, mais il s'est vite rendu compte que la langue ne survivrait pas sans la culture. Il a patronné donc, avec l'aide de la Smithsonian Institution, un festival de musique traditionnelle, Hommage à la Musique Acadienne. Pour le premier festival, le 26 mars 1974, les organisateurs ont choisi de contrecarrer les coutumes et de présenter les musiciens dans une situation de concert pour centrer l'attention sur la musique. Dewey, lui, avait un autre but.

The first Tribute to Cajun Music festival, presented March 26, 1974, and sponsored by CODOFIL in cooperation with the Smithsonian Institution, was deliberately planned to capture the local audience in an unconventional setting to call attention to the music that they had come to take for granted in smoke-filled dance halls. As a participant, Dewey had other motives.

It was a festival for the people. It was a lesson for the cultural authorities. At the time, I wanted for those people who hold the reins of the culture to be exposed to the Cajun music experience so that they could see what the people felt about their own music when presented in such a prestigious setting. I wasn't worried about the audience, because I had been in front of audiences before. I knew what the reaction would be out there. You can feel the response of the people when you're playing. But the people who have the power of decision-making, I could never get them to see what music means to the people. I could never get in front of them to play, so we got them to stand backstage, and I think that festival did it. DEWEY BALFA

The festival has made cultural heroes of its performers and, in the same motion, placed them within easy reach of the people, offering alternative role models for young musicians. The importance of this alternative to music imported from the outside was the basis for Dewey's message, which gained even more structured recognition in 1977 when he received a Folk Artist in the Schools grant from the National Endowment for the Arts, sponsored by the Southern Folk Revival project based in Atlanta.

I can remember doing workshops away from home. People were so amazed by the music, and when I'd tell them about the culture, they just couldn't believe it. And the question would always come up: do you think that this music, language, and culture will survive? And I had my doubts because there was nobody who would work in the fields and come back and sit on the porch or sit by the fireplace and play their instruments and tell stories from grandmother and grandfather. Instead, kids would come back from school and do their homework as fast as they could and then watch television. A lot of artificial things, instead of the real, down-to-earth values. And I thought that the only way it would survive, could survive, was to bring this music into the schools for the children. I never thought it would

C'était un festival pour le monde. C'était une leçon pour ceux-là qui étaient responsables pour la culture. Dans ce temps, je voulais montrer à ceux-là qui tiennent les guides de la culture quoi c'est que la musique cadienne pouvait faire pour leur montrer quoi c'est que le monde pensait de la musique quand c'était bien présentée dans une belle place, et tout. Moi, j'étais pas tracassé pour le monde, parce que j'avais déjà été devant le monde. Je savais quoi c'est qu'eux auraient fait. Tu peux sentir quoi c'est le monde sent quand t'es après jouer pour eux. Mais ceux-là qui pouvaient faire les décisions, j'avais jamais pu leur montrer quoi c'est que la musique représente pour le monde. J'avais jamais pu me mettre devant eux pour jouer, ça fait, on les a fait se mettre en arrière du stage, et je crois le festival a fait l'affaire. DEWEY BALFA

Avec le festival, les musiciens sont devenus de véritables héros pour leur culture. Pour les jeunes, ils sont devenus des exemples. Dewey voulait surtout leur faire comprendre que la musique traditionnelle méritait une place aussi dans le répertoire. Son message a pris une portée officielle quand le National Endowment for the Arts lui a décerné une bourse, par l'entremise du Southern Folk Revival Project, pour présenter des ateliers dans les écoles.

Je me rappelle que je faisais des workshops en dehors de la Louisiane. Le monde était tout le temps si surpris par la musique et là, quand je leur expliquais pour la culture, ça pouvait juste pas le croire. Et la question revenait tout le temps: est-ce que tu crois que cette musique et cette langue et cette culture vont survivre? Et je me doutais moi-même parce qu'il y avait plus grand monde qui travaillait dans le clos et qui revenait s'asseoir sur la galerie ou à côté du foyer pour jouer leurs instruments et conter des contes qu'ils avaient appris avec grand'mère et grand-père. Au lieu de faire ça, les enfants revenaient de l'école pour faire leurs devoirs aussi vite que ça pouvait et là, ça se mettait devant le TV. Un tas des affaires artificielles plutôt que des vraies affaires qui valaient quelque chose. Et j'ai pensé que la seule manière que ça aurait duré, que ça pouvait durer, était d'apporter cette musique dans les écoles pour les enfants. Je croyais jamais que ça aurait arrivé, mais j'ai jamais arrêté de cogner à la porte jusqu'à qu'ils m'ont donné un grant. Je crois que le programme a fait un tas de bien. Ça fait voir à un tas d'enfants que c'est pas juste une affaire de "chinquis-chinque music," comme ça dit.

happen, but I kept pounding and pounding at the door until finally I got a grant. I feel that the program has done a lot of good. It has alerted a lot of children that this is not just so-called "chanky-chank" music. It's a music of the people, played by the people for the people. DEWEY BALFA

In spite of their tremendous influence on the national scene, the Balfas lived quite ordinary lives back home in Louisiana. Their popularity had little effect on their everyday lives. Will operated a bulldozer for Evangeline Parish, Rodney and Tony laid bricks, and Dewey still drives a schoolbus and has a discount furniture store.

Mr. Rinzler asked me at a festival one time, "Do you realize how many lives, how many people the Balfa Brothers have affected through the years of music?" I said, "No." And I really had no idea. We never thought of promoting the group. We were promoting the culture. We never thought that we were bringing the music to different people and different places. We always thought that the music was bringing us. DEWEY BALFA

I've been playing music for over forty years and I've been married for thirty-eight years, and I'm still with the same woman, still play the same music. I've always loved music, but I always played my music and came home. There are some musicians who like to drink and run around, and I like to drink a bit, but then I like to come home. I've always been like that. I would go out and make my music, make my money, and go home. I love my wife, my children, my grandchildren. Those are what I live for. WILL BOLFA

You know, I built my own house. I started out without really intending to do that with an old house that had been given to me. I dismantled the house, cleaned the wood, and put it all away. It took me a long time. . . . And I saw that I didn't have enough wood for a wooden house, so I decided to make myself a brick house. I started taking down old, abandoned chimneys and cleaning the bricks. From the time that I decided to make my house to the time that I moved in was six years. Some people make a bargain, then regret it later. It took me long enough to be sure. It took me sixteen months of actual building time, and I did it all myself, on weekends and after work on summer afternoons. And you know, I really appreciate my house. It cost me seventy dollars for the bricks and three hundred dollars for the rough wood. WILL BOLFA

C'est une musique du monde, jouée par du monde pour du monde. DEWEY BALFA

Bien qu'ils soient des personnages connus à l'échelle nationale, chez eux les Balfa ont toujours mené des vies très simples. Leur renommée n'a jamais dérangé leur routine. Will conduisait une machine à refouler pour la paroisse d'Evangéline, Rodney, et Tony étaient maçons, et Dewey continue à conduire un autobus et à vendre des meubles.

M. Rinzler m'a demandé une fois quand on était à un festival, il dit, "Est-ce que tu te rends compte de combien de vies, de combien de monde que les Frères Balfa ont touchés à travers les années de jouer leur musique?" J'ai dit, "Non." Et c'était vrai, j'avais pas d'idée. On a jamais jonglé que c'était nous autres qui étais après amener la musique à différent de monde et dans différentes places. On a tout le temps jonglé que c'était la musique qui nous amenait nous autres. DEWEY BALFA

Moi, ça fait quarante ans que je suis après jouer et il y a trent-huit ans que je suis marié et je suis toujours avec ma femme. Je veux dire, j'aimais l'affaire de musique, mais je faisais ma musique et je revenais chez moi. Il y en a un tas des musiciens, ça aime boire, et j'aime boire un petit brin, mais j'aime mieux revenir à la maison. J'ai tout le temps aimé ça. J'allais faire ma musique, faire mon argent et je revenais. J'aime ma femme, mes enfants, mes petits-enfants. C'est ça je vis pour. WILL BOLFA

Tu connais, j'ai fait ma maison moi-même. J'ai commencé ça manière sans croire avec une maison qui m'a été donnée. Je l'ai cassée. J'ai décidé que j'aurais pas traîné ça. J'avais un grand magasin et un hangar. Ça fait, j'ai tout nettoyé mon bois et je l'ai serré, mais ça m'a pris du temps. C'est un tas d'ouvrage, casser une maison, nettoyer le bois, arracher les clous. Un an ou deux après, je m'ai acheté une autre maison. Je voyais j'avais pas assez de bois. Je l'ai nettoyée. Et j'ai décidé je m'aurais fait une maison en briques. Et quand j'ai dit que j'aurais fait la maison, pour venir jusqu'à je déménage, ça m'a pris six ans. Il y a du monde qui fait un barguine puis là ils ont du regret. Ça le fait trop vite. Mais moi, ça m'a pris assez de temps. Là quand j'ai commencé sur la maison même, pour faire ma maison, ça m'a pris seize mois pour la faire. Et je l'ai tout fait moi-même dans les weekends et quand je lâchais de l'ouvrage. Et j'apprécie ma maison. Les briques m'ont coûté soixante-dix piastres et le bois rough, ça m'a coûté trois cent piastres. WILL BOLFA

125

Dewey Balfa with his daughter Christine, at their house in Basile, 1978.

My late father used to play the tune of the "Balfa's Waltz." My grandfather Thomas on my father's side played it on the fiddle, too, with his brother Cidias. I composed the words myself. He sang different words about a vagabond and a drunkard and things like that. One day, I remembered the tune. We had decided to make a record with Swallow Records and we were trying to remember old tunes, and that one really interested me. I remembered the tune but I couldn't remember the words to the song that my father used to sing. So I practiced the tune and made up some new words. When I saw Dewey sometime later, I told him about this song, and he had forgotten it, too. So I played it for him, and we decided to record it. I gave it the name the "Balfa's Waltz" for the family. I made up the words but I've never had trouble with my own wife. I had friends who have had some trouble with their wives and that gave me some ideas. My wife and I get along very well together, but those were the words that fit the song best. You know, you can't put just any words to a song. You have to look for the words that fit the song. And I felt that those words fit it well. My wife wasn't very happy with them. She said, "People are going to think bad things about us." But I said, "Honey, it's just a song." WILL BOLFA

La "Valse des Balfa," mon défunt père jouait ça, et mon défunt grand-père Thomas, le papa de mon père, la jouait sur le violon aussi avec son frère Cidias. Les mots, c'est moi qui a composé les mots, et le tune, c'est un vieux tune. Lui, il chantait pas ça pareil comme moi. Je veux dire, il chantait ça pour un bambocheur et un soûlard et des affaires comme ça. Ça fait, l'air m'a revenu un jour. On a été, on a fait des records avec Floyd et ils ont pris à manière chercher pour des airs, des vieilles chansons. Et ça m'intéressait. Et ça m'a revenu, cet air. Je me rappelais, mon défunt père jouait ça, mais les mots, je me rappelais plus trop bien. Ça fait, j'ai trouvé l'air et j'ai dit, "Il faut je me fais des mots." Ça fait, j'ai rejoint Dewey quelque temps après et je lui ai dit ça. Et lui, il avait oublié ça aussi. Ça fait, je lui ai joué l'air et on a décidé de la faire. C'est moi qui l'a donné le nom de la "Valse des Balfa." Ça venait de la famille, tu comprends, et il fallait donner un nom. J'ai fait les mots, mais j'ai jamais eu du tracas avec ma femme à moi. J'ai des amis qui ont du tracas et ça m'a manière donné des idées. On s'adonne beaucoup bien, moi et ma femme, mais j'ai jonglé et j'ai plané jusqu'à ça faisait pour la chanson, parce que tu peux pas mettre n'importe quels mots avec une chanson. Il faut tu cherches joliment les mots qui cassent avec la chanson. Ça fait, j'ai pratiqué ça et je trouvais que ça cassait bien. Ma femme était pas trop contente quand j'ai fait ça. Elle a dit, "Ça va croire des mauvaises affaires de nous autres." "Mais," je lui ai dit, "c'est juste une chanson, vieille."
WILL BOLFA

(When I left home, I had made up my mind. I was going to find you or die trying. When I finally found you, you were with another. That broke my heart. I'd rather die than see that. Of every five days of my life, I'd throw three away, to spend the other two with you. I want to die in your arms.)

In 1978, Dewey's brothers Will and Rodney were killed in an automobile accident in Avoyelles Parish near Bunkie while on a family visit. In 1980, his wife, Hilda, who had always provided him with a secure home base from which to work, died of trichinosis. Though these personal tragedies in Dewey's life affected him very deeply, after a period of mourning for each, he resumed his work, marked by a certain feeling of urgency and concern to preserve the ground they had gained together. In recognition of his musicianship, as well as his eloquent spokesmanship in behalf of the traditional arts and cultural equity over the years, Dewey was presented the National Heritage Award in Washington, D.C., in 1982, by the National Endowment for the Arts. He carries the spirit of the Balfa Brothers with Rodney's son Tony and a family of friends who help lighten the load.

(My relatives are almost all dead and, of those who remain, none will see me. When I'm ill, I have to depend on strangers and I have to take my suffering as it comes. My mother always told me not to listen to the advice of others. Today, I'm alone in the streets. All I have left is the life of an orphan.)

Quand j'ai quitté la maison,
J'avais fait mon idée.
J'étais parti pour te chercher
Ou mourir au bout de mon sang.

Quand j'ai arrivé à ta maison,
J'en ai trouvé un autre avec toi.
Ça, ça a cassé mon coeur, chère.
J'aimerais mieux mourir que voir ça.

De tous les cinq jours dans ma vie,
J'en donnerais trois dans les cinq
Pour passer les deux autres avec toi.
Je voudrais mourir dedans tes bras.

En 1978, Will et Rodney ont été tués dans un accident de voiture près de Bunkie en rentrant de chez des cousins à eux. En 1980, Dewey a perdu le soutien moral de sa femme, Hilda, morte de la trichinose. Ces pertes l'ont troublé, mais après une période de deuil, il s'est remis à la tâche avec une ardeur d'autant plus grande qu'il veut maintenant conserver leurs gains. En 1982, le National Endowment for the Arts lui a remis le National Heritage Award pour reconnaître son rôle comme musicien et comme porte-parole de la préservation culturelle. Aujourd'hui, Dewey conserve la tradition des Frères Balfa avec l'aide de son neveu Tony et d'une "famille" d'amis fidèles.

Mes parents sont presque tous morts,
De ceux-là qui restent, il y en a plus un
*   qui veut me voir.*
Quand je suis malade, il faut que je vas
*   chez les étrangers*
Et mes souffrances, il faut que je les
*   prends comme ça vient.*

Ma maman m'avait toujours dit,
De pas écouter les conseils de l'un et
*   l'autre.*
Et là, asteur, je suis moi tout seul dedans
*   les chemins.*
Tout ça qui me reste, c'est la vie d'un
*   orphelin.*

We had many of our friends come with us on trips away from Louisiana, and we always really enjoyed that, because they were the Balfa Brothers, too. Will and Rodney were my blood brothers and my musical brothers. So were these other people my musical brothers. I think of the Balfa Brothers band as a brotherhood of musicians, not just as the three or four blood brothers. Dick Richard, Marc Savoy, Robert Jardell, Nathan Abshire, Ally Young, Lee Manuel, and many others . . . I have a big family. DEWEY BALFA

Il y a un tas de nos amis qui sont venus avec nous sur des voyages en dehors de la Louisiane, et on appréciait tout le temps ça parce qu'ils étaient tous des Frères Balfa aussi, eux autres. Will et Rodney, c'était mes frères dans le sang et mes frères dans la musique. Tous les autres aussi, ils étaient mes frères dans la musique. Je considère les Frères Balfa comme une confrérie de musiciens, pas juste les trois on quatre frères dans le sang. Dick Richard, Marc Savoy, Robert Jardell, Nathan Abshire, Ally Young, Lee Manuel, et tous les autres . . . J'ai une grande famille. DEWEY BALFA

Marc Savoy

Marc Savoy's love for the music of his culture is rooted deep in his own family.

I was born in 1940 on a rather isolated rice farm near Eunice. It was an area which was saturated with old-time Cajun musicians. The first contact with music of any sort that made an impression on me was about in 1947, when I accompanied my father on a visit next door to his father's house, which is now my home. It was a winter evening and my grandparents were sitting around the fireplace when I arrived. After a while, my father asked my grandfather, "Pop, get out your fiddle and play us a tune." My grandfather slowly got up, went into one of the back rooms and returned with a small oblong black case which he proceeded to open with the most gentle affection. From the little black case, he removed a very odd-looking wooden object and began turning little pegs while plucking the strings. Then he removed from the case a long black stick with whitish-looking, threadlike fibers on it and began drawing the stick across the strings. At this young age, of about seven, I think the thing that impressed me as much as the sounds being emitted from the little wooden box was the look that came over my grandfather's face. Thinking back on that moment, it was as though he was no longer in the room with us. He had escaped to some private little world all his own. From that moment on, I remember thinking, "When I grow up, I want to be able to make sounds like that."

Nearly every afternoon after my return from school on the schoolbus, one of my favorite pastimes was to walk across the fields to my grandparents' home. There was something very magical about the place that I found very satisfying. Besides my finding it very interesting, it was as though I could relate to and identify with those people in that scene much better than with my peers in school. To me, these Cajun people represented a way of life that was like a big, soft, warm blanket on a winter night. MARC SAVOY

La passion que Marc Savoy éprouve pour la musique est profondément ancrée dans sa tradition familiale.

Je suis né en 1940 sur une ferme de riz dans la campagne pas loin d'Eunice, Louisiane. C'était une région qui était saturée de vieux musiciens cadiens. Mon premier contact avec la musique qui m'a impressionné était à peu près en 1947, quand j'ai été avec mon père rendre visite chez son père à côté, où moi, j'habite aujourd'hui. C'était une soirée d'hiver et mes grands-parents étaient assis autour du foyer quand je suis arrivé. Après un certain temps, mon père a demandé à mon grand-père, "Pap, sors ton violon et joue nous autres un air." Mon grand-père s'est levé tout doucement et il a été dans une des chambres en arrière. Il est revenu avec une petite caisse noire plus longue que large qu'il a ouverte avec beaucoup d'affection. Il a ôté quelque chose fait en bois de la petite caisse noire et il a commencé à tourner des petites chevilles en pinçant les cordes. Là, il a ôté de la caisse un long baton noir qui avait des fils blancs et il a commencé à haler le baton sur les cordes. À l'âge de sept ans, ce qui m'a impressionné autant que le son qui sortait de la petite boîte en bois était le regard sur la figure de mon grand-père. Je me rappelle que c'était comme s'il était plus tout à fait avec nous dans la chambre, comme s'il s'était échappé tout seul dans un autre monde. De ce moment, je me rappelle d'avoir pensé, "Quand je grandis, je veux être capable de faire des sons comme ça."

Presque tous les après-midi, quand je rentrais de l'école, un de mes meilleurs passe-temps était de traverser le clos pour aller chez mon grandpère. Il y avait quelque chose de magique dans ce lieu qui me soulageait. En plus de le trouver intéressant, je pouvais me comprendre et m'identifier mieux avec ce monde qu'avec mes amis à l'école. Pour moi, ce monde cadien représentait une vie qui me chauffait comme une grosse couverte épaisse pendant une nuit d'hiver. MARC SAVOY

Near Eunice, 1978. *Inset:* Marc Savoy, at home with son Joel, 1983.

He grew up during a time when the unpopularity of Cajun music reflected the general disintegration of the whole culture. Fortunately, cultural stigma did not come home from school in the Savoy household.

Sometimes, I would arrive at my grandfather's farm and be fortunate enough to hear a jam session between Dennis McGee, who was, at one time, a tenant farmer on my grandfather's farm, and my grandfather, or maybe just sit around and listen to some old folks reminisce about the "old days." I knew that the times were changing because there seemed to be fewer of these charismatic, earthy, French-speaking people than the type of younger folk I was involved with as fellow students or teachers. By observing these younger folks, I could sometimes catch a glimpse of the connection with this charisma, but it was very elusive and seldom surfaced. It was as though the younger folks were under some pressure to become something they thought they should be and were giving up their culture as a result. A new lifestyle, and to me one that was less meaningful, was being grafted to the old ways. To me, it was as though they were giving up a delicious bowl of gumbo for a cold and tasteless hot dog. To say that I spent my school days like a stranger in a crowd would be an understatement. I would have been the laughingstock of my school, had it been known that I listened to and liked Cajun music. MARC SAVOY

Young Marc was intrigued by the accordion and the sounds it made in the hands of the great musicians in his neighborhood. He repaired an old accordion so that he could learn to play, and word soon spread that "Joel Savoy's boy" was fixing accordions.

My father and mother were no musicians themselves, but they have always had a deep love for music and, even today, they enjoy sponsoring a bal de maison *at their home. After the parties would break up in the wee hours of the morning, I would go to bed at night hearing those beautiful tunes over and over again. My father realized that I was getting desperate for a musical instrument, so the day finally arrived when the postman delivered to our mailbox a brand new Hohner accordion from Sears Roebuck for $27.50. With all the music that I had soaked into me before my new accordion arrived, it was only natural that some had to leak out through my fingers on the buttons. I think my rate of improvement must have been about directly proportional to the degeneration of my Hohner. Then, one day, my family was*

Pendant sa jeunesse, la culture cadienne se désagrégeait et la musique traditionnelle était considérée avec une condescendance méprisante qu'heureusement, Marc ne rapportait pas chez lui.

Dès fois, j'arrivais à l'habitation de mon grand-père et j'avais la chance d'entendre une session de musique entre Dennis McGee (qui avait déjà travaillé sur l'habitation) et mon grand-père, ou bien d'écouter les vieux parler du vieux temps. Je savais que les temps étaient en train de changer parce qu'il y avait moins de ces caractères remarquables qui étaient près de la terre et qui parlaient français que de ces jeunes avec qui j'avais affaire à l'école. En observant ces jeunes, je voyais de temps en temps une lueur de cette force de personalité, mais c'était rare et fuyant. C'était comme si les jeunes essayaient de devenir quelque chose qu'ils croyaient devoir être, même s'il fallait abandonner leur culture. Une nouvelle mode de vie, qui était pour moi vidée de sens, se faisait greffée à la vieille. Pour moi, c'était comme s'ils remplaçaient un bon bol de gumbo chaud par un hot dog froid et sans goût. Dire que j'ai passé mes journées d'école comme un étranger dans une foule ne serait pas assez fort. J'aurais passé pour un fou dans mon école si on avait su que j'écoutais la musique cadienne et que je l'aimais. MARC SAVOY

Fasciné par l'accordéon et les sons que les grands musiciens en tiraient, Marc a rafistolé un vieil instrument pour apprendre à en jouer, et bientôt tout le monde savait que le jeune Savoy réparait les accordéons.

Mon père et ma mère n'étaient pas musiciens eux-mêmes, mais ils ont toujours aimé la musique et, encore aujourd'hui, ils aiment beaucoup faire bal de maison chez eux. Après la fin des soirées, dans les petites heures du matin, je me couchais pour reécouter encore et encore ces belles chansons. Mon père a compris que je voulais avoir un instrument à tout prix, et le jour est arrivé enfin où le postillon est arrivé à la maison avec un Hohner tout neuf qui se vendait chez Sears Roebuck pour $27.50. Avec toute la musique qui avait déjà pénétré en moi avant l'arrivée de mon premier accordéon, il est facile à comprendre qu'elle avait besoin de ressortir par mes doigts. Je pense que mon avancement était en proportion directe avec la dégénération de mon Hohner. Là, un jour, ma famille était invitée pour passer la soirée chez la cousine de mon père qui était mariée avec le frère de Cyprien Landreneau. Dans ce temps, je ne savais

invited to a party at my father's cousin's home who was married to Cyprien Landreneau's brother. I didn't know who Cyprien Landreneau was at the time, but I had been told that he played accordion and fiddle and that he, along with his cousin Alton Landreneau (an accordionist extraordinaire) would be providing music for the party. The moment we arrived, I jumped out of the car and, hearing the sound of the accordion, I told my family, "Wow! Listen to the sound of that accordion!" My father said, "What do you mean? It's just an accordion." I replied, "Oh, no, it's not." That was my first contact with a pre–World War II Monarch accordion from Germany. There was to be no peace and quiet in our home until I was able to find and purchase a very dilapidated Monarch. By that time, I had already disassembled my Hohner at least a dozen times to see what made it tick, so I felt reasonably sure that I could get the Monarch going again. With a minimum of tools and a lot of patience, I was able to restore the old accordion to its original condition. Soon the news spread like wildfire throughout the neighborhood that Joel Savoy's boy had restored his accordion to mint condition. Whether or not I had intended it that way, I soon found myself as an accordion repairman. I had been told that there was a man in Lake Charles who was building copies of the old Monarch, but using Hohner parts since there were reportedly no others available. By that time, I had become a good enough player to realize that there were many shortcomings to the famed pre-war accordions. I realized that they were only famed because the instruments prior to the Monarchs and Sterlings were even more inferior and that the instruments which emerged after World War II were also inferior. So, relatively speaking, the Monarch seemed damn good. I began to realize that my famed Monarch accordion took an unusual amount of bellow pumping to keep the reeds speaking, that it was almost impossible to keep it in proper tune, that the pitch of the reeds varied with air pressure, that the sustain was very poor, response wasn't very good, and finally, I had begun to notice that the timber was too muddy and not bright enough. I began to realize that my technique and talent on the accordion were limited to my instrument. There were certain things I wanted to do, but my instrument couldn't keep up with me. Since I couldn't understand how reeds and bellows could be any good coming out of an accordion that sold for only $27.50 at the time, I decided to import reeds and bellows of the finest quality

pas qui était Cyprien Landreneau, mais on m'avait dit qu'il jouait de l'accordéon et du violon et qu'il était supposé de jouer ce soir-là avec son frère Alton (un joueur d'accordéon extraordinaire). Dès qu'on est arrivé, j'ai sauté de la voiture et quand j'ai entendu le son de l'accordéon, j'ai dit à ma famille, "Tonnerre! Ecoute le son de cet accordéon!" Mon père m'a dit, "Quoi c'est que tu veux dire? C'est juste un accordéon." J'ai répondu, "O non, ce n'est pas juste un accordéon." Ça, c'était mon premier contact avec un accordéon d'avant la deuxième guerre, un Monarche d'Allemagne. On n'allait pas avoir la paix chez nous avant que je me trouve et je m'achète un vieux Monarch. J'avais déjà défait mon Hohner au moins une douzaine de fois pour voir comment c'était fait, alors j'étais presque sûr que j'aurais pu remettre le Monarch en condition. Bien vite, la nouvelle a traversé le voisinage comme un feu de savane que le garçon de Joel Savoy avait restoré son accordéon comme le jour qu'il était fait. Même si j'avais pas eu l'idée, je suis devenu un réparateur d'accordéons. Quelqu'un m'avait dit qu'il y avait un homme à Lac Charles qui faisait des copies du vieux Monarch, mais il utilisait des morceaux de Hohner parce qu'il n'y en avait pas d'autres. J'étais déjà rendu assez bon joueur pour comprendre qu'il y avait beaucoup qui manquait dans les fameux accordéons d'avant la guerre. Je comprenais que si les Monarch et Sterling avaient une bonne réputation, c'était à cause de la mauvaise, qualité des accordéons qu'ils avaient remplacées et de ceux qui étaient faits après la guerre. Alors, par comparaison, le Monarch semblait bien bon. J'ai commencé à comprendre que mon bon Monarch prenait beaucoup trop de soufflet pour faire sonner les anches, qu'il était difficil de le garder bien d'accord, que le ton des anches variait selon la pression d'air, que le soutien des notes était minable, que la réponse était médiocre, et enfin que le timbre était brouillé et pas assez clair. J'ai commencé à comprendre que ma technique et mon talent sur l'accordéon étaient limités par l'instrument. Il y avait certaines choses que j'aurais voulu faire, mais mon instrument ne pouvait pas rester avec moi. Je ne pouvais pas imaginer comment les anches et le soufflet d'un accordéon qui se vendait pour $27.50 pouvaient être de bonne qualité, alors j'ai décidé d'en importer de la meilleure qualité que je pouvais trouver. J'ai essayé de faire un accordéon avec toutes les qualités que je voulais mais que je ne trouvais dans aucun accordéon diatonique d'une seule rangée de boutons. Mon premier instrument était

available and I attempted to make accordions that would have the criteria that I dreamed about but couldn't find in any existing single-row diatonic accordions. My first instrument was not even as good as what I had been playing on before, though I had used the finest quality materials. I realized that there was hope in my endeavor but also realized that I had made a very big mistake. I had been given the test before the lesson. I had jumped into something which I really didn't know much about and with no one around to help me, I would have to do a lot of trial and error and experimenting before I would understand what to do to be able to bring my ideas into a working model. So, with a few instruments such as Db meters, electronic tuners, a few pressure gauges, and my mother's vacuum cleaner, I commenced to determine what effect I wanted to create. How could I create a powerful tone, but still be able to swell a note without portamento effect? How could I achieve instantaneous response without dampening the tone? What must I do to get a continuous, high Db reading with a minimum of bellow movement? Needless to say, I was faced with years of making and remaking until I finally began to get an actual "feel" for my work. It became almost like a spiritual communion just by touching my work. I would grasp a piece that I was working on and I would get a feeling that this piece had completely delivered itself to my every whim. It was as though I was in total control over something that had potential but was also inert. MARC SAVOY

Marc continued his formal education, eventually earning a B.S. degree in chemical engineering. After an interview with a major chemical company in the northeast, however, he decided two things: that he did not want to leave Louisiana, and that he wanted to pursue his interest in accordions.

By 1965, I decided to open up a music store and build accordions on a full-time basis. I was then faced with an even larger dilemma. I had always prided myself with enough common sense to know the difference between superior and inferior, good quality versus poor quality, but I was soon to learn that this one commodity was found lacking in the general public. People would come to my store and laugh at me when I quoted them a price for my "Acadian" accordions, a figure which was not competitive, since quality materials to build my instruments are expensive. These people would reply that they could buy two accordions for that price from the

même pas aussi bon que celui que j'avais, même si j'avais mis tout ce qu'il y avait de mieux dedans. Je me rendais compte qu'il y avait de l'espoir, mais aussi que j'avais fait une grosse erreur. J'avais passé l'examen avant de préparer les leçons. J'avais sauté au milieu de quelque chose que je ne comprenais pas bien encore, et, avec personne pour me guider, j'avais beaucoup d'expériences à faire avant de comprendre tout ce qu'il fallait pour réaliser mes idées et produire un modèle. Alors, avec l'aide de quelques instruments comme un compteur de décibels, un accordeur électronique, des manomètres, et l'aspirateur de ma mère, j'ai commencé à déterminer l'effet que je voulais créer. Comment créer un son fort mais sans glissade quand j'enflais une note? Comment avoir une réponse instantanée sans amortir le timbre? Quoi faire pour avoir une production forte et constante de décibels avec un minimum d'action du soufflet? Ça va sans dire que j'avais plusieurs années à faire et refaire devant moi avant de maîtriser mon travail. J'ai commencé à me sentir en communion avec mon travail. Quand j'attrapais un morceau pour le travailler, j'ai commencé à sentir qu'il se livrait à mes désirs. C'est comme si je prenais contrôle complètement d'une substance inerte qui avait beaucoup de potentiel. MARC SAVOY

Marc a poursuivi ses études et a finalement obtenu un diplôme d'ingénieur-chimiste. Mais après être allé dans le nord pour une entrevue avec une grande compagnie de pétrole, il est arrivé à deux conclusions: il ne voulait pas quitter la Louisiane et préférait s'occuper d'accordéons.

En 1965, j'ai décidé d'ouvrir un magasin de musique et de commencer à fabriquer des accordéons à plein temps. Là, je me trouvais confronté avec un plus grand dilemme. J'avais toujours été fier d'avoir assez de bon sens pour savoir la différence entre le supérieur et l'inférieur, entre la bonne qualité et la mauvaise qualité, mais j'avais encore à apprendre que le grand public manquait ces qualités. Certains qui venaient dans mon magasin se mettaient à rire quand je leur disais le prix de mes accordéons "Acadiens." Le prix était élevé parce que je me servais seulement des matériaux de qualité pour faire mes instruments et ils coûtaient très chers. Ces gens me disaient qu'ils pouvaient acheter deux accordéons des autres fabriquants pour le même prix. Même si je leur faisais remarquer les différences entre les instruments, je pouvais voir dans leurs yeux que je parlais aux murs. J'avais passé bien des

other accordion makers. Even though I would point out the differences between the two instruments, I could see in these people's eyes that I was just not getting through to them. I spent many frustrating years trying to justify my instruments until one day it dawned upon me that 90 percent of all the better players were playing my Acadian accordions, so why should I bother trying to convince a mediocre musician of the difference in quality when he himself was not yet advanced enough to be able to demand the difference in the first place? Something that never fails to amuse me is the fact that these mediocre musicians always demand the complete opposite of what I breed into my instruments. I think that every artist, craftsman, musician, etc., is faced with this same problem. Anyone who produces anything is working under two forces, the first being that of his own personality which is generated by what he has seen and heard and expresses itself onto his work. The second is that of the general public or potential buyers, whose tastes and demands exert pressure on the artist to the extent that he may decide to cater to the majority so that he may have a market or recognition for his work. I think very often that this second pressure can be very detrimental to expressing the artist's true art form and also limiting the quality of his work for the sake of finding a market. I think it takes a very stubborn and hard-headed person who believes enough in his work to be able to disregard the opinion of the majority and cater only to a select minority. What I am saying really is that, even though the price would be exactly the same, if the choice was presented to the general public to choose between a Martin guitar and a plywood model with glitter and plastic, the visual stimuli of the ornate model would probably overpower the aesthetics of the Martin, though there would be a minority to appreciate the tonal quality, construction technique, and warmth of woods in the Martin. Naturally, the feedback of the majority would be much louder than that of the minority; therefore an artist must be very careful not to be too influenced by what the general public demands. MARC SAVOY

Marc Savoy's involvement in folk festivals throughout the United States and in Canada gave him connections with folk music circles outside Louisiana which eventually led to a breakthrough in his craft as accordion maker and reinforced his efforts for cultural survival.

années frustrantes à essayer de justifier mes instruments quand ça m'a frappé un jour que 90 pourcent des meilleurs musiciens jouaient mes accordéons, alors pourquoi essayer de convaincre un musicien médiocre de la différence en qualité quand il n'était pas encore assez avancé pour se servir de cette différence? Une chose qui ne manque jamais de m'amuser c'est que ces musiciens médiocres demandent exactement le contraire de ce que j'essaie de mettre dans mes instruments. Je pense que chaque artiste, artisan, musicien, et ainsi de suite, se trouve confronté par ce même problème. Toute personne qui fait quelque chose se trouve toujours entre deux forces. La première vient de son propre caractère qui est déterminé par ce qu'il a vu et entendu et qui s'exprime dans ce qu'il fait. La deuxième vient du public ou du marché. Leurs goûts et leurs exigeances peuvent influencer l'artiste dans la mesure qu'il peut décider de se conformer aux désirs de la majorité pour vendre ou faire connaître son oeuvre. Je pense que très souvent cette deuxième force peut nuire l'expression artistique de l'artisan qui peut perdre la qualité de son oeuvre à la recherche d'un marché. Je pense qu'il faut être très têtu et avoir beaucoup de confiance pour ne pas s'inquiéter de l'opinion de la majorité et pour viser seulement une minorité choisie. Ce que je veux dire c'est que même si le prix était exactement le même, si on donnait le choix au public entre une guitare Martin et un modèle en bois contre-plaqué couvert d'étincellement et de plastic, les apparences du modèle orné brilleraient plus fort que l'esthétique de la Martin, même si une minorité apprécierait la qualité du ton, de la construction, et du bois de la Martin. Naturellement, la réponse de la majorité serait plus forte que celle de la minorité, alors l'artiste doit faire bien attention de ne pas se laisser trop influencé par ce que le public exige. MARC SAVOY

Au cours de nombreux festivals aux États-Unis et au Canada, il est entré en rapport avec des groupes qui s'intéressent à la musique traditionnelle. Ces contacts ont attiré l'attention sur sa fabrique d'accordéons et ont renforcé son désir de préserver la culture.

By 1974, I was satisfied with my work. My instruments were recognized and in demand by those who knew what to look for. I was satisfied also because I knew that the quality of my accordions excelled the abilities of even the better musicians. I had become stagnant, not having any goal to improve or advance with my work. Then, one day, a French Canadian by the name of Gilles Loisier walked into my store, introduced himself, and said that he played with the world's best button accordion player. He backed up this surprising statement by playing me a cassette tape of Philippe Bruneau's music. After listening to the tape for several minutes, I asked of Gilles, "How many people are playing on this tape?" When he replied that there was only one person playing all that music, I began to doubt that Gilles was telling me the truth. I just could not believe that one man could make all that music on a single-row accordion.

Gilles remained in Louisiana for several months and we became very close friends. The only thing that exceeded his sincerity and human warmth was his musicianship. After his return to Canada, I began getting letters from Bruneau inquiring about my accordions. Several weeks after he received the first one that he ordered, I received a phone call from him saying that he was satisfied with everything except the tuning, and could I possibly retune it if he would ship it down? By that time, I had become addicted to his music and desired to hear more, so I asked why not come down to Louisiana and bring the accordion so that I could tune it to his specifications. Unable to spare the time because of TV work, he replied, "Why don't you come up to Canada?" I arrived in Montreal the next day, thinking I had a fair knowledge of music and that I could make out well enough playing the accordion. I was soon to learn that I knew very little about both. When we arrived at his home, he sat down in front of me and said, "Now I'll show you what your accordion can do." The only accurate recollection I have of that moment was my hair standing straight up and goosebumps all over my skin. Not only did I realize that I was in the presence of musical genius, I also realized that my Acadian accordions were not good enough for a musician of such talent. I became reinspired by my involvement with these musicians. I returned to Louisiana thinking about what Philippe demanded from an instrument and how I could incorporate these criteria into my present model. It was back to the drawing board again.

En 1974, j'étais satisfait avec mon travail. Mes instruments avaient une bonne réputation parmi les musiciens de goût. J'étais satisfait aussi parce que je savais que la qualité de mes accordéons dépassait même les talents des meilleurs musiciens. J'étais arrivé à un plateau, sans but d'améliorer ou de développer plus loin mon travail. Là, un jour, un Canadien français qui s'appelait Gilles Loisier est arrivé dans mon magasin. Il s'est présenté et il m'a dit qu'il jouait avec le meilleur joueur d'accordéon diatonique du monde. Il m'a joué une cassette de la musique de Philippe Bruneau pour substancier sa déclaration. Après avoir écouté l'enregistrement pendant plusieurs minutes, j'ai demandé, "Combien de gens sont après jouer sur cette bande?" Quand Gilles m'a répondu qu'il y avait une seule personne qui jouait toute cette musique, j'ai commencé à me douter de sa bonne foi. J'avais du mal à croire qu'un seul homme pouvait faire toute cette musique sur un accordéon d'une rangée.

Gilles est resté plusieurs mois en Louisiane et on est devenu de bons amis. La seule chose qui surpasse sa sincerité et sa chaleur humaine est son talent. Après son retour au Canada, j'ai commencé à recevoir des lettres de Bruneau qui voulait s'informer sur mes accordéons. Plusieurs semaines après qu'il avait reçu la première qu'il avait commandée, j'ai reçu un coup de téléphone de lui pour me dire comment il était content avec tout sauf l'accord. Il voulait savoir si je l'aurais raccordée s'il la renvoyait. J'étais devenu amouraché de sa musique et je voulais en entendre plus, alors je lui ai demandé de descendre en Louisiane lui-même pour apporter l'accordéon afin que je puisse l'accorder selon ses besoins. Il ne pouvait pas venir à cause du travail qu'il faisait pour la télévision, mais il m'a répondu, "Pourquoi tu ne viendrais pas au Canada?" Je suis arrivé à Montréal le lendemain avec l'idée que je comprenais assez bien la musique et que je jouais assez bien de l'accordéon. J'allais découvrir que j'avais relativement peu de compétence dans les deux domaines. Quand on est arrivé chez lui, il s'est assis devant moi et il m'a dit, "Là, je veux te montrer ce que ton accordéon est capable de faire." Le seul souvenir que je garde de ce moment, c'est de mes cheveux qui étaient dressés et de ma peau qui était en chair de poule. J'ai compris non seulement que je me trouvais devant un véritable génie en musique, mais aussi que mes accordéons "Acadiens" n'étaient pas assez bons pour un musicien de cette qualité. Mon contact avec ces musiciens m'a réinspiré. Je suis rentré en Louisiane

When I was satisfied that I had an instrument that could keep up with Mr. Bruneau, I called him to say that the new accordion was completed but that the only way he was going to get it would be to come down to Louisiana and pick it up personally. He replied that he couldn't because of TV work which he was committed to. Several weeks later, he finally realized that I was not going to ship it to him, and after many accusations that I was the most stubborn man he had ever met, he finally arrived in Louisiana.

MARC SAVOY

For Marc Savoy, Cajun music and accordions represent a medium he has chosen to express a deeper, more important commitment to the survival of traditional culture. Motivated by a firm sense of loyalty to the grassroots and an unyielding drive for excellence, he is involved in a struggle for the dignity of the folk arts. He accepts both acclaim and criticism for his tough stands on cultural preservation. His sensitive and rigorous insight has earned him a reputation as a spokesman for traditional culture and a seat on the National Council for the Traditional Arts alongside his friend and colleague Dewey Balfa, with whom he works in the NEA-funded Folk Artists in the Schools program.

Fortunately, for reasons of finance, independence, love of traditional music, artistic integrity, stubbornness . . . , I and a very few other musicians gave up the dance hall scene, strictly because we were not going to contribute to the birth of a mutation. My thinking about having Bruneau come to Louisiana and play his music for the Cajuns was that it might help the Cajuns to realize what they were so longing for. I do understand that things must change to stay alive. I had read some Darwin and was somewhat aware of evolution. But being reared on a farm, I also understood that if you bred an ass to even the finest horse, you developed something that could not perpetuate itself. I thought that the powerful musicianship and genius of Bruneau's accordion playing might cause a movement or at least develop an interest in music which was at least in the same ball park as his.

Our Cajun music down here had become so crossbred with country and western music that it had degenerated to the point that it seemed it was to be lost forever. For reasons which are still incomprehensible to me, people down here got a tremendous delight from orchestrating traditional Cajun songs to country and western style. Even more popular was or-

préoccupé par ce que Philippe demandait d'un instrument. Il fallait que je trouve le moyen d'incorporer ces critères dans mon modèle. Je me suis remis à la tâche.

Quand j'étais satisfait que j'avais un instrument qui pouvait bien servir à M. Bruneau, je lui ai téléphoné pour lui dire que mon nouvel accordéon était fini, mais que la seule façon qu'il pouvait en avoir un, c'était de descendre en Louisiane pour le prendre personnellement. Il m'a dit qu'il n'était pas capable de descendre à cause de ses engagements à la télévision. Plusieurs semaines plus tard, il s'est enfin rendu compte que je n'allais pas l'envoyer. Après des accusations que j'étais l'homme le plus têtu qu'il avait jamais rencontré, il est enfin arrivé en Louisiane.

MARC SAVOY

Pour lui, musique et accordéons symbolisent son engagement passioné. Fidèle à des racines qui plongent dans la tradition populaire, et perfectioniste à l'extrème, il combat pour la remise en valeur des arts traditionnels, acceptant les conséquences bonnes et mauvaises qu'entraîne son purisme. Sa perception sensible a fait de lui un porte-parole à l'échelle nationale des cultures traditionnelles et lui a valu un siège au National Council for the Traditional Arts aux côtés de son ami Dewey Balfa, avec qui il fait des ateliers dans les écoles.

Heureusement, pour des raisons d'argent, d'indépendance, d'amour pour la musique traditionnelle, de pureté artistique, d'entêtement . . . j'ai abandonné les salles de danse avec quelques autres musiciens, simplement parce qu'on ne voulait pas contribuer à la naissance d'un bâtard. Quand j'avais fait venir Bruneau en Louisiane pour jouer sa musique pour les Cadiens, je pensais que sa visite leur aurait montré quelque chose qu'ils cherchaient à tout prix. Je comprends bien que les choses doivent changer pour garder leur vitalité. J'avais lu un peu de Darwin et je comprenais ses théories d'évolution. Mais ayant grandi sur une ferme, je comprenais aussi que l'accouplement d'un âne à une jument, même une de la plus grande qualité, produit un animal qui n'est pas capable de se reproduire. J'avais pensé que le grand talent et le génie de Bruneau aurait pu commencer un mouvement ou au moins développer un intérêt pour la musique de sa qualité.

Notre musique cadienne était rendu tellement abâtardie avec la musique country-and-western qu'elle avait dégénéré au point d'être perdue pour toujours. Pour des raisons que je ne comprends encore pas aujourd'hui, les musiciens de la région

Top: At work at the Savoy Music
Center, near Eunice, 1983.
Bottom left: The Savoy family on
their land at Savoy, 1983. *Right*:
Marc and Ann Savoy, 1981.

chestrating country and western songs to pseudo-Cajun style. The only reason I can allow for this is the fact that there were no new Cajun songs being composed. Sure, there were lots of songs being recorded in Louisiana in the 1960s and '70s, but not one was really Cajun. It was American music sung in French and played on the Cajun accordion. The fault was not necessarily that of the Cajun musicians alone, but rather the audiences they played for. I think this proves my theory which I mentioned earlier about the influence affecting musicians, craftsmen, artists, and so on. The biggest influence on any art form is not necessarily the talent of the musician or the influence of what he has seen and heard while developing his particular style, but rather the pressure brought to bear upon him by his public. So that if these Cajun musicians wanted to eat and continue playing, they were forced to play material which was marketable. Supply and demand. MARC SAVOY

Marc Savoy is an unrelenting social and cultural critic. He is, though, a hopeful cynic, as his rallying cry, "On va les embêter" (literally, "We'll fool 'em," i.e., "We'll survive") clearly indicates. His concern for the survival of tradition echoes Alan Lomax's plea for cultural equity.

I was hoping for a resurgence of interest in our musical roots. I thought maybe some of the younger musicians, whose Cajun repertoire included only waltzes and two-steps, would be inspired by people like Bruneau to the point of seeking out old-timers around here like Dennis McGee and saying, "Hey, would you teach me some of the old jigs, reels, and contre-danses of long ago?"

As I watched the spellbound Cajuns observing Philippe playing, I recalled the same experience I had had several years before. How did he get all those sounds out of our Cajun accordion? Mr. Bruneau was recognized for what he was, a sheer genius. Even though Cajun musicians are still talking today about Philippe's Louisiana concert years ago, the concert did not have the effect I had hoped for because I had underestimated a very formidable enemy of mine, mass media. I failed to comprehend the effect that mass media had on our culture in dictating to the people what they must listen to, the way they must dress, the entertainment they must pursue, the language they must speak . . .

avaient beaucoup de plaisir à rendre la musique traditionnelle dans un style country. Ils avaient encore plus de plaisir à jouer des chansons country dans un style soi-disant cadien. La seule raison que je peux trouver pour cette mode est qu'il y avait pas de nouvelles chansons cadiennes. On a enregistré beaucoup de nouvelles chansons en Louisiane pendant les années 1960 et '70, mais pas une seule était vraiment cadienne. C'était de la musique américaine chantée en français et jouée à l'accordéon. Ce n'était pas seulement la faute des musiciens cadiens, mais aussi du public qui les écoutait. Ça renvoit à ma théorie que j'ai mentionnée plus tôt concernant l'influence sur les musiciens artisans, artistes, et ainsi de suite. La plus importante influence sur l'art d'un musicien ne vient pas nécessairement de son talent, ni de ce qu'il a vu et entendu quand il développait son style, mais plutôt du public qui l'influence. Alors, si ces musiciens cadiens voulaient manger et continuer à jouer, il fallait qu'ils jouent des chansons qui se vendaient.

MARC SAVOY

Marc Savoy est un cynique plein d'espoir et sa devise "On va les embêter" reflète ses ambiguités. Comme Alan Lomax, il proclame que toutes les cultures ont également le droit de vivre.

Je souhaitais relancer un intérêt pour les sources de notre héritage musical. Je pensais que peut-être quelques-uns parmi les jeunes musiciens qui étaient rendus à jouer seulement des valses et des two-steps auraient été inspirés par des gens comme Bruneau jusqu'au point d'aller chercher les vieux joueurs des alentours pour leur demander, "Hé, est-ce que vous pourriez me montrer des vieux gigues et des reels et des contredanses de long-temps passé?"

Je regardais ces Cadiens mystifiés en train d'écouter Philippe jouer et je me rappelais d'avoir senti la même chose quelques années avant. Comment est-ce qu'il arrivait à faire sortir tous ces sons de notre accordéon cadien? On a reconnu M. Bruneau pour ce qu'il était, un véritable génie. Toutefois, même si les musiciens parlent toujours de la fois que Philippe a joué en Louisiane des années passées, son concert n'a pas eu l'effet que j'avais souhaité parce que je n'avais pas attaché assez d'importance à mon plus grand enemi, les mass-media. J'ai pas bien compris l'effet des media avait sur notre culture en déterminant ce que les gens écoutaient, leurs modes, leurs amusements, leur langue . . .

Speaking to people involved with the preservation of other cultures, I realized that I was not alone in my fight for survival. There was some invisible force acting on the entire world to homogenize everything. I was advised by many that the best weapon against this force was education and the example of excellence. I thought of all ethnic cultures as small, floating objects in a river which the current was pushing to the edge of a waterfall. After going over the waterfall, everything would be so jumbled up, none would have any different identity to any other. Then you would be able to drive to the East Coast from the West Coast and all you would be able to eat would be McDonald's all the way. The only music you would be able to catch on your car radio would be Muzak. Gone forever would be the different cuisines, no longer could you enjoy the variety of beautiful languages and accents spoken throughout the United States, no longer would the excitement of crossing borders exist. There would be no real reason for anyone to go anywhere.

MARC SAVOY

Marc's Savoy Music Center just outside of Eunice serves as a clearinghouse for information and instruments for the community of Louisiana musicians and beyond. There is a constant stream of musicians who come to buy instruments, to talk about buying instruments, or just to talk about playing instruments, but when they come to Marc Savoy's turf, they have to talk turkey with the boss.

In sixteen years of running a music store, I've seen a lot of musicians come and go. Many times, a young Cajun musician playing drums or guitar would come into my store expressing his desire to really "make it big" in the music world. Since the definition of making it big meant traveling around the country supporting himself by playing music, I would then ask if he thought that the material he had chosen to play would attract an audience and if he felt his talent was powerful enough to keep it. If he was to take the material to New York or Los Angeles, would it be any different from what was already there in the first place and, if it was, was his musicianship to the point that he could command public attention? I would also ask if they had thought of maybe playing the music of their heritage. Some would reply that they weren't playing Cajun music because it wasn't on nationwide radio. I would point out that, besides a love of the music, that was one of the best reasons for playing it. I would try to point out to these young people that

En parlant avec des gens qui étaient aussi préoccupés avec la préservation de d'autres cultures, je me suis rendu compte que je n'étais pas seul dans ma lutte. J'ai compris qu'il y avait une force invisible dans le monde entier qui essayait de tout homogéniser. Beaucoup m'ont conseillé que les meilleurs armes contre cette force étaient l'éducation et l'exemple de l'excellence. J'ai commencé à considérer toutes les cultures ethniques comme des choses de flot dans une rivière qui étaient poussées par le courant vers le bord d'une chute. Après être tombé dans la chute, le tout serait tellement brouillé que chaque morceaux serait indistinct des autres. Alors, on pourrait aller de la côte de l'est à la côte de l'ouest et manger tout le long chez MacDonald's. La seule musique qu'on pourrait entendre à la radio dans la voiture serait Muzak. On aurait perdu pour toujours les différentes cuisines, et la variété des langages et des accents aux États-Unis. L'aventure de traverser les frontières n'existerait plus. Il n'y aurait plus de raison de se déplacer.

MARC SAVOY

Son magasin, Savoy Music Center, près d'Eunice, sert de point de ralliement pour les musiciens de Louisiane et d'ailleurs. Il s'y produit un véritable défilé de gens qui viennent acheter des instruments, parler d'en acheter, ou simplement parler musique. Mais quand on vient chez Marc Savoy, il faut lui parler franchement.

Dans les seize ans que j'ai eu un magasin de musique j'ai vu passer beaucoup de musiciens. Souvent un jeune musicien cadien qui jouait les tambours ou bien la guitare venait dans mon magasin pour parler de son désir d'être un grand succès dans le monde de musique. Comme la définition d'un grand succès semblait être voyager dans le pays pour jouer et gagner sa vie avec la musique, je lui demandais s'il croyait que son répertoire était assez intéressant pour attirer l'attention des gens, et s'il avait assez de talent pour garder cette attention. S'il voulait aller à New York ou à Los Angeles, est-ce que sa musique serait différente de celle qui était déjà là et, si elle l'était, est-ce-qu'il était assez bon musicien pour garder l'attention du public? Je leur demandais s'ils avaient pensé de jouer la musique de leur héritage. Certains me disaient qu'ils ne voulaient pas jouer la musique cadienne parce qu'elle n'était pas jouée à la radio partout dans le pays. Je leur disais que, à part d'aimer la musique, c'était précisément une des meilleures raisons de la jouer. J'essayais de montrer à ces jeunes que la plupart des musiciens qui étaient connus en Louisiane

the majority of musicians who were recognized in and out of Louisiana were the ones playing Cajun music. I think maybe I should have kept my mouth shut, because what happened next was that a "would-be rock-and-roller or country-and-westerner" would realize that maybe if he took some form of Muzak and spiced it up with Cajun flavoring, he might have a "cutesy," marketable music. I realize now that the person who plays the music he loves and identifies with is the one who is less likely to change or mutilate it. The one who is not concerned with whether or not it's marketable is the one I call a traditional musician. MARC SAVOY

Marc and his wife, Ann, restored his grandfather's house in the Savoy community near Eunice and settled there to raise a family. There they cultivate their own garden according to Voltaire. Marc has learned the important lesson to concentrate his energies in the directions which are most likely to bring tangible results. His life is efficient and effective. He and a few kindred spirits like Michael Doucet formed the Society for the Preservation of Ethnic Culture in Acadian Louisiana (SPECIAL) to keep a constant vigil over the survival of tradition in the backyard of South Louisiana.

I am constantly at war against the forces which are destroying our culture so rapidly. Can't these people see that they are giving up a beautiful, rich heritage to pursue something which is totally meaningless in comparison? Often times, I've been asked why I continue in this futile attempt to preserve my culture, and I think the only answer I can allow is that when my children become parents, I hope that they can pass on to the next generation other things besides disco music, glitter swinger vans, and the like. I hope they will still remember some of the beautiful old Cajun ballads, still remember some architecture other than mobile homes, and our way of life that has endured for so many years unchanged. I hope they remember that they are direct descendants of a strong people who came to a foreign land and developed the most powerful ethnic culture in America that withstood the test of time for two hundred years until along came the generation who thought that the artificial turf on the other side of the fence was grass. MARC SAVOY

et ailleurs étaient ceux qui jouaient la musique cadienne. Je pense des fois que j'aurais dû rien dire parce que bientôt le prétendu joueur de rock-and-roll *ou de* country-and-western *pensait que s'il adaptait sa forme de Musak en ajoutant un peu d'épice cadienne, il aurait peut-être une forme de musique qui se vendrait. Je comprends aujourd'hui que si une personne joue la musique qu'il aime, avec laquelle il s'identifie, il y a moins de danger qu'il la change ou qu'il la mutile. C'est le musicien qui ne s'intéresse pas à savoir si une chanson se vendrait ou non que j'appelle un musicien traditionnel.*

MARC SAVOY

Marc et sa femme Ann ont restoré la maison de son grandpère à Savoy, un petit village près d'Eunice, et s'y sont installés avec leurs enfants pour cultiver leur jardin, à la Voltaire. Marc, qui sait qu'il faut concentrer son énergie sur les projets faisables, a organisé sa vie avec efficacité. Avec quelques confrères comme Michael Doucet, il a créé la Société pour la Préservation de la Culture Ethnique en Louisiane Acadienne.

Je suis toujours en lutte contre les forces qui essaient de désintégrer notre culture. Est-ce que ces gens ne voient pas qu'ils sont en train d'abandonner un beau et riche héritage pour courtiser une autre culture qui est complètement vide de sens par comparaison? Souvent on me demande pourquoi je continue à me battre dans le noir pour préserver ma culture et je pense que la seule réponse que je peux offrir, c'est que, quand mes enfants auront des enfants, je souhaite qu'ils peuvent transmettre à la prochaine génération des choses autre que la musique disco, des voitures brillantes, et ainsi de suite. Je souhaite qu'ils se rappelleront des belles, vieilles complaintes cadiennes, de l'architecture autre que des roulottes, de notre mode de vie qui a pourtant duré à travers tant d'années sans changer. Je souhaite qu'ils peuvent se rappeler qu'ils sont descendants d'un peuple fier qui est venu au nouveau monde et qui a établi en Amérique une forte culture traditionnelle qui a tenu le coup à travers deux siècles jusqu'à la génération qui a pris le gazon artificiel à l'autre côté de la barrière pour de la vraie herbe. MARC SAVOY

12. Michael Doucet, dit Beausoleil

In the world of Cajun musicians, Michael Doucet is a hybrid. Born near Lafayette in 1951, he was only four years old when Iry Lejeune was killed in an automobile accident in 1955, the bicentennial of the Acadian exile. Yet he has become a leader in the renaissance of Cajun music. His musical background is varied, both within his family and in his own early experiences.

The first musical influence I remember was my uncle who was married to my father's sister, Will Knight. He played Cajun music. He played fiddle, banjo, and bass. And I used to go over there a lot. He got me interested in playing the banjo. I started playing the banjo at age six and guitar at age eight. Just playing songs. Of course, at that time, I was influenced by a lot of other kinds of music, like Tennessee Ernie Ford and Elvis Presley. Anything different.

My mother played clarinet. She was very much into the jazz of the thirties and forties. So was my father. My father plays the radio. He couldn't play anything else. It was a musical family on both sides, but I didn't learn directly from my folks. Cousins and aunts and uncles, from classical musicians to rock-and-roll musicians to Cajun musicians. I heard a gamut of sounds back then and went with the flow. I also picked up on what was going on in the field of popular music, such as Bob Dylan in the 1960s. I started practicing with Ralph Richard in a group when we were about twelve years old.

I was playing guitar back then, but the scene was not what I was interested in. I was more interested in the undercurrent of music. What makes music. We were mostly playing rock-and-roll, but not the music you would hear on the radio. We were playing Bob Dylan, Pete Seeger, and stuff like that. Folk rock music, which was unusual for the Lafayette area. People were not used to paying attention to the words.

Parmi les musiciens cadiens, Michael Doucet est un phénomène. Né à Lafayette en 1951, il avait quatre ans quand Iry Lejeune s'est tué dans un accident de voiture l'année du bicentenaire du Grand Dérangement. Aujourd'hui, Michael, riche d'un héritage des plus variés, est devenu un des chefs de la renaissance musicale.

La première influence musicale que je peux rappeler, c'est mon oncle par alliance, Will Knight, qui était marié à la soeur de mon père. Il jouait la musique cadienne. Il jouait du violon, du banjo et de la basse. Et j'allais souvent chez eux. Il m'a intéressé à jouer du banjo. J'ai commencé à jouer du banjo à l'âge de six ans et de la guitare à huit ans. Juste jouer des chansons. Bien sûr, dans ce temps, j'étais aussi influencé par beaucoup d'autres sortes de musique, comme Tennessee Ernie Ford et Elvis Presley. N'importe quoi de différent.

Ma mère jouait de la clarinette. Elle aimait beaucoup le jazz des années '30 et '40. Mon père aussi. Mon père aussi. Mon père joue de la radio. Il n'a pas appris à jouer autre chose. Il y avait de la musique dans les deux côtés de la famille, mais je n'ai pas appris directement de mes parents. Plutôt des cousins, des tantes et des oncles, de la musique classique à la musique rock-and-roll à la musique cadienne. J'entendais une gamme de sons dans ces temps et j'allais avec le courant. Je m'intéressais aussi à ce qui se passait dans la musique populaire, comme Bob Dylan dans les années 1960. J'ai commencé à jouer avec Ralph Richard dans un groupe quand on avait à peu près douze ans.

Je jouais de la guitare dans ce temps, mais je n'étais pas très intéressé par cette scène. J'étais plutôt intéressé par le sous-courant de la musique. Ce qui fait la musique. On jouait surtout du rock-and-roll, mais pas la musique qui jouait à la radio. On jouait les chansons de Bob Dylan, de Pete Seeger, et ce genre de musique. La musique folk-rock, ce qui était un peu

Michael Doucet, with son Matthew, 1981.

I started playing trumpet in the third grade at Cathedral School. That meant learning to read music. I did that until the tenth grade. I also played acoustic guitar with a group in clubs until I was about sixteen. Then some members of the band got beat up and I got punched out. And I said that was it for that stuff. So I went underground after that and just played for myself for a while.

I played folk and rock music most of my younger days. French music was all around, but it was something that was just there. Sometimes we would go to a dance on Saturday night or have music at a family get-together, like on the Fourth of July or Christmas Day. Will was there and everybody would get together and play music and sing. My father had five sisters, and all of them would sing and everybody would sing along. I remember playing guitar along with them, playing songs like "Jolie blonde," "Allons à Lafayette," and the "St. Louis Blues." I remember thinking they were all Cajun songs. Those were the only three songs that Will taught me, because he developed arthritis and died when I was still young. MICHAEL DOUCET

Michael is one of many young Cajun activists who came back to their own cultural origins after an Americanized childhood. As with most, he was never far from his roots. Americanizing schooldays in Lafayette did not erase evenings and weekends with relatives and neighbors in Scott. Traditional culture and language were always there, as if in hibernation.

The road to cultural militancy among young Cajun musicians, writers, and artists is almost invariably paved with a neo-exile experience. For Michael, the slumbering bear was first awakened during a class in American folk music at Louisiana State University in Baton Rouge. Then, in France with Zachary and Kenneth Richard, he rediscovered the value of Cajun music and pondered his own role in the budding Louisiana French movement.

The Cajun thing was always there, in the back of all our minds, but it was no big deal, you know. I was going to school, and music was always there on the side. Then, in 1971, we started getting serious about making a group. Ralph and Kenneth and I. Ralph was playing Cajun stuff, Kenneth played mandolin, and I played guitar. We had a great experience going up to New York to record "J'ai été-z-au bal" and "Chère Alice" at Electra. It was never released. That was at the time of the first Cajun Music Festival. We missed that first festival in 1974. The same year, Ralph and I went to France. At that time, I knew

drôle pour la région de Lafayette. Les gens n'étaient pas habitués à faire attention aux paroles.

J'ai commencé à jouer de la trompette dans le troisième livre à Cathedral School. Ça voulait dire apprendre à lire la musique. J'ai fait ça jusqu'au dixième livre. J'ai aussi joué de la guitare acoustique avec un groupe dans des salles de danse jusqu'à l'âge de seize ans. Là, je me suis fait battre avec quelques-uns des membres du groupe, et je me suis dit que j'en avais assez de tout ça. Ça fait, je me suis retiré et j'ai joué seulement pour moi-même quelque temps.

J'ai joué de la musique folk et rock pendant la plupart de ma jeunesse. On était entouré de musique française, mais elle était simplement là. Des fois, on allait au bal un samedi soir. Des fois, on avait de la musique pendant une réunion de famille, comme pour le quatre de juillet ou pour Noël. Will était là et tout le monde se mettait ensemble pour jouer de la musique et chanter. Mon père avait cinq soeurs et chacune chantait et tout le monde chantait avec elles. Je me rappelle d'avoir joué de la quitare avec eux, joué des chansons comme "Jolie blonde," "Allons à Lafayette," et les "St. Louis Blues." Je me rappelle d'avoir pensé qu'elles étaient toutes des chansons cadiennes. C'était les seules trois chansons que j'ai appris de Will, parce qu'il a développé l'arthrite et il est mort quand j'étais encore jeune.

MICHAEL DOUCET

Comme beaucoup d'autres jeunes activistes, Michael a retrouvé ses racines après une jeunesse presque américanisée. Mais comme les autres, il n'avait jamais été vraiment éloigné de ses racines. L'américanisation de la journée scolaire n'effaçait pas complètement les soirées et les fins de semaine partagées avec parents et voisins. La tradition était toujours présente, même si elle sommeillait.

Pour les jeunes musiciens, écrivains, et artistes cadiens, l'engagement culturel a presque toujours été précédé par une période d'exile. Pour lui, le réveil s'est amorcé au Baton Rouge, à l'université, dans un cours de musique traditionnelle. En France, avec Zachary et Kenneth Richard, il a redécouvert la valeur de la musique cadienne et il a commencé à définir son rôle.

L'affaire cadienne était toujours là, au fond de notre idée, mais c'était pas une grande affaire, tu sais. J'allais à l'école et la musique était toujours là, à côté. Là, en 1971, on a commencé à sérieusement penser à former un groupe. Ralph, Kenneth, et moi. Ralph jouait de la musique cadienne, Kenneth jouait de la mandoline, et moi, je

there was something else, but I didn't know what it was. *Going to France made me realize what it was. I had a chance to meet some people who influenced me very much, like Michel Hindenoch, Roger Mason, Christian Gouhran, people who had accepted Cajun music as the new folk music, something really beautiful. Whenever I had dealt with Cajun music before, it had always related to older people and how things were. Here were serious musicians in their twenties playing and relating to Cajun music in terms of what it could be. In Louisiana, around that time, Cajun music was being displaced by Cajun country sounds which didn't ring true. I couldn't identify with them. In France, I saw eight fiddlers playing "Jolie blonde" the old way, accompanied by a hurdy-gurdy and all sorts of different sounds. I began to understand what we had and what we stood for. What we really had here in Louisiana was underneath the surface. That's where Ralph and I began to part ways. We were young. We wanted to play music for a living and travel. Ralph got the idea that there was a potential market in France and Quebec, because there was an interest but no direct contact. Ralph's idea was to develop a show business production, which was fine for him, but I was more interested in getting to understand the guts of the music. If I was going to play Cajun music, I wanted to play it right. And if I was going to change Cajun music, I had to be sure of the directions.* MICHAEL DOUCET

If he were to assume a role of leadership in the revival of Cajun music, he would also need to play a lead instrument. Michael chose an old love, the fiddle. Learning to play was not only a technical matter, but a cultural one as well. With the fiddle, he committed himself to a search for origins and styles which would bring him together with most of the outstanding musicians in South Louisiana. The name Michael chose to symbolize his quest to understand Cajun culture through its music was Beausoleil, after Joseph Broussard dit Beausoleil, a leader of the Acadian resistance to the exile in 1755 who eventually settled in Louisiana and founded a town which bears his family's name.

I have a holistic approach to most things. I came back to Louisiana, found an old house to restore. I went out and met some of the people I had heard of in France, like Dewey Balfa and Dennis McGee. In 1975, I received an NEA Folk Arts Apprenticeship grant to learn Cajun fiddle styles. Then I realized how much there was to learn. I took lessons from Elaine Flannery,

jouais de la guitare. On a eu une belle expérience quand on est allé à New York pour enregistrer "J'ai été-z-au bal" et "Chère Alice" chez Electra. Ils ont jamais sorti le disque. C'était au moment du premier festival de musique acadienne à Lafayette. On a manqué ce premier festival en 1974. La même année, Ralph et moi, on est allé en France. Dans ce temps, je savais qu'il y avait autre chose, mais je savais pas quoi. Mon voyage en France m'a fait comprendre ce que c'était. J'ai eu l'occasion de rencontrer des gens comme Michel Hindenoch, Roger Mason, Christian Gouhran, des gens comme ça qui avaient accepté la musique cadienne comme la nouvelle mode de musique traditionnelle, quelque chose de très joli. Quand j'avais eu affaire avec la musique cadienne avant, ça avait toujours été en termes des vieux et du vieux temps. Là, j'ai trouvé des musiciens sérieux qui avaient une vingtaine d'années qui jouaient la musique cadienne en fonction de ce qu'elle pouvait être. En Louisiane, dans ce même temps, la musique cadienne était en train d'être remplacée par la musique Cajun country qui sonnait fausse à mon oreille. Je pouvais pas m'identifier avec ce nouveau style. En France, j'ai vu huit joueurs de violon jouer "Jolie blonde" dans le vieux style, accompagnés par une vielle et toutes sortes de différents sons. J'ai commencé à comprendre ce qu'on avait et qui on était. Pour arriver à ce qu'il y avait de plus important ici, il fallait pénétrer la surface. C'est là que Ralph et moi, on a cassé la paille. On était jeune. On voulait voyager et gagner nos vies à jouer de la musique. Ralph a eu l'idée qu'il y avait un débouché en France et au Québec, parce qu'il y avait de l'intérêt, mais pas encore un contact direct. L'idée de Ralph était de développer une présentation professionnelle, ce qui lui allait bien, mais moi, je m'intéressais plutôt à comprendre l'essentiel de la musique. Si je devais jouer la musique cadienne, je voulais la jouer avec raison. Et si je devais changer la musique, je voulais être certain des directions. MICHAEL DOUCET

Pour jouer un vrai rôle dans la renaissance musicale, il fallait qu'il se choisisse un instrument. Il est revenu à ses premières amours, le violon. Mais pour lui, apprendre le violon n'était pas seulement une question de technique, mais aussi une question de culture. Depuis 1974, il poursuit une étude approfondie des origines et des styles qui lui a fait connaître la plupart des grands musiciens louisianais. Le nom qu'il a choisi pour symboliser cette recherche est Beausoleil, le surnom de

Michael Doucet, broadcasting from the studio of KRVS radio at the University of Southwestern Louisiana, Lafayette, 1982.

Opposite, top: Beausoleil—Michael Doucet, Errol Verret, and David Doucet—at the Festival de Musique Acadienne, Lafayette, 1983. *Bottom*: Backstage, with Canray Fontenot.

a Scandinavian violin teacher with a background in folk music, so that I would know enough to learn from the old masters. My experiences with different kinds of music made me understand Cajun music. It stood out.

I picked up the fiddle in 1974. I had scratched on a fiddle before, but I had never had one. We only had one fiddle in the family and it went around in the family and I never seemed to have it. I always wanted to play but I never had the chance. So when I got interested in learning Cajun music on the fiddle, I went to Will's house and traced his fiddle under the bed of a family member. It was broken, so I put it back together and started playing. The first thing I noticed, I was playing. It was that quick. I had no problem learning, but there was a lot I had to learn. There were certain techniques I had to learn to play, so I studied violin. I also went and met Varise Connor, Dewey Balfa, Canray Fontenot, Hector Duhon, and especially Dennis McGee. Dennis McGee really did it for me. I had never met such a dynamic person. And his songs were so old. Anything after 1940 was a new song to him. Those experiences helped me musically, culturally, historically, linguistically (Dennis never speaks to me in English). I gave up graduate school in English to come and do my own version of graduate work in Cajun French language and music here. When I went to France, I had plans to come back to go to graduate school in New Mexico to study the Romantics. I traded Blake for Balfa and came home instead. MICHAEL DOUCET

Joseph Broussard, un résistant acadien de 1755, qui a fondé le village de Louisiane qui porte encore son nom.

J'ai l'habitude de prendre les choses dans leur totalité. Quand je suis rentré en Louisiane, j'ai trouvé une vieille maison à restorer. Je suis allé rencontrer quelques-uns des personnes de qui on m'avait parlé en France, comme Dewey Balfa et Dennis McGee. En 1975, j'ai reçu une bourse d'apprentissage du National Endowment for the Arts/Folk Arts Program pour apprendre les différents styles de violon. C'est alors que j'ai appris combien qu'il y avait à apprendre. J'ai pris des leçons d'Elaine Flannery, une maîtresse de violon scandinave avec des origines en musique traditionnelle, pour me préparer à apprendre des maîtres cadiens. La diversité de mes connaissances musicales m'a aidé à comprendre la musique cadienne. Elle en ressortait.

J'ai commencé à apprendre à jouer du violon en 1974. J'avais déjà gratté les cordes d'un violon, mais je n'en avais jamais eu un pour moi-même. Il y avait seulement un violon qui circulait dans la famille, mais je ne l'avais jamais entre les mains. Je m'intéressais à apprendre, mais je n'avais pas eu l'occasion. Alors, quand je me suis intéressé à jouer de la musique cadienne au violon, j'ai été chez Will et j'ai poursuivi la trace de son violon jusqu'à ce que je l'ai trouvé sous le lit d'un membre de la famille. Le violon était en morceaux, alors je l'ai remis ensemble et j'ai commencé à jouer. Quand je me suis aperçu, je jouais déjà. C'était si vite que ça. Je n'ai pas eu aucun tracas à apprendre, mais il y avait tellement à apprendre. Je voulais apprendre certaines techniques, alors j'ai étudié le violon classique. J'ai aussi rencontré Varise Connor, Dewey Balfa, Canray Fontenot, Hector Duhon, et surtout Dennis McGee. Dennis McGee m'a vraiment surpassé. Jamais dans ma vie j'avais rencontré une personne si dynamique. Et ses chansons étaient si anciennes. Toutes les chansons d'après 1940 étaient nouvelles pour lui. Ces expériences ont aidé mes connaissances en musique, en culture, en histoire, en français (Dennis me parle jamais en anglais). J'ai abandonné mes études graduées en littérature pour revenir faire mes propres études en français cadien et en musique ici. Quand j'étais en France, j'avais eu l'idée de poursuivre mes études sur les Romantiques anglais à l'Université du Nouveau Méxique. J'ai barguiné Blake pour Balfa et je suis rentré plutôt chez nous. MICHAEL DOUCET

Joining a few old friends from his folk rock days, Michael hit the local dance hall and honkytonk scene with a group called Coteau, which played an exciting synthesis of Cajun music and South Louisiana funky-blues-rock. The group was the hottest thing since Clifton Chenier, yet the spirit of Beausoleil persisted. Michael and Coteau accordionist Bessyl Duhon provided the traditional influence for Coteau and continued to play as Beausoleil on the side with the Richard brothers, Kenneth and Sterling.

In 1976, Beausoleil was invited to play for the "Louisiane Bien-Aimée" American Bicentennial exhibition in Paris for two weeks. There we were, playing Cajun music while riding in carriages down the Champs-Elysées. While we were playing on a bateau-mouche on the Seine, this fellow from Pathé Marconi records asked us to record. We had only been together about two weeks, officially. So we made a record and a lot of people in France heard us. That was the first Cajun music record by Cajuns released in France.

We also had a group called Coteau in 1975. This was a group with a lot of different influences: rock, from Bruce MacDonald and Dana Breaux; Nashville Cajun country, from Jimmy C. Newman's son Gary; and Cajun from Bessyl and me. This was probably the first group in South Louisiana to hit the younger, contemporary scene. We turned young people on to what Cajun music could be. People weren't used to hearing our kinds of arrangements. We wanted to make it as professional as we could. That helped a lot of people appreciate the music and it helped me to play on that level.

MICHAEL DOUCET

The 1976 trip to France represented a return to the source of Michael's inspiration. Beausoleil became the primary force in his life, overshadowing his other musical connections. The search for traditional sources intensified as Michael rummaged through the early fieldwork of Lomax, Whitfield, and Oster and continued to visit old masters.

I started getting together with Bessyl Duhon, Kenneth and Sterling Richard, people I got along with, and we learned to play the old songs. We'd go to play with Kenneth and Sterling's dad, Felix. We played with Lionel Leleux, with Hector Duhon and Octa Clark. We were just trying to find the real songs. We didn't play in public at first. Lafayette wasn't ready for that yet. Those were the beginnings of Beausoleil. The identity of the group was

Pendant sa période *folk rock*, Michael formé un groupe, Coteau, qui remplissait les salles de danse et les *honky-tonks* d'une synthèse de musique cadienne et de *funky-blues-rock* louisianais. Coteau est rapidement devenu un des groupes à la mode, avec Michael et Bessyl Duhon, son accordéoniste, pour maintenir l'influence traditionnelle. En 1976, Michael et Bessyl ont formé le groupe Beausoleil avec les frères Richard, Kenneth et Sterling.

En 1976, Beausoleil a reçu une invitation à Paris pour jouer à l'exhibition sur le bicentennaire américain, "Louisiane Bien-Aimée," pendant deux semaines. On était là, après jouer de la musique cadienne dans des voitures sur les Champs-Elysées. Une fois, quand on jouait sur un bateau-mouche sur la Seine, un représentant de Pathé Marconi nous a demandé d'enregistrer un disque. Ça faisait seulement deux semaines qu'on était ensemble officiellement. Ça fait, on a fait le disque et beaucoup de monde nous a entendu en France. Ça, c'était le premier disque français de musique cadienne jouée par des Cadiens.

On avait aussi un groupe qui s'appelait Coteau en 1975. C'était un groupe qui avait beaucoup de différentes influences: rock, de Bruce MacDonald et Dana Breaux; Nashville Cajun country, de Gary Newman, fils de Jimmy C. Newman; et cadienne, de Bessyl et moi. C'était probablement le premier groupe dans le sud de la Louisiane qui a atteint la scène contemporaine et les jeunes. On a fait connaître aux jeunes ce que la musique cadienne pouvait être. Le monde n'avait pas l'habitude d'entendre des partitions comme celles-là qu'on faisait. On voulait jouer autant comme des professionels qu'on pouvait. Ça a aidé à un tas de monde à apprécier la musique et ça m'a aidé à moi de jouer à ce niveau-là. MICHAEL DOUCET

Cette tournée en France a ramené Michael aux sources traditionnelles et Beausoleil est devenu le principe même de son existence. Depuis, il continue ses recherches, dépouillant les collections enregistrées par Lomax, Whitfield, et Oster, et étudiant avec ceux qu'il considère ses maîtres.

J'ai commencé à jouer avec Bessyl Duhon, Kenneth et Sterling Richard, des gens que j'adonnais avec, et on apprenait à jouer les vieilles chansons. On allait jouer avec le père de Kenneth et Sterling, Félix Richard. On jouait avec Lionel Leleux, avec Hector Duhon et Octa Clark. On essayait juste de trouver les vraies chansons. On ne jouait pas en public au début. Lafayette était pas

Michael Doucet at home,
Lafayette, 1981.

always connected with a search for the
spirit of Cajun music.

Coteau broke up in 1977, for different
reasons. People changed. But Beausoleil finally came into its own as a group. We
made another album here in Louisiana,
The Spirit of Cajun Music. That album
was an industrial attempt to put together
everything I had learned. It was the first
time it had been attempted. I can understand why and I would never do it again.
It was a grand attempt to bring together
all the influences and sources of Cajun
music. We had medieval songs, jazz, Cajun ballads, blues . . . We put it together
with friends instead of trying to make a
slick, professional album. The album had
a lot of feeling in it.

From that second album, we continued
to play around Lafayette, just French
music. Anybody who wanted to play with
us was welcomed. We even had Jeanie
McLearie from New Jersey with us for a
time. We made another album, Les Amis
cadjins, a collection of songs we liked, not
as academic and esoteric as the second
one, but still developing the Beausoleil
sound which is based on a very mobile
style with influences from each member's
origins. MICHAEL DOUCET

encore parée pour ça. Ça, c'était les origines de Beausoleil. L'identité du groupe
était toujours liée avec une recherche pour
l'esprit de la musique cadienne.

Coteau est tombé en morceaux en 1977,
pour différentes raisons. Le monde a
changé. Mais Beausoleil est enfin arrivé
comme groupe. On a fait un autre disque
ici en Louisiane, The Spirit of Cajun Music. Ce disque était un essai industriel de
rassembler tout ce que j'avais appris.
C'était la première fois qu'on avait essayé
de faire une pareille chose. Je peux comprendre pourquoi et je ne voudrais jamais
le faire encore. C'était un essai grandiose
de rassembler toutes les influences et les
sources de la musique cadienne. On y
avait des chansons mediévales et du jazz,
des complaintes cadiennes et du blues . . .
On l'a mis ensemble avec des amis, plutôt
que d'essayer de faire un disque avec un
détachement professionel. Ce disque avait
beaucoup de sentiment.

De ce deuxième disque, on a continué
à jouer dans les alentours de Lafayette,
juste de la musique française. On laissait
jouer tout le monde qui voulait. On avait
jusqu'à Jeanie McLearie de New Jersey
avec nous pendant un temps. On a fait un
autre disque, Les Amis cadjins, une collection de chansons qu'on aimait, pas aussi
académique et ésotérique que le deuxième,
mais toujours un nouveau développement
dans le son de Beausoleil, qui est basé sur
un style très mobile avec des influences
des origines de chaque membre.

MICHAEL DOUCET

(Working's too hard and stealing's not
right. Begging's not something I can do.
Each day of my life, they ask me how I
live. I say, "I live on love and I expect to
live long.")

Travailler, c'est trop dur et voler, c'est pas
  beau.
Demander la charité, c'est quelque chose
  je peux pas faire.
Chaque jour de ma vie, ça me demande de
  quoi je vis.
Je dis, "Je vis de l'amour et j'ai espoir de
  vivre vieux."

147

Beausoleil's fourth album on Arhoolie Records is the result of Michael's association with ethnomusicologist/producer Chris Strachwitz, who also "discovered" Clifton Chenier. Membership in the group has stabilized to include Michael's brother David on guitar, Errol Verret on accordion, and Billy Ware on triangle, with an occasional appearance by Tommy Comeaux on mandolin and Annick Colbert on vocals—musicians who have all, along with Michael, taken an interest in the origins of the music they play.

I've never taken things at face value. If someone tells me something is black, I'm going to have to check it out to see if it is black to me. Listening to Cajun music, I could hear a distinct blues element, for example. I became interested in taking a look at the music of the blacks, not contemporary zydeco, but the black origins of Cajun music. People talked about Amédé Ardoin. Iry Lejeune was influenced by him. Dennis McGee had played with him. Canray Fontenot talked about him. So I went out to find those roots of Cajun music. I found out about a dramatic black connection in Cajun music—people like Adam Fontenot, Freeman and Bee Fontenot, Amédé Ardoin, Douglas Bélair, and a whole black French scene which greatly influenced Cajun music at the turn of this century.

I began to work with Dewey Balfa in the schools. That was great for me because it put me in a teaching situation which I like very much and which helped me focus my thoughts because you have to go back and figure out what you know and feel before you can tell other people, especially little people.

We continue to go on tour and play here. We've never stopped visiting other musicians to learn more, never losing that first feeling that I brought back from France. It's more than just music. It's an integral way of life. You can put the qualities of the music into your lifestyle and that's what I'm trying to do. I try to integrate my lifestyle with my music, my feelings, my dreams, past, present, and future. It's all related. MICHAEL DOUCET

Michael's attitudes concerning music and the musician reflect his pensive, almost mystical nature.

You have to tune in to a thin line of human values that is so covered these days. And it's in music, too. I used to ask musicians how did they know to do what they did, and they always answered, just because they did. There's a feeling when somebody's playing a song. It's a razor-

Le quatrième disque de Beausoleil, enregistré par Arhoolie Records, est né de l'association de Michael et Chris Strachwitz, l'ethnomusicologue et réalisateur qui avait déjà "découvert" Clifton Chenier. Le groupe s'est stabilisé: David Doucet, son frère, tient la guitare, Errot Verret, l'accordéon, et Billy Ware, les petits fers. De temps en temps, Annick Colbert chante avec eux et Tommy Comeaux prend la mandoline. Tous s'intéressent comme Michael aux origines de la musique qu'ils jouent.

Je n'ai jamais pris les choses pour leurs premières apparences. Si quelqu'un me dit que quelque chose est noir, il faut que je vérifie pour moi-même que c'est bien noir. Quand j'écoutais la musique cadienne, je pouvais distinguer nettement un élément du blues, par exemple. Je me suis intéressé à la musique des noirs, pas le zarico d'aujourd'hui, mais les origines noires de la musique cadienne. Le monde parlait d'Amédé Ardoin. Il avait influencé Iry Lejeune. Il avait joué avec Dennis McGee. Canray Fontenot parlait de lui. Alors je suis allé à la recherche de ces origines de la musique cadienne. J'ai découvert une connection passionnante entre les noirs et la musique cadienne—des gens comme Adam Fontenot, Freeman et Bee Fontenot, Amédé Ardoin, Douglas Bélair, et toute une scène noire française qui a beaucoup influencé la musique cadienne au début de ce siècle.

J'ai commencé à travailler avec Dewey Balfa dans les écoles. Ça m'a fait beaucoup de bien parce que ça m'a mis dans une position d'enseigner, que j'aime beaucoup, et ça m'a forcé à structurer mes pensées parce qu'il faut qu'on comprenne bien ce qu'on sait et ce qu'on sent avant de le dire aux autres, et surtout à des petits.

On continue à faire des tournées et à jouer ici. On n'a jamais arrêté de visiter les autres musiciens pour continuer à apprendre, jamais perdu ce premier sentiment que j'ai rapporté avec moi de France. Ce n'est pas seulement de la musique. C'est toute une façon de vivre. On peut mettre les qualités de la musique dans la vie, et c'est ça que j'essaie de faire. J'essaie d'intégrer ma vie avec ma musique, mes sentiments, mes rêves, passés, présents, et futurs. Ça fait tout partie de la même chose. MICHAEL DOUCET

Sur la musique et les musiciens, Michael a des idées qui approchent du mysticisme.

Tu as pour te mettre en accord avec une fine ligne de valeurs humaines qui au-

sharp line. Everything is right on the money. You're dealing with time, and time is life. If you cut a second in perfectly equal portions, then it stretches out a little longer. If you find someone who plays the fiddle and can just slice time like that, you know you have it, because they're not fooling anybody. It's not a question of playing better or in a different style. It's a question of feelings and putting what you really have into it. When you become saturated, it comes out naturally. There's no right or wrong way. When you have that feeling, it just comes out. I'm talking about tuning in to a culture, which means going backward, but also going forward and being here right now.

MICHAEL DOUCET

A musician has always been a servant to his society providing entertainment on a social level, in places where people gather together as a clan. He has also been a carrier of traditions and a cultural legacy. But now, that legacy is in pieces. The original culture was blown apart with the nation in Acadia by the exile. It came back together in Louisiana in a new way. Then it was infiltrated and diluted by a lot of other people and influences and practically destroyed by Americanization. You have to put the pieces back together by looking at what's left and uncovering all the links to understand the whole. What a musician does is translate cultural ideals into appropriate sounds. Words and music reach people and communicate feelings which provide a common denominator in a cultural society. The musician is not necessarily a sequined star. He is an interpreter, a spokesman for cultural values.

MICHAEL DOUCET

jourd'hui est très cachée. Et c'est dans la musique, aussi. J'avais l'habitude de demander aux musiciens comment ils faisaient ce qu'ils faisaient, et ils répondaient toujours tout simplement qu'ils le faisaient. Il y a une sensation quand quelqu'un joue une chanson. C'est comme une lame de rasoir. Tout se fait avec précision. Tu as affaire avec le temps, et le temps, c'est la vie. Si tu peux couper une seconde en parties parfaitement égales, elle se prolonge un peu. Si tu trouves quelqu'un qui joue du violon et qui peut trancher le temps comme ça, tu peux être sûr que tu as la vérité, parce qu'il ne trompe personne. Il n'est pas question de jouer meilleur ou dans un style différent. Il est question de sentir et de miser ce qu'on a de meilleur. Quand on devient saturé, ça ressort d'une façon naturelle. Il n'y a ni raison ni tort. Quand tu as le sentiment, ça ressort. Je parle de se mettre en accord avec toute une culture, ce qui veut dire reculer, mais aussi avancer et en même temps rester sur place.

MICHAEL DOUCET

Un musicien sert toujours la société, fournissant de l'amusement à un niveau social, dans les endroits où les membres d'une communauté se retrouvent entre eux. Il est aussi un transmetteur des traditions de l'héritage culturel. Mais asteur, cet héritage est brisé. L'exil a explosé en morceaux la culture originale avec la nation acadienne. Elle s'est retrouvée en Louisiane mais d'une nouvelle façon. Puis là, beaucoup d'autres gens et d'autres influences l'ont infiltrée et diluée et l'américanisation a failli la détruire. Il faut remettre les morceaux ensemble en faisant attention à ce qui reste et en essayant de découvrir toutes les connections pour essayer de comprendre le tout. Ce qu'un musicien fait, c'est traduire les idéaux culturels en sons convenables. Les paroles et la musique peuvent atteindre les gens et leur communiquer des sentiments qui donnent un dénominateur commun dans la culture d'une société. Le musicien n'est pas forcément une vedette étincellante. Il doit servir d'interprète, de porte-parole pour les valeurs de la société, MICHAEL DOUCET

13. *Et ça continue*

An unfortunate number of ethnographers have found themselves baffled by Cajun culture. As soon as they get a fix on it under laboratory conditions, it shifts, changes, even mutates, if necessary, to escape sharply focused scrutiny. Undeniably, this is due, in part, to an independence of character. Cajuns delight in watching predictions concerning their future go skimming harmlessly by. This is also due to a healthy cultural identity. Contrary to devolutionary opinion, it is simply too early for an autopsy on the Cajuns. Inorganic ethnographic methods which do not take this life and growth into consideration miss the mark. The Cajuns' frontier experience taught them that adaptation was the key to survival. They developed a lifestyle based on that lesson and survived. And they continue to survive, with a tenacious sense of identity.

Cajun music, the most conspicuous expression of Cajun culture, exemplifies this survival. It has usually been studied as a folk music, but, for the Cajuns, it is simply their music, based on the same sense of identity and adaptation as the culture. Cajun music has refused to conform to values which would stagnate or change it from the outside. In this century, for example, it has gobbled up influences from the blues and bluegrass, from country and rock, from swing and jazz, outlasting the Charleston and the Twist, devouring the palatable parts and spitting out the rest. Rarely conforming to notions of what it should be, Cajun music continues to be what an unruly lot of Cajun musicians insist on playing every weekend, at house dances and in dance halls, on front porches and on main festival stages. Like Cajun culture, it is a clear reflection of the people who live it. It is, to the dismay of the *soi-disant* elite, art in the hands of the people.

Un nombre regrettable d'ethnologues sont confondus par cette culture cadienne qui, dès qu'ils l'épinglent comme un papillon sur un bouchon de liège, bouge, change, s'altère, comme si elle tenait à échapper à l'analyse académique. Cela vient en partie de l'indépendance des Cadiens, qui aiment bien voir les prédictions des savants niées par les évènements. Cela vient aussi de la santé même de la culture qui, malgré les pessimistes, est loin d'être prête pour l'autopsie. Les études ethnographiques qui ne prennent pas en compte cette vitalité manquent leur but. La frontière a appris aux Cadiens à s'adapter. Leur mode de vie, basée sur cette leçon, leur a permis de survivre, et ils continuent à survivre, accrochés à leur identité.

La musique, l'expression la plus marquante de cette culture, exemplifie cette survie. Musicologues et ethnologues veulent souvent la situer parmi les autres musiques traditionnelles, mais pour les Cadiens, c'est simplement leur musique. Elle refuse de se conformer aux critères artificiels des savants. Depuis le début du siècle, elle a machonné les *blues* et le *bluegrass*, le *country* et le *rock*, le *swing* et le *jazz*, le *charleston* et le *twist*, avalant le bon et recrachant le reste. Elle suit rarement les normes, et continue à être ce que des musiciens indiciplinés jouent en fin de semaine dans des bals de maison et des salles de danses, sur les galeries de leurs maisons et les estrades des festivals. La musique cadienne est une réflection de ceux qui la vivent et, malgré la consternation de la soi-disant élite qui voudrait soit la récuper soit l'annihiler, un art qui appartient au peuple.

Opposite, top: House dance at the home of Earl Vasseur, L'Anse Maigre, 1978.
Bottom: House dance at Don Montoucet's, Scott, 1977.

Epilogue, 1999

by Barry Jean Ancelet

Much has happened in the world of Cajun and Creole music since the first edition of this book was published in 1984. I suggested then that it was too early for an autopsy on the Cajuns. That remains an accurate assessment. Cajun music has indeed survived, and Cajun music and zydeco have continued to evolve. Today, in the final year of the second millennium, the music of French South Louisiana flourishes both at home and around the world, although we have suffered the passing of several legendary musicians featured in the original edition: Nathan Abshire, Dewey Balfa and his brothers Will and Rodney Balfa, Alma Barthelemy, Inez Catalon, Clifton Chenier and his brother Cleveland Chenier, Octa Clark, Varise Connor, Canray Fontenot, Freeman Fontenot, Lula Landry, Lionel Leleux, and Dennis McGee.

Of the others highlighted in the first edition of this book, only Alphonse "Bois-sec" Ardoin, Christine Balfa, Robert Jardell, Michael Doucet, D. L. Menard, Zachary Richard, and Marc Savoy are still actively playing. Doucet and his group Beausoleil have become the best known Cajun band in the country. Menard tours frequently with a stripped-down three-piece version of his Louisiana Aces. After a brief foray into Anglo-American music, Richard has returned to the music of his Louisiana French roots; he is also an enthusiastic promoter of French education in regional schools. Savoy continues to make accordions and has now taught his craft to dozens of others; with his wife Anne and friends he continues to play.

The last fifteen years have been witness to a virtual renaissance of Cajun culture. Aggressive new immersion programs are regenerating the French language among the young within the region. Cajun food found a prominent

Beaucoup de choses se sont passées dans le monde musical cadien et créole depuis la parution de ce livre en 1984. A l'époque j'avais dit que l'heure n'était pas encore venue de procéder à l'autopsie des Cadiens. Et cela reste vrai aujourd'hui. La musique cadienne et le zarico ont survécu et continuent à évoluer. Aujourd'hui, dans la dernière année du millénaire, la musique créée dans le sud de la Louisiane prospère chez elle et à travers le monde bien qu'elle ait perdu plusieurs grands musiciens traités dans la première édition: Nathan Abshire, Dewey Balfa, ainsi que ses frères Will et Rodney, Alma Barthelemy, Inez Catalon, Clifton Chenier et son frère Cleveland, Octa Clark, Varise Connor, Canray Fontenot, Freeman Fontenot, Lula Landry, Lionel Leleux et Dennis McGee.

Parmi ceux sur lesquels la première édition s'étendait particulièrement, seuls Alphonse "Bois-sec" Ardoin, Christine Balfa, Robert Jardell, D. L. Menard, Zachary Richard, Michael Doucet et Marc Savoy sont encore en pleine activité. Menard fait de fréquentes tournées avec une version essentielle de ses Louisiana Aces réduits à trois instruments. Après une brève incursion dans la musique anglo-américaine, Richard est revenu à la musique de ses racines franco-louisianaises. Il promouvoit avec enthousiasme l'enseignement du français dans les écoles de la région. Savoy continue à fabriquer des accordéons et à enseigner son métier à des douzaines de jeunes. Il continue aussi à jouer avec sa femme Anne et ses amis, y compris Michael Doucet qui est encore responsable du groupe Beausoleil, devenu sans doute le groupe cadien le plus célèbre de tous.

Les quinze dernières années ont vu une véritable renaissance de la culture cadienne. Des programmes d'immersion ravivent le français parmi les jeunes. La cuisine cadienne a trouvé une place

Walter Mouton and the Scott Playboys at La Poussière dance hall, Breaux Bridge, 1998.

place at America's ethnic table when Chef Paul Prudhomme introduced it to the country. Reporters covering the 1988 Republican National Convention in New Orleans spilled over into Cajun country and inspired an increasing fascination with everything Cajun.

This attention to Cajun culture has not come without cost. Television programs and movies, such as *The Big Easy*, and well-intentioned but uninformed journalists have caricatured the Cajuns beyond recognition. Some of this distorted image from the outside has even been internalized within the region. One can actually go fishing in a Cajun-brand bass boat using Cajun-brand crickets and preserving the catch on Cajun-brand ice. We now eat "Cajun food" in "Cajun restaurants," whereas before we just ate étouffée at Thelma's or gumbo at Don's. Asked if he regretted that the Cajuns had been "discovered," musician and traditional sage Marc Savoy once answered, "I'm sorrier that the Cajuns have discovered themselves."

This renewed popularity of all things Cajun has had some curious effects on the music scene. Some Cajuns now go "Cajun dancing," wearing sweatbands around their heads and doing swings and passes invented recently to satisfy the platoons of national folk dancers who have invaded Cajun music festivals demanding new and more complicated dance steps. Cajun music can now be heard at folk festivals and in concert halls around the country and the world. Some who fall in love with it decide to play it, creating such bands as the Minnesota Bone Tones and Seattle's Les Femmes d'Enfer. Bands like La Femme Alligator and Vermonton Plage thrive playing Cajun music in France. Dozens of bands play Cajun music in even more unlikely places, including Germany, Denmark, the Netherlands, Norway, and, perhaps most ironically, England. Back home many ponder the meaning of people playing music that is such an important part of the identity of a culture so far removed from their own, in much the same way that many African Americans wondered what it meant when white boys started playing the blues.

Meanwhile, black Creoles complain that their rich cultural contributions are all getting tagged as "Cajun"--even gumbo, a term and a culinary practice descended from the Creoles' African origins. Initially the Creoles' discontent produced some frustrated rhetoric calling for

permanente sur les tables américaines grâce au chef Paul Prudhomme. Les journalistes venus à la Nouvelle Orléans pour la convention nationale du parti républicain en 1988 se sont répandus dans la région cadienne et y ont contracté une fascination sans borne pour tout ce qui se dénommait "cadien," fascination qu'ils ont fait partager au pays tout entier.

L'attention portée à la culture cadienne a comporté des problèmes. Des programmes de télévision, des films comme *The Big Easy* et des articles écrits par des journalistes pleins de bonnes intentions, mais hélas peu ou mal informés, ont présenté de véritables caricatures des Cadiens. Et cette image déformée a été trop souvent intériorisée par les Cadiens eux-mêmes. Aujourd'hui on peut aller à la pêche dans un bateau "Cajun" avec des appâts "Cajun" et conserver les poissons sur des glaçons "Cajun." Nous fréquentons maintenant des restaurants "Cajuns" où nous mangeons des plats "Cajuns," alors qu'autrefois nous allions simplement manger une étouffée d'écrevisses chez Thelma ou un gombo chez Don. Quand on lui a demandé s'il regrettait que les Cadiens aient été "découverts," Marc Savoy a répondu, "Je regrette surtout que les Cadiens se soient découverts."

L'engouement pour tout ce qui est cadien a eu des incidences curieuses sur la musique. Les Cadiens vont maintenant à des bals cadiens, portent des bandeaux de tête et exécutent des pas inventés récemment pour satisfaire les danseurs folks venus d'à travers le pays tout entier qui envahissent les festivals de musique cadienne et exigent des pas de plus en plus complexes. La musique cadienne s'est répandue dans les festivals folks et les salles de concerts à travers les Etats-Unis et à travers le monde. Des musiciens qui se sont enamourés de cette musique apprennent à la jouer et créent des groupes comme les Bone Tones de Minnesota ou les Femmes d'Enfer de Seattle. La Femme Alligator et Vermonton Plage connaissent un grand succès en France. Des douzaines de groupes exécutent la musique cadienne dans des endroits aussi inattendus que l'Allemagne, le Danemark, les Pays-Bas, la Norvège, et ironiquement, l'Angleterre. En Louisiane, beaucoup se demandent ce que signifie le fait que tous ces gens exécutent une musique qui joue un rôle si important dans une identité culturelle tellement différente de la leur, tout comme de nombreux Américains noirs se

Boozoo Chavis, Festival de Musique Acadienne, 1987.

154

Right: Alton "Rockin'
Dopsie" Rubin and Alphonse
"Bois-Sec" Ardoin at the
Festival de Musique
Acadienne, Lafayette, 1988.
Below: Michael Doucet with
his son Ezra, at home,
Lafayette, 1994.

such measures as the unnaming of Lafayette's Cajun Dome. Since then, the argument has been refined to encourage raising the level of Creole consciousness. Creole restaurants, dance halls, and festivals now use the term to identify themselves.

Zydeco, on the other hand, has so fascinated fans throughout the rest of the country, perhaps as much for the exotic sound of its name as for its driving beat, that all of South Louisiana's French-influenced music, including Cajun music, is often lumped together under that rubric. Contemporary zydeco band leaders, such as Stanley "Buckwheat" Dural and Nathan Williams, carefully avoid being misidentified as Cajun musicians. Meanwhile, some young Cajun musicians, notably Wayne Toups and his ZydeCajun band, have incorporated much zydeco repertoire and style, as well as the chromatic (piano) accordion of urban zydeco, into their regular performances. Performers of old-time Creole music, like Alphonse "Bois-Sec" Ardoin and the Poulard brothers consistently insist on distinguishing their music from zydeco.

Some young zydeco bands have drifted perilously close to African-American styles such as rhythm and blues, rock, rap, and funk. There are a few notable exceptions. Geno Delafose followed the lead of his late father, John, who brought country zydeco bands back to the simpler sound of the diatonic (button) accordion. Lynn August returned to explore his urban zydeco roots after an early career on lounge and church organs. Boozoo Chavis, the fiery old zydeco innovator from the 1950s, came roaring back from retirement when the death of Clifton Chenier left the Creole community in a state of disarray, which included several ill-conceived attempts to crown a worthy successor. Chavis also favored the diatonic (button) accordion, inspiring a new surge of youthful talent led by Zydeco Force and Beau Joque in that direction.

Hundreds of young musicians have emerged in the last two decades of this century to perform the music of their ancestors. Both Cajun and Creole music continue to evolve in their own terms, but those terms have become much more complex as many of today's young musicians are drawn to new unexplored directions. Michael Doucet's 1998 Grammy joined Clifton Chenier's from 1984 in the regional trophy case. Some bands, such as Beausoleil, Filé, the Mamou Playboys, and Buckwheat Zydeco, have become so

posaient des questions quand les blancs se sont mis à jouer des blues.

Entre temps, les Créoles noirs se plaignent que leurs contributions culturelles sont étiquettées "cadiennes" y compris le "gombo," un mot et une pratique culinaire dont les origines remontent à l'Afrique. Au début, le mécontentement des Créoles s'est manifesté par une rhétorique futile comme d'exiger que l'arène sportive de Lafayette, le Cajun Dome, change son nom. Depuis le débat a changé et la tendance est d'encourager la conscience culturelle créole: des restaurants, des salles de bals, des festivals créoles ont commencé à proclamer la specificité culturelle des Créoles noirs.

La musique zarico d'autre part a tellement fasciné les amateurs, peut-être parce que le mot lui-même a une désinence tellement exotique, que souvent toute la musique française du sud de la Louisiane est classée sous cette rubrique. Des groupes de zarico contemporains comme Stanley "Buckwheat" Dural et Nathan Williams tiennent à ne pas être pris pour des musiciens cadiens. D'autre part, de jeunes musiciens cadiens, principalement Wayne Toups et son groupe ZydeCajun ont adopté le répertoire et le style du zarico aussi bien que l'accordéon chromatique du zarico urbain. Des musiciens créoles traditionnels comme Alphonse "Bois-sec" Ardoin et les frères Poulard tiennent à garder une certaine distance du zarico.

De jeunes groupes zarico se sont rapprochés dangereusement des styles musicaux afro-américains comme le rhythm and blues, le rock, le rap, et le funk. Il existe, bien sûr, des exceptions: Geno Delafose suit les pas de son père, le regretté John Delafose qui avait ramené les groupes zarico de campagne aux sons plus simples produits par l'accordéon diatonique. Lynn August est revenu aux zarico urbain après une première carrière au cours de laquelle il a joué dans les bars et dans les églises en tant qu'organiste. Boozoo Chavis, qui avait été un innovateur enflammé dans les années '50 mais qui avait pris sa retraite, est revenu sur la scène musicale quand la mort de Clifton Chenier a déstabilisé la communauté créole Il y eut entre autres plusieurs efforts, mal agencés, de couronner un successeur digne de Clifton. Chavis qui préfère l'accordéon diatonique a inspiré de jeunes talents comme Zydeco Force et Beau Joque, à emprunter cette direction.

Des centaines de jeunes musiciens sont apparus, pendant les dernieres décennies

Opposite: Geno Delafose on his front porch, Duralde, 1998. *Above:* Geno Delafose and the French Rockin' Boogie at a Catholic Church Benefit dance, Knights of Columbus Hall, Mamou, 1998. *Below:* Geno Delafose at home, Duralde, 1998.

159

popular on the road that they are not frequently available to their original constituents. Extracting a career out of Cajun music or zydeco can put unexpected strains on what was once a traditional music performed for weekend dances by musicians who worked hard at regular jobs all week. Dewey Balfa often said that he never wanted to play music for a living. But now many young touring bands, including his daughter Christine's Balfa Toujours, find themselves negotiating complex contracts with travel riders and performance clauses. Many have professional management agencies on the East and West Coasts. There is now what is commonly called a festival season when folk festivals around the country book Cajun bands.

Meanwhile, some musicians, such as Walter Mouton's Scott Playboys and Jesse Legé's Lake Charles Ramblers, still perform primarily for weekend dances and local festivals. Others find themselves somewhere in between. Horace Trahan, Robert Jardell, and Cory McCauley, for example, have toured with D. L. Menard's Louisiana Aces and other groups, but usually can be found back home in a local dance hall, at a benefit dance, or a festival, or performing at the Liberty Theater in Eunice.

Some young bands, such as Steve Riley's Mamou Playboys, Steve LaFleur's Mamou, and Richard LeBoeuf's Two Step, have experimented with the tradition and produced remarkable fusions of Cajun and contemporary music, incorporating lead electric guitars, pianos, and saxophones, as well as "wawa" pedals and synthesizers. Wayne Toups's daring arrangements of traditional and original material reenergized Cajun music in the 1980s just as Coteau's had done in the 1970s. Toups has since made a transition to Cajun-influenced country and southern rock sung primarily in English, following a practice begun by Jimmy C. Newman and Doug Kershaw. Many musicians and observers alike wonder aloud about the nature of this experimentation and where it may lead. Some have been plainly astounded by its contemporary sound. We are well advised to remember that earlier experimenters, such as Nathan Abshire, Lawrence Walker, and Belton Richard, whose innovations were once considered shocking to purists, have now become pillars of classic Cajun music.

One of the main forums for this discussion is the recently developed festival

du siècle, qui exécutent la musique de leurs ancêtres. La musique cadienne, comme la musique créole, est en évolution constante, mais suivant leurs propres modalités. Et ces modalités sont de plus en plus complexes car les jeunes musiciens s'en vont dans des directions nouvelles, inouïes jusqu'à présent. Michael Doucet a reçu un Grammy en 1998, prenant ainsi la suite de Clifton Chenier qui en avait reçu un en 1984 pour la catégorie "régionale." Des groupes comme Beausoleil, Filé, les Mamou Playboys et Buckwheat Zydeco sont tellement demandés en tournée qu'il leur arrive de ne pas être disponibles pour leurs commettants d'origine. Faire carrière comme musicien cadien ou créole professionnel change considérablement une activité qui autrefois comportait l'exécution en fin de semaine de musique traditionnelle par des musiciens qui gagnaient leur vie autrement pendant la semaine. Dewey Balfa a souvent dit qu'il n'avait jamais voulu gagner sa vie en faisant de la musique. Mais aujourd'hui beaucoup de jeunes groupes, y compris celui de sa fille Christine, Balfa Toujours, doivent négocier des contrats compliqués avec frais de déplacement et clauses d'exécution pour se défendre dans un milieu d'affaires. Certains ont maintenant des agents professionnels sur la côte est et la côte ouest. Il existe aujourd'hui une saison au cours de laquelle les festivals folks un peu partout en Amérique engagent des groupes cadiens et créoles.

Entre temps, d'autres musiciens comme les Scott Playboys de Walter Mouton et les Lake Charles Ramblers de Jesse Legé continuent à jouer principalement dans les salles de bal régionales pendant le weekend, et dans les festivals louisianais. D'autres se situent quelque part entre les deux. Horace Trahan, Robert Jardell et Cory McCauley, par exemple, ont fait des tournées avec les Louisiana Aces de D. L. Menard et d'autres groupes, mais ils jouent généralement dans des salles locales, pour des bals de charité, aux festivals régionaux, ou au Théâtre Liberty, à Eunice.

De jeunes groupes comme les Mamou Playboys de Steve Riley, Mamou de Steve Lafleur, et Two-Step de Richard LeBoeuf expérimentent avec les sons traditionnels et produisent d'extraordinaires fusions de musique cadienne et contemporaine avec guitares électriques, pianos et saxophones ainsi que des pédales "wah wah"et des synthétiseurs. Wayne Toups a réorchestré d'une façon originale des chansons tradi-

Opposite, above: Walter Mouton at the Festival de Musique Acadienne, Lafayette, 1998, and *below,* at home, Scott, 1998.

161

Left: Christine Balfa with her husband and fellow Balfa Toujours member, Dirk Powell, at their home, La Pointe, near Breaux Bridge, 1998. *Below:* Balfa Toujours at the Whiskey River Landing, Henderson, 1998.
Opposite: Christine Balfa at the Whiskey River Landing, Henderson, 1998.

Above: Steve Riley and the Mamou Playboys at the Whiskey River Landing, 1998. *Left and opposite:* Steve Riley at the Festival de Musique Acadienne, Lafayette, 1998.

Opposite: Horace Trahan at home, Ossun, 1998, and, *above,* with his parents, Helaire and Betty Trahan, at home, 1998.

context. Inspired by the Smithsonian's Festival of American Folklife and the National Folk Festival, several major festivals that give serious and careful attention to what is happening in the world of Cajun music and zydeco have evolved in South Louisiana. The ingenious programming of Lafayette's Festival International has brought South Louisiana into contact with its antecedents in Europe, Africa, and the Caribbean. The Zydeco Festival in Plaisance has grown from a funky little homemade event into a major celebration of Creole culture, whose stage annually defines the state of zydeco. Likewise, the Festival de Musique Acadienne component of Festivals Acadiens continues to provide a barometer for the state of Cajun music.

Producers and programmers of such festivals often find themselves trying to negotiate the narrow straits between encouraging the culture's self-preservation and meddling with it. Some musicians have even learned to challenge faulty assumptions with grassroots common sense. Several years ago, a festival director from the East Coast would not allow Dewey Balfa to take along his regular steel guitar player, insisting that he preferred "the traditional sound." Dewey forced him to reconsider with a withering question: "Are you trying to represent my culture as it really is, or as you wish it still was?"

On the one hand, we are excited by bursts of fresh new creative energy; on the other, we are relieved to note that there are still lots of young performers who enjoy performing the old stuff: Kevin Naquin, Horace Trahan, Jason Frey, Kenneth Thibodeaux, Courtney Granger, eleven-year-old Chris Stafford, and others.

tionnelles et contemporaines, redonnant par là une nouvelle énergie à la musique cadienne des années '80 tout comme Côteau l'avait fait pour les années '70. Toups depuis s'est recyclé en musique southern rock et country avec des influences cadiennes mais chantée en anglais comme l'ont fait Jimmy C. Newman et Doug Kershaw. Musiciens et spectateurs se demandent ce que représente cette expérimentation et dans quelle direction elle conduira. Certains sont abasourdis par le son contemporain. Il serait bon de ne pas oublier que les innovateurs d'une autre époque, tels Nathan Abshire, Lawrence Walker et Belton Richard qui sont maintenant des classiques, étaient au début considérés choquants par les puristes.

Le monde des festivals est devenu une des arènes principales où se déroule la discussion. Tirant leur inspiration du Festival d'American Folklife du Smithsonian et du National Folk Festival, un certain nombre de festivals sont apparus qui prêtent une attention sérieuse et soutenue à la musique cadienne et créole. La programmation ingénieuse du Festival International de Lafayette a mis les musiciens du sud de la Louisiane en contact avec des antécédents européens, africains et antillais. Le Zydeco Festival de Plaisance, autrefois un petit festival improvisé, est devenu une célébration majeure de la culture créole, et une redéfinition annuelle du zarico. Le Festival de Musique Acadienne, une partie des Festivals Acadiens, est un véritable baromètre de la musique cadienne.

Les réalisateurs et les programmateurs de ces festivals se trouvent souvent dans la position d'avoir à négocier un passage étroit entre l'encouragement de la préservation culturelle, et l'ingérence dans cette culture. Certains musiciens ont appris à remettre en question les présuppositions des organisateurs avec un bon sens tiré de leur expérience personnelle. Il y a quelques années le directeur d'un festival de la côte est américaine voulait interdire à Dewey Balfa d'amener son guitariste habituel qui utilisait une dobro électronique parce, disait-il, il ne voulait que "des sons traditionnels." Dewey l'a forcé à réfléchir en lui posant une simple question, "Essayez-vous de représenter ma culture telle qu'elle est, ou telle que vous voudriez qu'elle reste?"

D'autre part, l'énergie créative peut être exaltante; d'autre part, il est rassurant de noter que beaucoup de jeunes musiciens aiment jouer les vieilleries:

Horace Trahan and the Ossun
Express at the Liberty
Theater, Eunice, 1998.

Above: Kevin Naquin and the Ossun Playboys at Bourque's Club, Lewisburg, 1998. *Opposite, above:* Kevin Naquin and his family at home, Scott, 1998, and, *below,* Kevin Naquin at home, 1998.

A few years ago, just after Wayne Toups had electrified the Festival de Musique Acadienne audience with his radically retooled version of "Johnny Can't Dance," Balfa Brothers veteran Robert Jardell and his group Pure Cajun performed the song at the Liberty Theater, declaring that he was going to do it the old way. Both groups received thunderous ovations. If this is, as I have long insisted, a case of art in the hands of the people, then scholars and specialists should not try to affect it artificially—and in fact will not be able to do so.

Conversely, sometimes musicians fail to consider their de facto roles as leaders of this critically important cultural revival and give out strange and even troubling messages to those who look to them for direction. One year, for example, a young Cajun group performed southern rock standards and even originals in English for about a third of its set at the Festival de Musique Acadienne; they were not invited back. Most take their presence on such stages very seriously and even challenge the crowds to think beyond the music to consider the cultural and linguistic issues at stake.

An important part of the tension between preservation and innovation involves the language of the songs. Many have long thought that if Cajun music is not sung in French, it is not really Cajun music. Creole musicians do not feel that way about zydeco. They have readily translated it into English, keeping only an occasional French word or phrase, such as "Hé là-bas!" or "Fais attention!," as cultural markers. Older singers improvised lyrics on the spot, creating them anew and personalizing them with each performance. Now some young Cajun musicians who are not fluent in the language can only mimic the sounds. Others have taken up the challenge and learned the language well enough to sing convincingly.

Two questions define the paradox that lies at the heart of this problem: (1) Would the songs retain their cultural integrity if they were sung in English? (2) On the other hand, if the songs were sung in French even though the language had been lost by the community, would they have any significance? The solution, of course, is to preserve the language of the culture. The simple truth is this: if the language fades, the music we now know as Cajun and zydeco will not survive intact. We will still eat gumbo, call ourselves Cajuns and Creoles, and refer to

Kevin Naquin, Horace Trahan, Kenneth Thibodeaux, Courtney Granger, Chris Stafford (qui n'a que 11 ans) et beaucoup d'autres. Il y a quelques années, Wayne Toups enthousiasmait le Festival de Musique Acadienne avec une version radicalement tranformée de "Johnny can't dance." Robert Jardell, un ancien du groupe des frères Balfa , et son groupe Pure Cajun ont exécuté la même chanson au Théâtre Liberté en affirmant qu'il la jouerait de la façon traditionnelle. L'un et l'autre ont été ovationnés. Si ce que nous avons ici, comme je l'ai dit depuis longtemps, est un exemple de l'art laissé entre les mains du peuple, les érudits et les spécialistes ne doivent pas essayer de le façonner à leur manière—et de toute façon s'ils le tentent, ils échoueront.

D'autre part, il arrive que certains musiciens ne prennent pas suffisamment en considération leur rôle en tant que leader d'une renaissance culturelle et envoient souvent des messages étranges et même troublants. Une année, un jeune groupe a exécuté le répertoire classique de southern rock en anglais pour au moins un tiers de sa prestation au Festival de Musique Acadienne. Ils n'ont pas été invités depuis. La plupart des groupes prennent leur prestation sur de telles scènes très sérieusement et parfois invitent les spectateurs à réfléchir aux enjeux culturels et linguistiques impliqués.

Une partie importante de la tension entre la préservation et l'innovation porte sur la langue. Beaucoup pensent qu'une chanson cadienne chantée en anglais n'appartient plus à la musique cadienne. Quant au zarico, les musiciens créoles pensent différemment. Ils traduisent leurs chansons en anglais sans état d'âme, ne conservant qu'une interjection ici et là comme "Hé là-bas" ou "Fais attention" pour servir de marques culturelles. Les chanteurs du passé improvisaient leurs paroles sur-le-champ, les réinventant et les adaptant à chaque exécution. Certains jeunes musiciens cadiens qui ne parlent pas français couramment ne peuvent que copier des sons qu'ils ne comprennent pas. D'autres ont appris assez de français pour chanter avec quelque conviction.

Deux questions définissent le paradoxe au cœur du problème: 1) la musique cadienne pourrait-elle conserver son authenticité chantée en anglais? 2) si les chansons restaient en français voudraient-elles dire quelque chose si la communauté avait perdu sa langue? La solution à long

our music as Cajun and zydeco, but, without the French language, will the music have real cultural meaning?

Cajun music and zydeco have remarkable filtering systems: what works doggedly endures and what does not work fades mercifully away. Those of us who learned about cultural activism from the intellectual descendants of Alan Lomax and Charles Seeger believe that we should not leave such matters entirely to the laws of natural selection. Dewey Balfa urged that we water the roots so the tree might have a chance to live. He also cautioned that we not try to preserve artifacts but rather attempt to perpetuate the process that produces the music and its makers. As he often said, "A culture is preserved one generation at a time." Cajun music and Creole music have endured into the present generation. What happens in the next few years will once again decide their fates.

terme, bien sûr, est de préserver la langue et la culture. La vérité simple et pure est que si la langue venait à disparaître, la musique que nous appelons aujourd'hui cadienne ou créole ne survivrait pas pareille à elle-même. Nous continuerions à manger du gombo, à nous appeler des Cadiens ou des Créoles et à appeler notre musique cadienne ou zarico. Mais sans la langue, la musique serait-elle encore un reflet de la culture?

La musique cadienne et le zarico ont l'une et l'autre des filtres remarquables qui leur ont permis de durer. Et grâce à cela ce qui ne marche pas est rapidement évacué. Mais ceux qui ont appris leur activisme culturel à l'école d'Alan Lomax et Charles Seeger ne croient pas qu'il est salutaire de laisser le champ libre à la sélection naturelle. Dewey Balfa poussait à arroser les racines pour que l'arbre survive, mais insistait aussi qu'il fallait non pas préserver un artéfact, mais perpétuer le processus qui avait produit la musique et les musiciens. Il disait souvent: "Une culture se conserve une génération à la fois." Les musiques cadienne et créole ont duré jusqu'à la génération présente. Ce qui se passera dans les années à venir décidera de leur sort encore une fois.

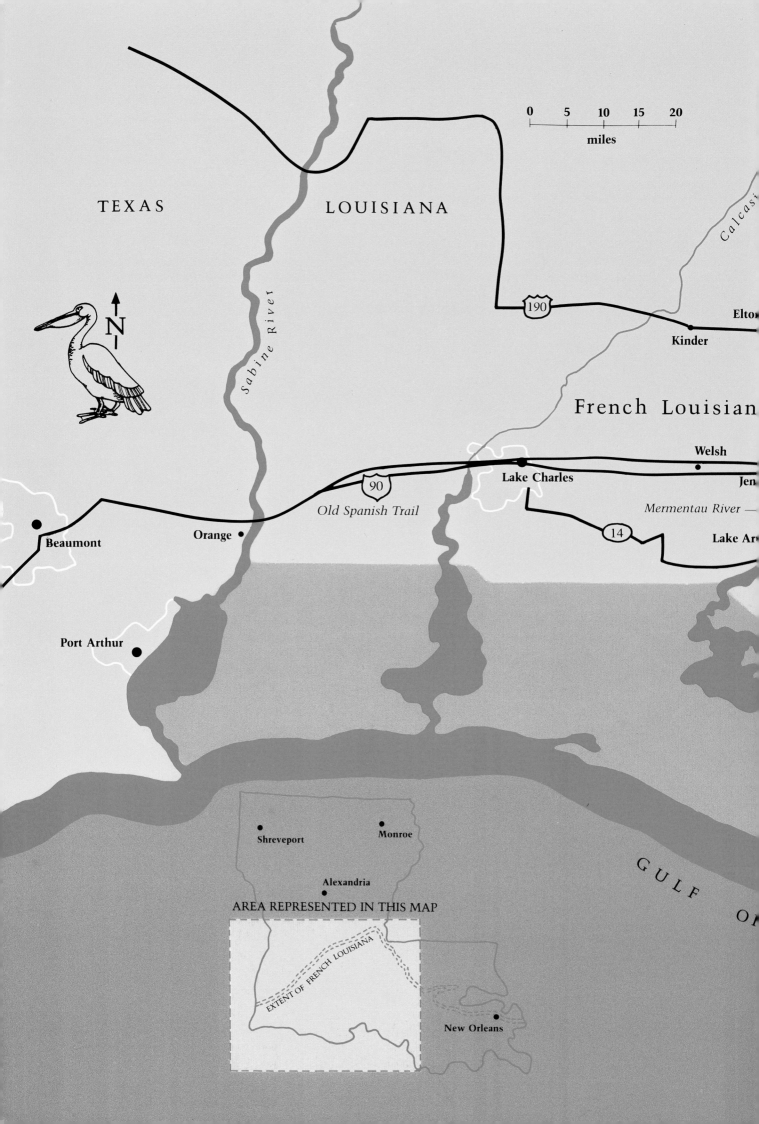

TEXAS

LOUISIANA

N

Sabine River

Calcasi

0   5   10   15   20

miles

190

Elto

Kinder

French Louisian

Welsh

Jen

90

Old Spanish Trail

Lake Charles

Mermentau River —

14

Lake Ar

Beaumont

Orange •

Port Arthur •

Shreveport •

Monroe •

Alexandria •

AREA REPRESENTED IN THIS MAP

EXTENT OF FRENCH LOUISIANA

New Orleans •

GULF

O

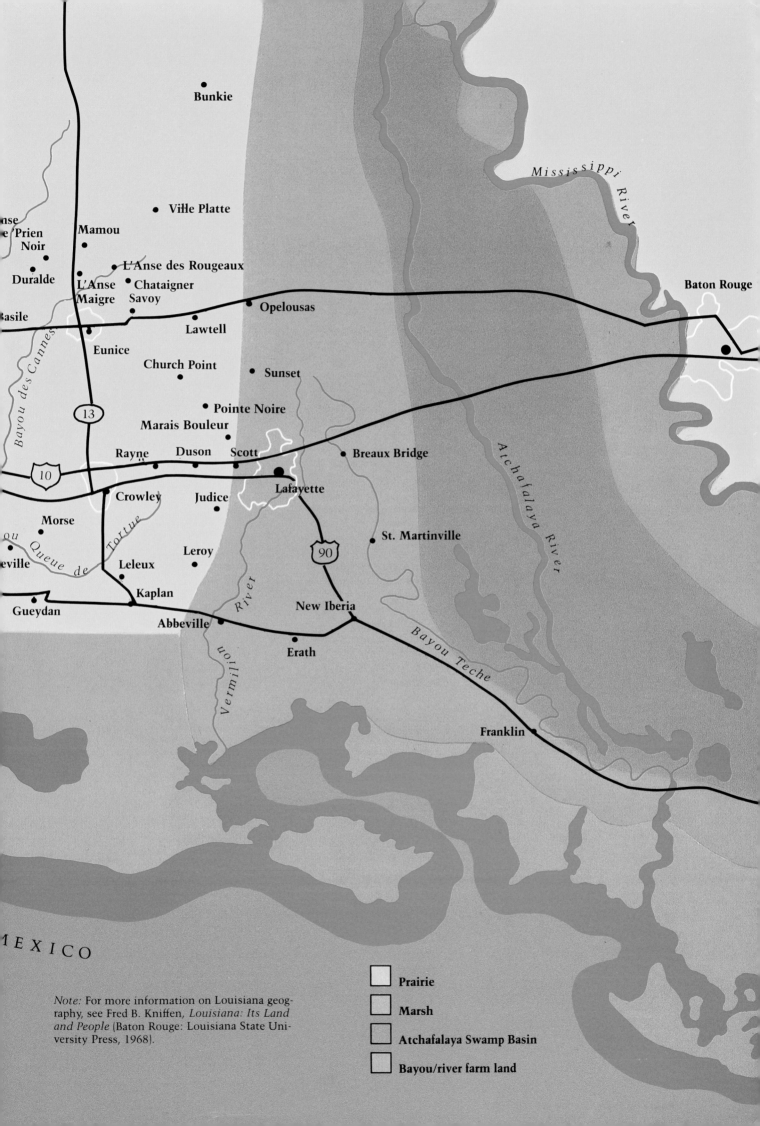

Bunkie

Ville Platte

Mamou

Prien Noir

L'Anse des Rougeaux

Duralde

L'Anse Maigre

Chataigner

Savoy

Basile

Opelousas

Lawtell

Eunice

Church Point

Sunset

Bayou des Cannes

Pointe Noire

Marais Bouleur

13

Rayne

Duson

Scott

Breaux Bridge

10

Lafayette

Crowley

Judice

Morse

Queue de Tortue

Leroy

St. Martinville

Leleux

90

Kaplan

Gueydan

New Iberia

Abbeville

Erath

Vermilion River

Bayou Teche

Atchafalaya River

Mississippi River

Baton Rouge

Franklin

MEXICO

Note: For more information on Louisiana geography, see Fred B. Kniffen, *Louisiana: Its Land and People* (Baton Rouge: Louisiana State University Press, 1968).

Prairie

Marsh

Atchafalaya Swamp Basin

Bayou/river farm land

Selected Bibliography

Ancelet, Barry Jean, Jay Edwards, Glen Pitre et al. *Cajun Country*. Folklife in the South series, ed. Lynwood Montell. Jackson: University Press of Mississippi, 1991.

Ancelet, Barry Jean. *Cajun Music: Origins and Development*. Lafayette: University of Southwestern Louisiana Center for Louisiana Studies Publications, 1989.

———. *Travailler, c'est trop dur: The Tools of Cajun Music*. Lafayette: Lafayette Natural History Museum Publications, 1985.

Arsenault, Bona. *Histoire des Acadiens*. Quebec: Le Conseil de la Vie Française en Amérique, 1966.

Bernard, Shane K. *Swamp Pop: Cajun and Creole Rhythm and Blues*. Jackson: University Press of Mississippi, 1996.

Brasseaux, Carl A. *Acadian to Cajun: Transformation of a People, 1803–1877*. Jackson: University Press of Mississippi, 1992.

———. *The Founding of New Acadia*. Baton Rouge: Louisiana State University Press, 1987.

Brasseaux, Carl A., Keith P. Fontenot, and Claude F. Oubre. *Creoles of Color in the Bayou Country*. Jackson: University Press of Mississippi, 1994.

Brovin, John. *South to Louisiana: The Music of the Cajun Bayous*. Gretna, La.: Pelican Publishing Company, 1983.

Conrad, Glenn R., ed. *The Cajuns: Essays on Their History and Culture*. Lafayette: University of Southwestern Louisiana, Center for Louisiana Studies Publications, 1978.

Dorman, James H., ed. *Creoles of Color of the Gulf South*. Knoxville: University of Tennessee Press, 1996.

———. *The People Called Cajuns*. Lafayette: University of Southwestern Louisiana, Center for Louisiana Studies Publications, 1983.

Gould, Philip. *Cajun Music and Zydeco*. Baton Rouge: Louisiana State University Press, 1992.

———. *Les Cadiens d'asteur / Today's Cajuns*. Lafayette: Left Coast Press, 1981.

Griffiths, Naomi E. *The Acadians: Creation of a People*. New York, 1973.

Hallowell, Christopher. *People of the Bayou: Cajun Life in Lost America*. New York, 1979.

Post, Lauren. *Cajun Sketches*. Baton Rouge: Louisiana State University, 1962.

Ramsey, Carolyn. *Cajuns on the Bayous*. New York: Hastings House, 1957.

Read, William A. *Louisiana French*. Baton Rouge: Louisiana State University Press, 1963.

Reed, Revon. *Lache pas la patate*. Montreal: Parti Pris, 1976.

Rushton, William Faulkner. *The Cajuns: From Acadia to Louisiana*. New York: Farrar, Straus and Giroux, 1979.

Sandmel, Ben. *Zydeco!* Jackson: University Press of Mississippi, 1999.

Savoy, Ann Allen. *Cajun Music: A Reflection of a People*. Eunice: Bluebird Press, 1985.

Tassin, Myron. *Nous sommes Acadiens / We Are Acadians*. Gretna, La.: Pelican Publishing Company, 1976.

Tisserand, Michael. *The Kingdom of Zydeco*. New York: Arcade Publishing, 1998.

Whitfield, Irene Therese. *Louisiana French Folk Songs*. Baton Rouge: Louisiana State University Press, 1939; 3rd ed., Church Point, La: Hebert Publications, 1981.

Winzerling, Oscar. *Acadian Odyssey*. Baton Rouge: Louisiana State University Press, 1955.